米兰·昆德拉

［法］
让-多米尼克·布里埃
著

刘云虹　许钧
译

一种作家人生

南京大学出版社

雅众文化 出品

译者序

清醒而拒不回归的昆德拉

春节前后,就在国内新冠肺炎疫情越来越严重的那个时期,每天打开法语版《米兰·昆德拉:一种作家人生》,尽可能静下心来,坚持翻译两三页,一步步走近昆德拉常被误读的精神世界。

《米兰·昆德拉:一种作家人生》由法国写作出版社于2019年3月推出,作者是让-多米尼克·布里埃。我们都知道,昆德拉不喜欢在公众场合露面,不喜欢与读者面对面交流,更不喜欢谈论自己,也特别注意不留下与他的文学文本无关的材料。要写昆德拉的传记,困难可想而知。布里埃迎难而上,以昆德拉的理论性随笔与文学文本为基础,将昆德拉个人的艺术、文学、政治与精神历程置于大写的历史进程中加以考察,同时借助与昆德拉有直接交往的作家、翻译家、评论家提供的一些公开的和迄今尚未发表的资料与谈话内容,深入探寻昆德拉的写作人生。

布里埃喜欢写传记,他出版过多部艺术家传记,有写电影艺术家的《鲁奇尼之谜》(*Le mystère Luchini,* 2007),有写音乐家的《莱昂纳德·科恩传》(*Leonard Cohen par lui-même,* 2014),还有写音乐人、作家的《鲍勃·迪伦:诗人之歌》(*Bob Dylan, Poète de sa vie*)。他为迪伦立的这部传记是2015年出版的,第二年10月,鲍勃·迪伦获得诺贝尔文学奖,这部传记产生了广泛的影响。布里埃写这部《米兰·昆德拉:一种作家人生》,除了有写作传记的丰富经验外,还具有多重优势。他是记者,对公众关心的问题,对有价值的新闻与材料有一种特殊的敏感性和捕捉能力;他是作家,对文学有自己的认识,有进入文本的独特方式;他是音乐家,对艺术有自己的追求,这有助于他更为深刻地剖析昆德拉的艺术观念,以及音乐对于昆德拉文学创作和美学追求的深刻影响。

昆德拉生于1929年4月1日。昆德拉说:"我出生于4月1日。这在形而上层面并非毫无影响。"4月1日是愚人节。仿佛命中注定,昆德拉的写作人生,像是上帝与他开的一个玩笑,充满了误解:"误解,意味着其他人可能以错误的方式感知或理解他的书。误解,出现在他的小说的人物之间,但有时也荒诞地主宰他们的命运。因此,昆德拉不仅是误解的受害者,而且是误解的制造者。"[1]有评论者说,"人们几乎总是将他的成功归因于受到误解"[2]。读布里埃的《米兰·昆德拉:一种作家人生》,我们发现,对昆德拉的种种误解,源于昆德拉特殊的历史境遇,也源自昆德拉不妥协的精神品格和反抗媚俗、坚持独立性的文学追求。

---

[1] 见《米兰·昆德拉:一种作家人生》第181页。
[2] 见《米兰·昆德拉:一种作家人生》第66页。

一、"清醒、觉悟的目光"

作为作家，昆德拉是成功的。在他八十二岁的生日时，久负盛名的伽利玛"七星文库"隆重推出了他的两卷本作品集，共收录昆德拉的十五部作品：一部短篇小说集、九部长篇小说、四部随笔集和一部剧作。他在世时就进入了文学界的"先贤祠"，这是法国的大作家也很难得到的殊荣。然而，一个饮誉世界的大作家在自己出生的国家被长时间地冷落，甚至唾弃。这到底是什么原因呢？其中自然有政治的因素，有历史的因素，更有昆德拉个人的原因。

读《米兰·昆德拉：一种作家人生》，我们可以看到，出于种种原因，他先后两次被开除出党，本来已经是捷克斯洛伐克作家协会主席团成员的他，因立场问题，受到了普遍的谴责；后来他又在精神的层面主动出走，离开捷克，移居法国，按照捷克的传统，一个文人放弃了他的祖国，那就是背叛。昆德拉的作品早期用捷克语写成，有诗歌，有剧作，有小说，还有随笔，到了法国之后，昆德拉又放弃了母语，用法语写作，可以说在某种意义上，他主动割断了与祖国的文化之根和精神血脉的联系。在特殊的历史时期，出于政治的原因，他的捷克语作品在捷克斯洛伐克遭禁，这可以理解。可是在"天鹅绒革命"之后，为什么他用捷克语写的那些重要作品，比如《生活在别处》《告别圆舞曲》《笑忘录》和《不能承受的生命之轻》，在捷克还是没有出版呢？如果仅仅从政治和意识形态的角度去追究原因，恐怕很难做出令人信服的解释。《米兰·昆德拉：一种作家人生》的作者，以昆德拉的精神诉求与身份认同为出发点，分析了其中深刻的原因。1989 年"天鹅绒革命"之后，昆德拉没有迎合政治与制度的变化，也不顾捷克境内出版商和读者的要求，一直犹豫不决，不同意他那些用捷克语写的作品在捷克出版。捷克有著名导演想把他用捷克语创作的重要剧作《愚蠢》（*Ptákovina*）搬上舞台，也同样遭到了他的拒绝。至于那些用法语创作的作品，虽然捷克有越来越强烈的需求，希望能在捷克出版捷克语的翻译版，但昆德拉坚持他的作品唯有他自己有能力译成捷克语，不同意其他译者翻译他的作品。对昆德拉的这种立场与做法，捷克文学界的同行也罢，普通读者也罢，不仅仅不理解，更表现出了误解、反感，甚至敌意。如布里埃所言，昆德拉的做法"在捷克共和国常常被看作任性，或者某种傲慢的表示，有损于他的形象。众人被辜负的仰慕往往会被一种强烈的怨恨所取代"[1]。有的人认为昆德拉的所作所为是一种报复，更是一种背叛。昆德拉对这样的反应没有在意，因为他知道，对于一个作家来说，应该对历史的发展有着清醒的认识，应该有自己的精神追求。他清醒地看到，1989年之后的布拉格，政治让位给了市场，意识形态的控制让位给了大众传媒的无孔不入。昆德拉说过，"20世纪60年代的捷克文化是20世纪欧洲文化的丰碑。1990年后，它被完全清除了。他们没有保护这些传统，而是说这从未存在过，说1990年之前存在的一切都是坏的。他们想创造完全不同的东西，没有传统，没有几百年里一直延续的血脉的搏动。捷克文化割断了它过去的辉煌，这让一切都变得艰难"[2]。清醒的认识，坚定了他的立场与选择：他不想让他的作品成为政治的注脚，也不想让他的作品成为他个人经历的附录。在根本的意义上，他不愿"七星文库"收录他的全部作品，坚持"剔除了应时之作或他认为没有完成的作品。其中看不到一点诗歌创作（早于其小说

---

[1] 见《米兰·昆德拉：一种作家人生》第260页。
[2] 见《米兰·昆德拉：一种作家人生》第253页。

创作阶段)的痕迹，找不到有关万楚拉的随笔集，看不到他创作的三部剧作中的另两部：《愚蠢》和《钥匙的主人们》(*Propriétaires des clefs*，该剧用法语出版，且在法国已经排演)，也找不到20世纪80年代他在《辩论》杂志(*Le Débat*)发表的那些文章"[1]，也是基于自己的这一立场。他不愿自己作品的阐释过于政治化，过于意识形态化，因为这样的阐释完全背离了他写作的初衷与身份认同：他是作家，作品的生命高于一切。如他在《被背叛的遗嘱》里所说："我深深渴望的唯一东西就是清醒、觉悟的目光。终于，我在小说艺术中找到了他。所以，对我来说，成为小说家不仅仅是实践某一种'文学体裁'：这也是一种态度，一种睿智，一种立场；一种排除了任何同化于某种政治、某种宗教、某种意识形态、某种伦理道德、某个集体的立场；一种有意识的、固执的、狂怒的不同化，不是作为逃逸或被动，而是作为抵抗、反叛、挑战。"[2] 历史上，司汤达不在乎自己的作品在生前得不到承认，相信五十年之后，会有幸福的少数人能真正领悟他作品的意义与价值。如今已经九十一岁高龄的昆德拉，有着清醒、觉悟的目光，他希望身后由他自己认可的作品替他说话，随着时间的推移、历史事件的消退，闪现出具有内在统一性和普遍性的艺术之光。

二、"不可能的回归"

昆德拉的清醒与不妥协，不仅仅表现在他对自己作品的态度

---

1 见《米兰·昆德拉：一种作家人生》第294页。
2 见昆德拉《被背叛的遗嘱》，余中先译，上海译文出版社，2003年，第164页。

上，更表现在他对于人类存在与个人境遇的思考上。读过昆德拉作品的人，大都有一种突出的感觉，他的作品有一个显著的特点：诗意的叙述与哲学的思考兼而有之。然而，昆德拉所关注并思考的存在，并不完全等同于海德格尔所说的存在，更不同于萨特所言的存在，具有独特而深刻的指向，如他在《小说的艺术》中所指出的那样："存在，就是'在世界之中'。世界构成人的一部分，它是人的维度。存在，并非已发生之事，存在是人类可能性的场域，一切人可能成为的，一切他能够做到的。"

在《米兰·昆德拉：一种作家人生》中，作者用了大量笔墨，辟了多个章节，描述昆德拉所处的历史时代，分析昆德拉的存在境遇及他遭遇的误解乃至敌意，追踪昆德拉的心路历程，其中特别涉及不仅仅与他，也与众多艺术家、小说家、知识分子的存在息息相关的流亡与回归的问题。昆德拉是在1975年离开捷克的，后来一直在法国生活，如今已经有四十多个年头。对于捷克的传统精神而言，昆德拉离开祖国，如上文所及，是一种"大背叛"；而他一直在法国生活，即使1989年"天鹅绒革命"之后，也没有"回归"，回到捷克去，这在捷克的知识分子看来，更是难以饶恕。

所谓"回归"，对于昆德拉而言，不仅是地理意义上的回归，更是时间意义上和精神意义上的回归。在《米兰·昆德拉：一种作家人生》中，我们可以看到昆德拉青年时代所走过的路。昆德拉在布里埃的笔下渐渐被揭开了神秘的面纱。"自幼年时起，米兰·昆德拉就目睹他的父亲演奏钢琴。透过房门，他听见父亲一遍又一遍地练习，尤其是现代音乐家的乐曲：斯特拉文斯基、巴托克、勋伯格、雅纳切克。"对于他父亲来说，"音乐远远不是社会风俗，而是一种生活方式，一种与世界的联系。因此，自然而然，当其他孩子还在结结巴巴地背字母表时,他很早就开始把这种高级语言教给他的儿子"[1]。就这样,五岁的昆德拉跟着父亲学钢琴,后来又师从多位著名音乐家学乐理,学作曲,不仅弹得一手好钢琴,还吹小号。昆德拉爱音乐,更爱诗歌。昆德拉与诗歌的最初接触,要追溯到童年时期。他曾回忆道:"第一次听到捷克最伟大的超现实主义诗人维捷斯拉夫·奈兹瓦尔的诗句时,我还是个十岁的孩子,正在摩拉维亚的一个村子里过夏天。那时的大学生一放假,都回到务农的父辈家里,他们像着了魔似的背诵他的诗。傍晚,在麦田间散步时,他们教我念《复数女人》(*La Femme au pluriel*)里所有的诗。"[2] 布里埃在昆德拉的这段回忆里,看到了"故乡摩拉维亚的田园风光与先锋派诗歌的旋律交织在一起,已经表明这位未来作家对故土之根的依恋,以及现代性对他的巨大吸引力"[3]。

由于种种原因,无论是学界,还是普通读者,对昆德拉的过去了解甚少。而布里埃的这部传记,为我们了解昆德拉的家庭、昆德拉所处的历史境况、昆德拉的创作历程,尤其是昆德拉的存在状态,提供了珍贵的资料,开启了多种认识和理解的可能性。昆德拉从小热爱音乐,也热爱诗歌,但他没有坚持下去,没有去当音乐家,去当诗人,而是坚定地走小说家的路。如果说昆德拉从小爱上音乐,完全是家庭的影响,那么昆德拉被诗歌所吸引,其原因则要复杂得多,有捷克文化传统所起的作用,也有西方超现实主义诗歌的精神召唤,但最为根本的原因,则源于昆德拉本身:青年时代的昆德拉,有着革命的理想,而诗歌是激情的诗意表达,是理想的抒

---

1 见《米兰·昆德拉:一种作家人生》第8页。
2 见《米兰·昆德拉:一种作家人生》第34页。
3 同上。

情之歌。在《米兰·昆德拉：一种作家人生》中，我们可以看到与我们脑中的昆德拉形象完全不同的昆德拉，了解到昆德拉在他早期的诗歌创作中有着明显的抒情倾向。在昆德拉晚年不愿公开再版的一些他早期写的诗歌，如《人，这座广阔的花园》（*L'Homme, un vaste jardin*）、《最后的五月》（*Le Dernier Mai*）等诗集中，我们看到了年轻时充满理想的昆德拉，用诗歌赞颂共产主义的昆德拉，向共产主义抵抗运动的英雄致敬的昆德拉，如在1955年出版的《最后的五月》这部长篇史诗中，"共产主义抵抗运动的英雄与盖世太保警察、警长博姆做斗争。纳粹警察以安全脱险来引诱他放弃共产主义。但英雄宁死也不愿背叛自己的理想。诗人立刻向他的勇敢致以敬意，称赞它预示着灿烂的未来"[1]。一个曾经激情澎湃的诗人，后来为何要断然放弃诗歌呢？布里埃在书中向我们说明：这与捷克斯洛伐克的历史、命运有深刻的关联，与斯大林时期的残酷现实有直接的关系，但昆德拉的觉醒是最为主要的原因："昆德拉变得清醒，摆脱了自己的革命幻想，于是便逐步放弃了与前一时期紧密相连的抒情性，转向疑惑和怀疑主义，在他看来，怀疑主义不会与虚无主义混为一谈：'怀疑主义不会把世界变得虚无，而是把世界变为一系列问题。正因为如此，怀疑主义是我所经历的最丰富的状态。'"[2] 放弃诗歌，对于昆德拉而言，在某种意义上是放弃幻想，但并不放弃思索。他对自己追求与坚信的东西产生了怀疑，他要反思，要把世界"变为一系列问题"，要对人类的存在进行思考。为此，他要告别过去。在这个意义上，我们可以理解，昆德拉不愿意再版他的诗歌作品，其深层的意义在于，昆德拉不愿意也不可能"回归"过去。对

---

[1] 见《米兰·昆德拉：一种作家人生》第49页。
[2] 见《米兰·昆德拉：一种作家人生》第63页。

此，里卡尔有明确的看法："他之所以背弃了青年时代的诗歌，这首先不是因为他不再喜欢自己写下的诗句，而是因为他不再喜欢写出这些诗句的那个人。他和这位诗人不再是同一个人。"[1]

走小说家之路，对昆德拉来说，有着别样的意义。就他个人的存在而言，这是一条新生之道。他从幻灭、怀疑，到提出问题，并去寻找答案。他坚持认为，小说家的任务是勘察人的存在状况，是拓展人的存在的可能性。作为小说家，他的任务不是去拯救人类，而是探寻人的本性、人的境况、人的行动、人的命运。基于此，昆德拉一直声称自己不是一个知识分子，而是一个作家。他多次说过，文学不是"介入"性的，不应该服从于某种政治的、宗教的或道德的需要。但从昆德拉的小说创作看，无论是他用捷克语创作的《玩笑》《好笑的爱》《不能承受的生命之轻》，还是用法语创作的《无知》等作品，读者都可以从中感受到强烈的批判色彩和深刻的反思性。就内容而言，昆德拉的小说，似乎特别喜欢写性，写爱情，以至有一种说法：除了性与政治，昆德拉的小说没有别的。在某种意义上，性与政治构成了人类私人生活与公共生活的两极。昆德拉写性是超越性的，不是通往下半身的写作，而是导向形而上的思考，是勘察人类存在的一种途径。布里埃说："昆德拉对欲望这出戏投去一种清醒的，甚至是玩世不恭的目光。他揭露了误解、恐惧、复杂情感及自恋谎言，它们构成人类的性的基础。"[2] 昆德拉写性，"似乎浓缩了昆德拉对人性的全部观察，不无残酷地揭露出人类关系机制中的所有组成部分"[3]。昆德拉写政治，也同样是超乎政治的。法国著

---

[1] 见《米兰·昆德拉：一种作家人生》第72页。
[2] 见《米兰·昆德拉：一种作家人生》第74页。
[3] 同上。

名作家萨特是法国最早介绍昆德拉小说的人,阿拉贡则给昆德拉的小说写过序,二人给予其小说很高的评价,但昆德拉似乎并不完全领情,其重要原因之一,就是他们把昆德拉的小说做了政治性的解读,而这恰恰违背了昆德拉小说创作的初衷。他的小说涉及政治,也涉及历史,但对昆德拉来说,他可以"把历史用于小说创作,而不必遭遇沦为历史囚犯的危险";他可以涉及政治,但并不沦为政治的俘虏。"正如他一贯所解释的那样,只有当一种历史情境能促使小说家考察人的生存、对抗(大卫和歌利亚的争战)与进退两难(顺从还是反抗?留下还是逃亡?)时,它才会令小说家感兴趣。"[1] 于是,我们在昆德拉的小说中,可以读到对人类存在的反思,以对抗历史的遗忘;可以读到对罪与罚的拷问,以唤醒人类的良知;可以感觉到一种具有特质的幽默,以不严肃的玩笑去化解过于沉重的理想面具。我们也就不难理解,为何昆德拉要向拉伯雷、塞万提斯、卡夫卡致敬。如果再深入一步,我们也许还可以大胆地说,昆德拉放弃诗歌,放弃捷克语写作,离开捷克,而留在法国,不愿再回到捷克,是因为昆德拉的出走具有深刻的精神层面的因素,他不愿回归的,是那个断了传统血脉的捷克,那个没有了自主性的捷克,那个被扼杀了灵魂的捷克。

对于昆德拉,有各种矛盾的说法与评价;对他的小说,也有各种具有悖论性的解读。对于刻意回避公众、"遮掩"个人历史的昆德拉,读者还存有不少的谜团:昆德拉为什么不愿公开他早期的一些作品?他真的做过告密者吗?他为什么把"流亡"看成一种"解放"?

---

[1] 见《米兰·昆德拉:一种作家人生》第128页。

他对"媚俗"到底有何见解？他为什么对翻译有近乎苛刻的要求？带着这一个个疑问，去读布里埃奉献给我们的这部《米兰·昆德拉：一种作家人生》，我们也许能够找到属于自己的某些答案。

最后，我们要感谢方雨辰女士的信任；要特别感谢北京外国语大学捷克语言文学专业的农熙女士为翻译本书涉及的捷克人名、地名、报刊名、作品名所提供的宝贵帮助；还要感谢《世界文学》主编高兴先生和荣获捷克共和国功勋奖章的北京外国语大学捷克语教研室主任徐伟珠女士的大力支持。

又，需要说明的是，**本书所提及的"共产党""共产主义"等词汇仅限在捷克及欧洲语境下讨论。**

许钧
2020年4月于南京

目录

1	第一章	在奥匈帝国的废墟里
17	第二章	布拉格政变
33	第三章	抒情年代
51	第四章	解冻
67	第五章	反抒情年代
81	第六章	悲剧与喜剧
97	第七章	报春的燕子
111	第八章	平静的革命
125	第九章	漫长的寒冬
141	第十章	一位法国的捷克语写作者
157	第十一章	远居他乡
175	第十二章	对存在的思考
193	第十三章	性交选集
211	第十四章	复调
229	第十五章	反对"卡夫卡学家"
243	第十六章	不可能的回归
261	第十七章	事件
279	第十八章	一个反现代的现代人
293	后　记	
297	年　表	
317	主要译名对照表	

"我出生于 4 月 1 日。这在形而上层面并非毫无影响。"
——与安东宁·J.利姆的谈话,1970 年

"人们几乎总是将他的成功归因于受到误解。"
——与诺尔芒·比龙的谈话,1979 年

第一章
在奥匈帝国的废墟里

1966年秋，他的第一部小说《玩笑》在捷克斯洛伐克出版的几个月前，米兰·昆德拉接受了他的朋友的一次访谈，正是这部小说两年后让他在法国成名。这位刚刚读完小说手稿的布拉格知识分子询问昆德拉，它是不是一部关于历史的小说，昆德拉立即表示反对："绝不是！对我来说，它完全不是涉及历史事实的某种说不清的惊人揭示，我压根不把描绘'时代画卷'放在心上。"[1] 昆德拉之所以是一位"非历史"的作家，是因为他丝毫不想成为他那个时代的见证者。但与其偏爱的作家之一卡夫卡相反，昆德拉总是将小说置于某个历史时期和某个确切的地点。同样，他的文学选择也始终依赖于特定的历史背景。非此，他又能怎样？昆德拉的性格形成时期都在欧洲的某片土地度过，那片土地在1914至1989年间经历了一系列持续的地缘政治动荡。

1929年4月1日，米兰·昆德拉生于捷克斯洛伐克摩拉维亚省的首府布尔诺。此时，他的国家仅有十余年的历史。直到1918年

---

[1] 安东宁·J. 利姆，《米兰·昆德拉》，收录于《三代人——关于捷克斯洛伐克文化现象的访谈》。(Antonín J. Liehm, «Milan Kundera», in *Trois générations. Entretiens sur le phénomène culturel tchécoslovaque*, Gallimard, coll. «Témoins», 1970.)

10月28日，摩拉维亚都是奥匈帝国的组成部分，以布拉格为首府的波希米亚和斯洛伐克也同样如此。虽然其历史中心在欧洲中部，但奥匈帝国当时是一个幅员辽阔的国家，领土一直延伸到乌克兰。它由多个民族和多种语言构成，是一个多元文化体：人们在那里讲德语、意大利语、捷克语、斯洛伐克语、保加利亚语、乌克兰语、斯洛文尼亚语、鲁塞尼亚语、塞尔维亚-克罗地亚语、罗马尼亚语、匈牙利语、波兰语，甚至还有意第绪语，因为帝国庇护着欧洲最重要的犹太群体之一。尽管存在这种文化多元性，但生活在奥匈帝国领土上的各个民族相处融洽。至少表面上如此。即使各省被赋予一定的自治权，帝国仍遭到怀有分裂企图的捷克和塞尔维亚民族主义者的暗中破坏，他们对奥地利人与匈牙利人的政治统治持有异议。

作为二元帝国，奥匈帝国正式拥有两个首都：布达佩斯和维也纳。但从文化角度来看，则是维也纳在19世纪和20世纪之交闪耀出熠熠光彩。维也纳不仅是首都，而且是一个国际性都市，以其生活艺术闻名，当时是一切艺术、科学的实验与创新之地。在这里，西格蒙德·弗洛伊德创造精神分析学，古斯塔夫·克里姆特和埃贡·席勒构思他们闪光而颓废的画作。维也纳同样也是作家之城，对阿图尔·施尼茨勒和斯蒂芬·茨威格的作品产生了深刻影响。奥地利人赫尔曼·布洛赫在这里出生，罗伯特·穆齐尔曾在此居住。然而，除了这些之外，维也纳尤其是一座音乐之城："这里，不朽的音乐七圣之光照耀着全世界：格鲁克、海顿、莫扎特、贝多芬、舒伯特、勃拉姆斯和约翰·施特劳斯；这里，汇集了欧洲文化的所有流派；在宫廷里，在贵族和民众中，德国、斯拉夫、匈牙利、西班牙、意大利、法国和弗拉芒的血液混杂在一起，而这座音乐之城的天赋正在于将所有这些反差和谐地融合为一种崭新而独特的现实，即奥地利精神、维也纳精神。"[1] 这种创造力的喷涌一直持续到20世纪初，阿诺尔德·勋伯格、安东·韦伯恩和阿尔班·贝尔格三位本地人将为音乐带来重大变革。

布尔诺（德语为Brünn）位于维也纳以北一百多公里的地方，属摩拉维亚省，那里是葡萄产区，景色宜人而和谐。这座有着七个世纪历史的古老小城被两座山俯临，一个山顶上是一座巨大的城堡，另一个上面是一座大教堂。1919年吞并了皇家区和胡索维采区之后，布尔诺成为年轻的捷克斯洛伐克人口密度第二大的城市。

1891年8月17日，米兰的父亲出生于皇家区。很可能因为毗邻维也纳，他对音乐产生了兴趣。不过，从另一方面说，捷克音乐在这里被视为一种民族珍宝。此外，1909年至1913年，卢德维克·昆德拉不在维也纳，而是在波希米亚的布拉格艺术学院学习音乐，当时布拉格仍是奥匈帝国统治下的城市。同时，他还在布尔诺听作曲家莱奥什·雅纳切克的钢琴课，后来他与雅纳切克成为好友。倘若历史没有另做决定的话，这位年轻人本可以自那时就开启他的钢琴家职业生涯。

1914年7月28日，奥匈帝国皇储弗朗茨·斐迪南大公在萨拉热窝被一个年轻的塞尔维亚民族主义者刺杀。奥匈帝国向塞尔维亚宣战。持续四年、遍及整个欧洲的一场战争由此开始。拥有五千万人口的巨大的奥匈帝国在战后分裂为七个小国，其中之一是捷克斯洛伐克。第一次世界大战中，两个联盟相互对峙：一方是"三国同盟"，联合了奥匈帝国、德国、奥斯曼帝国及后来加入的保加利亚；另一方是"三国协约"，由法国、英国和俄国组成，

---

[1] 斯蒂芬·茨威格，《昨日的世界——一个欧洲人的回忆》。

后来比利时、意大利、日本和美国也相继加入。1914年夏,卢德维克·昆德拉加入奥匈帝国军队的第八步兵团,任中尉。1915年5月25日,他被俘虏。随后他陷入一种令人难以置信的政治、军事风暴中,并被带向西伯利亚。事实上,无论对于被流放的捷克人和斯洛伐克人,还是那些留在本国为摩拉维亚、波希米亚和斯洛伐克的独立而战斗的人而言,战争都是从奥匈帝国的监护中获得自由的梦寐以求的机会。

战争爆发后,生活在俄国的捷克人和斯洛伐克人请求沙皇尼古拉二世允许建立一支民族武装力量,以便与奥匈帝国作战。1915年,一个捷克连得以创建,并被纳入俄国军队。为了加强这个捷克连,1915年5月,政府决定在来自奥匈帝国军队的三万两千名斯拉夫逃兵和囚犯中招募士兵。就这样,卢德维克·昆德拉成为此后被称为"捷克斯洛伐克军团"中的一员,建立并领导该军团的管弦乐队。1917年春,来自摩拉维亚的独立主义领导人托马斯·马萨里克来到俄国,着手创立一支仍处于雏形的国家军队。

就在那时,"十月革命"爆发,局势重新洗牌。驻守在乌克兰基辅的捷克斯洛伐克军团士兵希望保持中立,便要求向欧洲西部转移。法国和英国政府拒绝了他们的要求,认为这支增援军队在俄国更能发挥作用,可以在布尔什维克遭遇挫败时与红军作战。由于受俄国寒冬的影响,军团士兵在原地停留了几个月,之后重新向东行进,1918年3月抵达西伯利亚,其间也参加了几场战斗。同年10月,捷克斯洛伐克第一共和国成立并由马萨里克出任总统,可停战后,军团的幸存者仍然没有获准回祖国。直到1919年1月,他们才最终从符拉迪沃斯托克撤离。

经历了这一"西伯利亚疾病进展期"中惊心动魄的波折后,卢德维克·昆德拉于1920年返回布尔诺，当时政治局势一片混乱。多民族组成的巨大帝国消失了，取而代之的是一个小型民主共和国。然而，延续了五十余年的奥匈帝国仍留存在每个人的头脑里。那时，捷克人融合在一个更大的实体中，对过去时代的这份记忆将持续很多年，甚至对那些帝国解体之后才出生的人而言也同样如此。在《笑忘录》中，通过卡雷尔的母亲这一人物，米兰·昆德拉附带地提到这一点："她扎一条辫子。当然，那是在过去的奥匈帝国。维也纳是首都。妈妈的中学属于捷克，妈妈是位爱国者。"引起小说家关注的，不是帝国体制下的生活，而是旧世界向新世界转变带来的欢乐："他们根本不知道战后奥匈帝国的衰落意味着什么！一片兴高采烈！到处是歌曲，到处是旗帜！"后来，作家根据新近发生的事件，以更具批判性的方式对被解放民族的这种愉悦进行了思考。1983年，当他的国家从此之后受到苏联控制时，他不禁想象，倘若奥匈帝国成为一个强大的国家而不是被分割为几部分，那么它本可以在欧洲中部筑起一道屏障，以抵抗俄国人的扩张念头。在《被劫持的西方或中欧的悲剧》一文中，昆德拉写道："因为不满意，欧洲中部的其他国家导致帝国在1918年分裂，却没有意识到它尽管有缺点，却是不可取代的。如此，第一次世界大战后，欧洲中部变为一个由弱小国家组成的地域，其脆弱促成了希特勒最初的征服，也让斯大林取得了最终胜利。"[1]

战后，捷克斯洛伐克军团士兵在祖国独立中发挥的决定性作用，使他们受到极大的尊重。除此之外，卢德维克·昆德拉还被推荐在布拉格音乐学院担任教授。由于多年远离家乡，也因为十分眷

---

[1] 《被劫持的西方或中欧的悲剧》，《辩论》第27期，1983年11月。(« Un Occident kidnappé, ou la tragédie de l'Europe centrale », *Le Débat*, n° 27.)

念他将在此度过余生的皇家区,他宁愿谢绝这一邀请。相反,他接受了布尔诺音乐学院的一份秘书工作,随后又在那里任教。正是在这座城市,在圣托马斯教堂,1928年6月16日,他迎娶了米拉达·雅诺施科娃[1],后者是他在布尔诺音乐学院的同事,比他小十一岁。次年,1929年4月1日,米拉达生下一个男孩,取名为米兰,这是他们唯一的孩子。

20世纪二三十年代,在任教的同时,卢德维克·昆德拉继续其钢琴家的国际职业生涯,独奏或参加室内管弦乐队,在维也纳、科隆、莫斯科和基辅举办音乐会。他是位全能艺术家,1921年至1928年还担任卢米尔合唱团的团长。作为教育家与音乐学家,他撰写了多部关于音乐史的著作及数篇关于当代音乐的文章。第二次世界大战中他被强制退休,解放期间,他开始担任布尔诺音乐学院院长和布拉格查理大学音乐教育学院院长。同时,他还在1947年成立的布尔诺雅纳切克音乐与表演艺术学院(JAMU)教授钢琴,并于1948年至1961年担任该学院院长。

在布尔诺,昆德拉一家居住在一幢带有小花园的两层楼小房子里,房子位于普尔基尼街六号,那是皇家区一条通往市中心的笔直的交通要道。1935年,年幼的昆德拉和日后也成为作家的扬·特雷夫尔卡同一天进入小学,并与他结下友谊。在布拉格读大学期间,这两位长时间形影不离的朋友经历了相似的命运,几乎同时被共产党开除。

米兰的中学学业在布尔诺雅罗斯上尉中学进行,直到1948年获得中学毕业文凭。但这并不重要。这是一个中产阶级的孩子的普通

---

[1] 她于1984年去世。

教育历程，与此同时，卢德维克·昆德拉的儿子还将接受深入的音乐教育，开始是跟随父亲，后来师从多位著名音乐家，这对他后来的作品具有重要影响。

自幼年时起，米兰·昆德拉就目睹他的父亲演奏钢琴。透过房门，他听见父亲一遍又一遍地练习，尤其是现代音乐家的乐曲：斯特拉文斯基、巴托克、勋伯格、雅纳切克。在中产阶级家庭，孩子们学习钢琴是出于阶级习俗，也因为练习乐器能彰显某种地位，而在昆德拉家中，音乐是一种存在的需要。对于卢德维克来说，音乐远远不是社会风俗，而是一种生活方式，一种与世界的联系。因此，自然而然，当其他孩子还在结结巴巴地背字母表时，他很早就开始把这种高级语言教给他的儿子。

小米兰刚满五岁，卢德维克就让他和自己一起坐在钢琴前。后来，作家叙述了父亲为了让他进入神秘的和声世界而使出的几个有趣的把戏，父亲把每个音调比作一个小小的皇宫，在那里，每个音符分别由国王、中尉和达官贵人代表，彼此之间形成等级关系。紧接着，游戏揭示出作曲的秘密。从表面看起来刻板但很简单的规则出发，就能开或连续展开一个或几个行动："有时事情极其复杂（比如在马勒，尤其是巴托克和斯特拉文斯基那里），好几个宫廷的王子介入，且弄不清哪个音符属于哪个宫廷，也不知道它是否为多个国王效力。"[1] 自那时起，对作曲基本知识的学习使昆德拉明白了一个原则，一个他成为作家后将奉行的原则，即创作者在保持结构内在一致的条件下，拥有创造自己独特结构的绝对自由："音乐，无论多么复杂，总是在说同一种语言。"

---

1 《笑忘录》。

卢德维克通常十分温和，也很宽容，然而一旦涉及音乐，他就可能失去冷静。因此，当看到儿子坐在钢琴前，通过循环运用两个相同的和弦来即兴作曲并以此为乐时，他不能忍受儿子的这种投机取巧和灵机一动的错误想法。父亲的愤怒在孩子心里留下了长久的深刻印记，多年后，孩子长大成人，在随笔集《被背叛的遗嘱》中提到此事："一次，我的音乐家父亲非常愤怒地——无论此前，还是此后，我都从没见他生过气——跑到我的房间，把我从凳子上拎起来，带到饭厅，然后强忍厌恶，把我塞进桌子底下。"

卢德维克之所以如此严格关注儿子的音乐教育，是因为他或许希望把儿子培养成音乐家。米兰·昆德拉选择了另外一条道路，他可能认为，对一位艺术家而言，很难在自己父亲享有盛誉的那个相同学科里生存。然而，尽管没有利用早期的音乐学习来追随父亲的足迹，他却借此赋予其作品一种独特的风格，把每一部小说都打造成音乐作品。除作曲艺术之外，男孩还跟随父亲学习曲调变化的艺术。1966年的一次访谈证明了这一点，访谈中安东宁·J.利姆问他，是否卢德维克·昆德拉对他产生了重要影响。昆德拉的回答清晰并充满感激："是的。爸爸懂得如何理解他正在演奏的乐曲，因此音符在他手指下都各具其义，在他的演奏中，最小的渐强或减慢都变得积极而富有意义，正是这种方式令我着迷……我知道什么是演奏的艺术，也知道音乐厅里的听众对此并不明白，他们一边倾听钢琴家的演奏，一边伺机捕捉其中的华美乐段，领略其中的光彩，或更进一步，体会艺术表达中的某种启发性，可他们抓不住演奏者真正的秘密（如何理解某个音乐短句，赋予一个音符何种价值）。"

只要把"音符"换成"词"，这种阐释观念就可以很容易地被应用于米兰·昆德拉的写作风格：一种尽可能朴实、准确，尤其是

"富有意义"的文风。昆德拉不仅承认父亲对其作品及更普遍意义上对其理解艺术的方式的这种影响，而且不停地表达对这位音乐家父亲的感激和钦佩。作家通常很少谈论个人生活，几乎从不提及自己的家庭——因而他始终对关于母亲的话题保持沉默——但在《笑忘录》中他允许自己破例了一次。父亲成为小说中的一个完整角色，他临终的情景被多次提及。

米兰·昆德拉生命的前十年，是在捷克斯洛伐克第一共和国期间度过的。奥匈帝国体制让位于受法兰西第三共和国启发而形成的议会民主制。国家由托马斯·马萨里克领导，他是位在国外备受推崇的知识分子。在20世纪20年代，第一共和国难以形成一种真正的团结。作为少数派的德国人（约占国家人口的四分之一，主要居住在苏台德地区）和匈牙利人越来越无法适应捷克人和斯洛伐克人的统治，他们的语言不再像奥匈帝国统治时期那样是共和国的官方语言。捷克人和斯洛伐克人在奥匈帝国时期是少数派，却在他们的新国家中变成了多数派，代表着年轻国家中几乎三分之二的人口。

少数族群之间的紧张状态在20世纪30年代仍继续加剧，苏台德地区的德国人和马扎尔人分别要求归并于德国和匈牙利。1933年，阿道夫·希特勒开始掌握德国政权，这使局势更为严峻，"独裁者"毫不隐瞒他想把欧洲讲德语的少数族群纳入德意志的愿望。1938年3月，随着德奥合并，这一征服政策得以实施，纳粹军队胜利进驻维也纳。欧洲无能为力，于是眼睁睁地看着德国为入侵摩拉维亚北部的苏台德地区做准备，这是希特勒计划的第二阶段。在"独裁者"的同盟墨索里尼的提议下，慕尼黑会议于1938年9月举行，自

1935年起取代马萨里克任捷克斯洛伐克国家元首的爱德华·贝奈斯甚至没有被邀请参会。《慕尼黑协定》被捷克人视为英国与法国的背叛，它终结了捷克斯洛伐克第一共和国，让纳粹德国心满意足。捷克斯洛伐克被割去了德语人口居住的领土。

在昆德拉的第二部小说《生活在别处》中，年轻诗人雅罗米尔的父亲被动员入伍并被派遣至边境，以阻击入侵者，这正影射了那段痛苦的历史，那时捷克斯洛伐克人仍期望得到法国人和英国人的援助，并准备与德国对抗："战争随时有可能爆发，人们都买了防毒面具，在地窖里设置防空洞。妈妈像拯救者一般，紧紧抓住她的祖国的不幸……"

《慕尼黑协定》仅仅推迟了那个必然到来的日子。所有人都知道德国的入侵无法避免，这让民众陷入了恐慌。在同一部小说中："捷克人成群地逃离苏台德地区，留在欧洲中心地区的波希米亚就像一只被剥了皮的橙子，没有任何防御。六个月后的一个清晨，德国坦克闯入布拉格的街头……"1939年3月15日，希特勒的军队入侵捷克斯洛伐克。国家分裂。波希米亚-摩拉维亚被置于德国的保护下，斯洛伐克则宣布独立，而这是顺从第三帝国的一种伪装方式。于是，盖世太保进行血腥镇压的时期开始了，镇压的矛头首先指向年轻的反对派、艺术家与知识分子。

1939年7月，摩拉维亚著名画家、广告画设计师阿尔丰斯·穆夏被盖世太保审讯并被指控为共济会会员，之后不久画家便去世了。10月28日，数千名大学生上街游行，庆祝捷克斯洛伐克的独立纪念日，同时抗议纳粹的占领。对这个结局悲惨的事件，《生活在别处》进行了叙述："在布拉格大学生的大型示威游行后，德国人关闭了捷克的所有大学……捷克大学生们被牲畜车运往集中营[1]，妈妈[2]看了医生，医生为她糟糕的精神状态感到惋惜，建议她去休息。"

面对镇压，捷克在国内和国外都组织了抵抗。共产党的抵抗由克莱门特·哥特瓦尔德和鲁道夫·斯兰斯基在莫斯科领导，并在扬·施维尔玛、亚罗米尔·杜兰斯基、安东宁·诺沃提尼、约瑟夫·斯姆尔科夫斯基、安托宁·萨波托斯基和记者尤利乌斯·伏契克的组织下，在当地展开。很多人后被处决或被关进集中营。在英国，非共产党的抵抗者聚集在爱德华·贝奈斯周围，后者自1940年起成立了捷克斯洛伐克临时流亡政府。他们被纳入英国军队并接受训练，准备不久后在英国展开军事行动。1941年秋，被任命为波希米亚-摩拉维亚保护地党卫队副总指挥的莱因哈德·海德里希抵达布拉格，以加强对当地的镇压，自此，德国的占领变得更为严酷。海德里希是恐怖政策的拥护者，两个月内，他下令枪杀了四百多个捷克人。众多知识分子被处决，其中包括两次世界大战间最重要的捷克小说家之一弗拉迪斯拉夫·万楚拉。万楚拉1921年加入捷克共产党，是位先锋派作家，昆德拉把他称为自己最欣赏的捷克散文家，并在1960年将首部理论性随笔献给了他，题为《小说的艺术：弗拉迪斯拉夫·万楚拉走向伟大史诗之旅》(*L'Art du roman, le voyage de Vladislav Vančura vers la grande époque*)，该书从未被译成法语。

1942年5月27日，在弗拉迪斯拉夫·万楚拉去世五天前，一支由英国秘密派遣的捷克斯洛伐克抵抗者突击队用手榴弹攻击海德里希，使其严重受伤。几天后，这位纳粹高官因败血症不治身亡。

---

[1] 此外，大学生运动的九名领袖在报复行动中被枪决。
[2] 指雅罗米尔的妈妈。

作为报复,在希特勒的命令下,盖世太保和纳粹德国党卫队逮捕了一万三千人。当他的祖国即将陷入血与火之中时,米兰·昆德拉十三岁。这一事件给他留下了极为深刻的印象[1],三十年后,昆德拉像通常一样,把虚构与历史融合在一起:"几天后,从英国派遣的捷克伞兵杀死了波希米亚地区德国占领军的指挥官;德军宣布了戒严令,长长的被枪杀者名单出现在街角……那个样样都做的保姆玛格达,她已经在别墅里住了好几年……有一天她哭着回来,她的未婚夫被盖世太保抓走了。又过了几天,未婚夫的名字用黑字写进一份深红色的通告里,和其他死者的名字在一起。于是,玛格达被允许休息几天。"[2]

1943年9月8日,共产党战士尤利乌斯·伏契克被盖世太保逮捕、拷问并处决。在他的单人牢房里,伏契克临终前在卷烟纸上写出《绞刑架下的报告》(Écrit sous la potence),书稿后来被暗中支持他的看守送出了监狱。1948年后,伏契克代表着一种让·穆兰式共产主义者的形象,是英勇无畏、积极投身战斗的象征。1955年,昆德拉仍是位信念坚定的共产党员,他在长篇史诗《最后的五月》中向伏契克表达了敬意,某些评论者将之看成受命而写的作品。后来,伏契克同样出现在《玩笑》中,确实,那是以一种更为讽刺的方式。海伦娜这个人物代表着对共产主义理想的忠诚,她像引用某种令人生气勃勃的乐观主义的典范那样,援引了伏契克:"我不应该悲伤,不应该,**愿悲伤永远不要与我的名字连在一起**,伏契克的这句话是我的座右铭,即便被折磨,即便在绞刑架下,伏契克也从不悲

---

1 在《不能承受的生命之轻》里,昆德拉提到希特勒的照片始终让自己产生"模糊的感情",他写道:"我家里的好几个成员都死在纳粹集中营里。"

2 《生活在别处》。

伤。今天欢乐已经过时，这也没什么了不起……"

作为纳粹占领时期的中学生，年轻的昆德拉被迫在学校里学习德语，虽然是强制性的，但也让他有机会在课文中读到某些他后来最喜欢的作家——卡夫卡、布洛赫和穆齐尔。同一时期，他还学习俄语，并称曾很好地掌握这门语言，但后来遗忘了。[1] 身材高大的米兰·昆德拉爱好运动并练习拳击。不过，课余的大部分时间都被他用在了音乐上。他的父亲希望把他培养成全能音乐家，于是让他跟随布尔诺的两位作曲家学习作曲，跟他父亲一样，他们也是雅纳切克的学生。通过与他们的接触，昆德拉学到一种方法，日后他将此方法用在小说写作技巧中。然而，学习只持续了很短的时间，因为他的两位老师很快将经历悲惨的命运。由此，年轻的男孩在生命中第一次见证了狂热之人的残暴。

他的第一位作曲老师名叫帕维尔·哈斯，其弟雨果是战前一位颇受欢迎的演员。帕维尔·哈斯生于1891年，十三岁时开始作曲。哈斯擅长各种音乐体裁，创作了五十余部作品，包括钢琴曲、室内乐、歌曲，甚至还有一部歌剧《江湖骗子》(*Der Scharlatan*)。和许多捷克作曲家一样，他很乐意从摩拉维亚或波希米亚的传统音乐中汲取灵感，有时也把希伯来的曲调融合进去。因为，哈斯来自布尔诺的一个犹太人家庭。自从德军入侵捷克斯洛伐克以来，德国盛行的针对犹太人的歧视措施被占领者强制执行。被认为有先天缺陷的犹太音乐尤其遭到禁止。很快，犹太人被赶出学校，连工作也被剥夺了。至于犹太音乐家，他们从此失去了公共生活，再也无权拥有任何乐器。为了继续生存，帕维尔·哈斯不得不一边在他父亲的鞋

---

[1] 安东宁·J.利姆，《米兰·昆德拉》，同前。

店里帮工，一边继续秘密教课。他的学生米兰·昆德拉回忆道："那时，他必须不停地换住处，我走进他家，胳膊下夹着乐谱，就这样出现在他最近居住的出租屋，在那里，他和另外几个犹太人合住一个房间。"[1] 在《被背叛的遗嘱》中，他又写道："每次他都留着自己的小钢琴，我在钢琴上练习和声与复调音乐，而我们周围的那些陌生人都专心做自己的事情。"

1941年10月10日，一个月前刚刚上任的党卫队副总指挥莱因哈德·海德里希及阿道夫·艾希曼、卡尔·赫曼·弗兰克决定将约七万五千名犹太人从保护地带走，关押在泰雷津集中营，那是距离布拉格一小时路程的一座旧堡。几周后，1941年12月，帕维尔·哈斯被盖世太保逮捕并送往泰雷津。他在那里待了三年，之后被转移到奥斯维辛，1944年10月17日在奥斯维辛去世。在被拘禁期间，哈斯从未间断练习音乐，因为犯人们成功地把乐器弄进了集中营。当纳粹发现时，他们就利用泰雷津里的犹太文化精英来做宣传。于是，以令人难以置信的犬儒主义姿态，他们把那里变成了集中营的一个典范，他们在临时营房的窗户上摆放一盆盆天竺葵，并鼓励建立管弦乐队，比如由钢琴家马丁·罗曼领导的著名爵士乐队"少数摇摆者"（Ghetto Swingers）。

在泰雷津，帕维尔·哈斯创作了八部作品，其中包括他在被转移至奥斯维辛前不久完成的《根据中国诗创作的四首歌曲》（*Quatre Lieder d'après des poésies chinoises*）。老师的死在年轻人心中留下了创伤，就像三年后，昆德拉最初的作品所证实的那样："哈斯是我最早的个人虚构中的一部分，我出版的第一首小诗，1947年的那首奇

---

[1] 安东宁·J. 利姆，《米兰·昆德拉》，同前。

怪又病态的轻快小诗，题目就叫《纪念帕维尔·哈斯》(*En souvenir de Pavel Haas*)。"[1]

帕维尔·哈斯被关进集中营后，卢德维克·昆德拉向阿尔弗雷德·科尔托过去的学生瓦茨拉夫·卡普拉求助，请他来接替哈斯："这是爸爸最亲近的同学，一个非常敏锐的人，才华横溢，他反复向我灌输对故弄玄虚的喜好。"[2] 卡普拉和卢德维克·昆德拉自20世纪20年代就相识，当时他们合作演奏二重奏。他为年轻的米兰讲授作曲原则，对米兰像家人般亲切。可惜，这次教学也仅持续了很短的时间。1942年，抵抗运动成员瓦茨拉夫·卡普拉被盖世太保逮捕，并被关押在斯瓦托波西采-米斯特辛集中营，直至1945年。

---

1 安东宁·J. 利姆，《米兰·昆德拉》，同前。
2 《被背叛的遗嘱》。

第二章
布拉格政变

米兰·昆德拉十岁时，第二次世界大战爆发，十五岁时，战争结束。诚然，他的小说因重构共产主义制度下捷克斯洛伐克的命运而闻名于世，但其中同样有不少关于纳粹统治的叙述。因此，《生活在别处》中出现了令人惊异的一段：雅罗米尔的父亲找了一个被迫佩戴黄星布[1]的犹太女子当情妇。父亲是个相当平庸的人物，在当时的形势下，他的行为颇有勇气，但这给他带来了悲惨的结局："他没有抛弃她，他继续去看她，尽自己所能帮助她。随后，她被关押在泰雷津的犹太人聚集区，他做了一件失去理智的事：在捷克警察的帮助下，他成功进入这座受到严密监视的小城，见了他的情妇几分钟。在第一次成功的诱惑下，他再次来到泰雷津，却被抓住；他再也没有从那里回来，他的情妇也一样。"

1944年2月26日，一部名为《元首给犹太人一座城》(*Le Führer donne une ville aux Juifs*) 的宣传片开始在泰雷津拍摄。人们从中可以特别看到，被关押在那里的乐队指挥卡雷尔·安切尔正指挥演奏帕维尔·哈斯的一部作品。盟军在诺曼底登陆后，面对红军向东线的

---

[1] 纳粹分子强令犹太人佩戴的六角形黄星布。——译注

挺进，纳粹放弃了泰雷津的模范集中营形象，把那里的犹太人运往奥斯维辛，以便用毒气杀除。1945年初，第三帝国的战败似乎不可避免。1月18日，德军放弃战斗，从斯洛伐克的科希策撤退，几天之后，科希策成为重新统一的捷克斯洛伐克的临时新政府所在地。4月5日，流亡归来的爱德华·贝奈斯宣布组建联合政府，第一副总统为共产党领导人克莱门特·哥特瓦尔德。

于是，捷克斯洛伐克第三共和国[1]成立，这是一个民主、多元的共和国，由共产党人、保守党人和社会民主主义者共同执政。不过，这个临时政府在布拉格沦陷后才开始掌权，当时布拉格仍然在德国人占领之下。1945年5月初，当柏林政府即将垮台时，布拉格抵抗者（约三万人）拿起武器对抗纳粹，他们占领国家广播大楼，并通过广播号召捷克人民进行反抗。5月6日，苏联人向占领城市的最后一支德国部队发起进攻。三天后，红军战士进入布拉格，仿佛救星一般受到民众的热烈欢迎。

昆德拉在《笑忘录》中评论道："1939年，德军进入波希米亚，捷克人的国家不复存在。1945年，俄国军队进入波希米亚，国家重新被称作独立的共和国。俄国赶走了德国人，人们为此欣喜若狂，并且，捷克共产党被看成俄国人忠诚的臂膀，人们便把好感转移到了共产党身上。于是，当1948年2月共产党人夺取政权时，既没有流血也没有暴力，他们反而受到了几乎一半民众的欢呼。"

作为两个体制之间的短暂插曲，捷克斯洛伐克第三共和国仅存在三年。1945至1946年间，捷克斯洛伐克共产党（PCT）一帆风顺，党员数量达到一百万。因抵抗和解放而享有威望，共产党不需要诉

---

[1] 1938年《慕尼黑协定》后成立的捷克斯洛伐克第二共和国在1939年德国入侵后终结。

诸武力便能实现对国家的完全控制。起初，捷共采取民主制，接着，它在两年时间内以某种"温和的政变"排除了其他所有政党。1946年5月的议会选举中，捷克斯洛伐克共产党获得近百分之四十的选票，随后，哥特瓦尔德成为议长，二十六个部长职位中的九个由共产党人占据，包括内政部、情报部、农业部和财政部。不过，爱德华·贝奈斯保留着共和国总统的关键位置。

次年，植根于工厂及中学和大学的共产党继续其上升势头。1947年4月，当冷战将欧洲一分为二时，米兰·昆德拉于十八岁生日当天，在布尔诺加入捷克斯洛伐克共产党的附属组织——青年联合会。由于其中心地位，捷克斯洛伐克不想在亲美的西部阵营和亲苏的东部阵营之间进行政治选择。贝奈斯吹嘘自己与斯大林保持着良好关系，希望在国家中保留多元制。由于斯大林反对，无能为力的贝奈斯不得不拒绝了美国邀请捷克加入马歇尔计划的提议。事实上，这一拒绝将捷克斯洛伐克置于苏联的势力范围。

1948年初，捷克斯洛伐克共产党人利用当时的形势，继续推进其计划。2月17日，当内政部长任命的八位布拉格新警长全是共产党人时，危机爆发了。该任命引发了所有非共产党员部长的辞职，他们要求重新进行议会选举。克莱门特·哥特瓦尔德意识到如此征求意见将对其政党不利，便发表广播讲话，要求"劳动者大众为可能出现的反抗做好准备"，并要求布拉格的警察保持戒备状态。这一决定性讲话最终促使共产党人夺取政权，昆德拉在《生活在别处》中就此评论道："（雅罗米尔）打开收音机，听到了克莱门特·哥特瓦尔德的声音……此刻他听见的正是克莱门特向聚集在老城广场上的群众发表讲话，揭露那些想把共产党逐出政府、想阻止人民走向社会主义的叛徒；克莱门特号召人民接受并要求那些部长辞职，并在全国各地建立共产党领导下的新的革命政权组织。旧收音机里，人群的嘈杂声与克莱门特的话语混在一起，点燃了雅罗米尔心中的热情，令他激动不已。"

克莱门特得到大部分舆论的支持，继续对贝奈斯施加压力，2月25日，病中身体虚弱的贝奈斯同意建立由共产党人及作为捷共盟友的社会民主党人共同担任部长的联合政府。政府中唯一的非共产党人是外交部长，他是捷克斯洛伐克首位总统的儿子扬·马萨里克，3月10日，人们在外交部窗户下面发现了他的尸体。官方称他是跳窗自杀，2004年展开的一项细致调查驳斥了这一说法，调查结果认为他死于谋杀。马萨里克的跳窗事件被某些历史学家称为"第三次跳窗"，因为布拉格历史上还发生过另外两起：一次是1422年胡斯派教士扬·热利夫斯基跳窗，另一次是1618年两个王室官员跳窗。"轻"与"重"的理论家昆德拉注意到这一系列怪事，又在上面加上了1951年突然发生的第四起。其原因，就像马萨里克的跳窗事件一样，一直不为人知："1948年，看到自己的命运在历史的硬壳上撞得粉碎之后，扬·马萨里克从高处的窗户跳下去，摔死在布拉格一座宫殿的庭院里。三年后，诗人康斯坦丁·比布尔被自己参与建造的那个世界的面孔所惊吓，从六楼楼顶猛然跳下，摔落在同一座城市（跳窗之城）的马路上，他要死在大地上，就像伊卡洛斯[1]那样，他要以自己的死亡呈现空气与重力之间、梦想与清醒之间悲惨的断裂。"[2]

布拉格政变结束了多党制。1948年6月的议会选举以百分之

---

[1] 希腊神话人物，用蜡和羽毛制造的翅膀逃离克里特岛，因飞得离太阳太近，蜡化羽散，落入汪洋溺死。——译注
[2] 《生活在别处》。

九十的压倒多数票通过共产党的执政。6月14日,克莱门特·哥特瓦尔德当选为捷克斯洛伐克人民共和国总统。紧接着,安托宁·萨波托斯基被任命为总理,鲁道夫·斯兰斯基成为捷克共产党中央第一书记。为了巩固政权,新任领导们开始了一场触及政治阶层、新闻界和军队的大清洗。数百名潜在的反对者被逮捕,农业被集体化,工业被国有化。于是,一种效仿苏联体制的政治制度在捷克斯洛伐克建立起来,并持续了四十多年。共产党人在政治和意识形态上均获得了胜利,此后,捷克民众的社会与私人生活,都处于马克思列宁主义思想的影响之下。

几十年后,1984年1月27日,米兰·昆德拉在《世界报》(Le Monde)专栏里写道:"共产党人占领了我的国家。当时我十九岁。我明白了什么是狂热与独断,什么是政治审判;我也通过自己的经历知道了被权力陶醉、被权力抛弃意味着什么,知道了面对权力感到自己有罪意味着什么,反抗它又意味着什么。"

寥寥数语,作家在此概述的是,面对一种以解放人类为理想的共产主义制度下的权力,个人,特别是可塑的年轻人所体验到的矛盾情绪。年轻人对于乌托邦——只要目的是好的,就可以采取最残暴、最致命的手段——的这种冲动,昆德拉将之视为一个普遍而永恒的主题。正如他对菲利普·罗斯所说:"极权制,不仅是地狱,而且是天堂之梦,一个与世界同样古老的梦,在这梦里,所有人和谐地生活,由唯一而相同的愿望团结在一起,也由唯一而相同的信仰团结在一起,任何人对其他人都没有秘密。"[1]

---

[1] 菲利普·罗斯,《与米兰·昆德拉在伦敦及康涅狄格州的交谈》,《工作谈》(2001)。原本是1980年11月30日为《纽约时报·书评周刊》所做的采访。(Philip Roth, « Conversation à Londres et dans le Connecticut avec Milan Kundera », in *Parlons travail* (2001), Gallimard, coll. « Du monde entier », 2004.)

1966年，在与安东宁·J.利姆的谈话中，昆德拉谈及那个时代，对自己当时深信不疑的革命理想的堕落进行了分析："法西斯主义建立在公开承认的反人道主义基础上，决定了一种非常简单的道德立场，非黑即白。相反，斯大林主义则依靠一场伟大的人道主义运动……一种极为混乱的局势便由此产生。在道德上辨认方向极为困难，有时甚至不可能……一开始，斯大林主义依赖于崇高的理想与准则，渐渐地，却把它们转变为相反的一面：把人类之爱变为对人的残暴，把真理之爱变为举报制度，等等。我们看见，一场大规模人道主义运动在我们眼前退化为某种对立的东西，将人类的所有美德淹没其中。"[1]

青少年时期即将结束时，昆德拉经历了身处这场伟大的人道主义运动所带来的狂热。某个以为抓住了历史缰绳的人感觉自己无所不能，昆德拉在《玩笑》中曾以路德维克的方式体验过这种感受："其中（尤其对我们年轻人）也包含着美好的幻想，那就是我们，我们将开创一个时代，在这个时代里，人（每个人）不再置身历史**之外**，也不再处于历史的**脚跟**之下，相反，他将引导历史，造就历史。"

人们往往出于天真和幼稚而放弃他们的自由，以便换来一个更好、更加公平、更加博爱的世界，在对其背后原因的解释中，昆德拉不断强调作为集体想象的革命乌托邦具有二元性，真与假在其中共存。因此，他对布拉格政变进行了重新思考："不管它多么不真实，这次政变就像一场革命那样被经历。它的华丽辞藻，它造成的幻觉，它引起的反应，它的行动，它的罪行，今天在我看来，它就像是对

---

[1] 安东宁·J.利姆，《米兰·昆德拉》，同前。

欧洲革命传统的一次浓缩的滑稽模仿。就像欧洲革命时代的延续与可笑的终止。"[1]

在《玩笑》中，昆德拉描述了1948至1949年间普遍存在的愉悦："1948年后的革命年代与怀疑主义或理性主义没什么共同之处。那是伟大的集体信仰的时代。赞扬它并与这一时代同行的人，他的感觉与宗教产生的感觉极为相近。"小说家经常把革命运动所特有的这种欢快比作舞蹈，更确切地说，比作一场人们互相手牵手的圆圈舞。不再有孤独的人，只有一根巨大的人之链，每个人都是这链条上的一环，作为个体价值不显，对整体而言却不可或缺。昆德拉一向不喜欢吐露心声，但在《笑忘录》中，他回忆起，不到二十岁时自己是如何跳圆圈舞的："那是1948年，共产党人刚刚在我的国家取得胜利，社会党和基督教民主党的部长们去国外避难了，而我，我搭着其他共产党大学生的手或肩膀。"

这一场景发生在布拉格，米兰·昆德拉中学毕业后，进入了布拉格查理大学艺术系学习文学和美学。在那里，他积极参与共产主义青年组织的活动，几乎每个月都游行。和其他同学一起，他跳舞，为纠正不公正的决定而感到高兴。一种持续不断的欢乐，没有丝毫断裂："我们的脸上洋溢着幸福的微笑。"一直延续到人们以为永远不会停下的这幸福舞步卡住的那一刻："然后，有一天，我说了不该说的话，我被开除出共产党，也就不得不退出了圆圈舞。"

对于被开除的原因，昆德拉始终说不清楚。是否跟《玩笑》中路德维克被驱逐的原因相同呢？一个不经思考的糟糕玩笑？我们可以这么猜想。或许，对于路德维克也一样，这涉及捷克式幽默与共

---

[1] 与克里斯蒂安·萨尔蒙的谈话，见《小说的艺术》。

产主义意识形态固有的严肃精神之间的不相容。尽管他始终否认写了一部自传,但我们可以想象,通过路德维克之口,有时是作者本人在表达:"我很有幽默感,可这并不意味着,在时代的欢快目光下我完全取得了成功:我的玩笑太欠严肃,而当时的欢乐不能容忍戏谑和反讽……"[1]

在布拉格,学文学的大学生和自己儿时的朋友扬·特雷夫尔卡同住一个房间,在莱特纳区大学城的一幢木楼里。昆德拉后来叙述道:"我们经常一起外出,所以人们常把我们俩弄混。"在他看来,正是由于这种混淆,和他一样也是共产主义战士的特雷夫尔卡才同时被开除出党,他对自己的朋友利姆说道:"其实,他所有的罪过就是认识我;人们责怪他没有把我的反党想法上报。"这个说法始终没能让特雷夫尔卡本人信服,他对此仅有一次评论:"当时,想惹人讨厌,并不需要多做什么,只要背离那个被人们称为模糊中立的东西就够了。"[2] 无论如何,特雷夫尔卡的错误或许被认为足够严重,以致他被驱逐出大学,又被遣送到集体农场开拖拉机。1967 年,当昆德拉出版《玩笑》时,某些评论者断言他是从自己朋友的不幸遭遇中获取灵感来写这部小说的。这是否与昆德拉本人,或更确切地说与特雷夫尔卡所经历事件的某种模糊记忆有关?归根结底,这并不重要,《玩笑》中路德维克的故事越**真实**,它就越证明,在那个时代,最小的玩笑话就能摧毁一个人的生活。

《玩笑》中令人震惊的是错误与惩罚之间的不相称。同样,人们凭什么指控昆德拉?他为什么要被开除?并非因为某个政治阴谋活

---

[1] 《玩笑》。
[2] 参见让-巴蒂斯特·阿朗,《美丽的摩拉维亚》,《解放报》1999 年 11 月 18 日。(Jean-Baptiste Harang, « La Moravie est belle », *Libération*, 18 novembre 1999.)

动，而是，正如他自己所说，由于"某种想法"。总之，人们没有控告他采取了错误行动，而是谴责他表现出不好的意图。尽管不满二十岁就被开除出捷克共产党，但昆德拉仍乐意继续做一名共产主义者。他是否认为这一驱逐不公正？不一定。由于不断地想这件事，或许与很多人一样，他终于将某种形式的犯罪内化于心，就像他的朋友安东宁·J. 利姆发人深思的证词所证明的那样。同一时期，利姆因为一桩与己无关的轻罪而受到指责时说："我出生于中产阶级，加入捷克斯洛伐克共产党之后，我感觉自己待在一个格格不入的地方，我不应属于那里。当他们把我驱逐出来时，我相信他们这么做是对的，相信自己确实犯了错……也相信是我说服他们，接受我成为他们当中的一员。"[1]

米兰·昆德拉能在自己的情况中猜测到这一点，这很合乎情理。捷克共产党之所以不再想要他，是因为它有自己的理由。[2] 他过去的同学都不再跟他说话，这表明他有罪。假如他不知道是怎么回事，活该。毫不奇怪，在这种情况下，卡夫卡的《审判》成为他的床头书之一。某些日子，他感到愤怒，这是因为在大部分时间里，他的内心被失望所占据。在城市各处，历史撇开他，继续着自己的法兰多拉舞，并时刻提醒他只不过是一个传播瘟疫的人。"上帝知道又是哪个周年纪念日，布拉格街头再次出现年轻人在跳舞的圆圈。我在他们中间游荡，离他们很近，可他们不允许我加入任何一

---

[1] 《星期》周刊 2005 年 8 月 15 日的一篇访谈；参见雅罗斯拉夫·布拉哈，《安东宁·J. 利姆，想拯救文化的异端分子》，《东部国家邮报》第 1058 期，2006 年第 6 期。(Jaroslav Braha, « Antonín Liehm, l'hérétique qui voulait sauver la culture », *Le Courrier des pays de l'Est*, n° 1058.)

[2] 共产主义制度下的自我产生犯罪感这一主题，亚瑟·库斯勒在其小说《零度与无限》(Arthur Koestler, *Le Zéro et l'Infini*, 1940) 中有过特别阐述。

个圆圈里。"[1]

当被推定的罪犯默默为他们想象的罪恶付出代价时，正在圆圈里跳舞的那些人却欣喜若狂，确信自己掌握着真理。坚信自己处于正确的一边，这令他们陶醉。

在这个充满革命狂热的年代，怀疑和细微的差别都被撵走：个人主义被视为工人阶级的敌人，"知识分子"一词则被当成一种侮辱。这种善恶二元论已侵占了社会生活的方方面面，包括爱情，少数"舞者"意识到它正向一切极端、一切不公正敞开大门。在《笑忘录》中，昆德拉就当时的一对积极分子总结道："他们去开会，揭露他们的同胞，撒谎和做爱。"由于任何人都难免会有某种反革命态度，必要情况下，可以转而揭露自己，投身于自我批评，知识分子很擅长此道。昆德拉讽刺道："有一种知识分子的受虐狂。他们是唯一能自我揭露、自我分析的阶层，不需要任何人介入。他们乐于认为那些劫持其自由的人有理。理解某个与您对立的真理，这要求一种艰难的理性方法，知识分子为此非常自豪。"[2]

欢欣鼓舞的第一年之后，体制的真正本质开始逐渐显露。自发的反抗被有组织的拉拢所取代："在布拉格，1949年对捷克大学生而言是一个奇怪的过渡时刻，梦想已不再仅仅是梦想；他们欢快的叫喊声仍然发自内心，但已经带有被迫的意味。"[3]

激情之下，恐怖已开始出现。对他人的不信任四处蔓延。捷克当局处于偏执状态中，以为到处都有敌人，在其内部也同样——无论内部还是外部的敌人，都必须消灭。"阶级敌人渗透进共产党；

1　《笑忘录》。
2　安东宁·J.利姆，《米兰·昆德拉》，同前。
3　《生活在别处》。

但希望间谍和叛徒们清楚:相比不隐瞒自己观点的人,伪装的敌人将受到严酷百倍的对待,因为伪装的敌人就是一条患疥疮的狗。"[1]

民众被号召对反革命威胁保持警惕,他们最终认为逮捕那些昨天还因其革命品质而得到称赞的人,是很正常的事,甚至对此表示赞同。这些逮捕有的是真实的,有的是想象的,因为某些时候仅有传闻而已。"雅罗米尔显然不知道领导马克思主义青年联谊会的那个满头棕发的家伙已经被捕;当然,他模模糊糊地猜到有人被逮捕,但他不知道已经有数万人被捕了,其中也包括共产党员,他不知道被拘押的人饱受折磨,而他们的错误大部分都是臆想出来的。"[2]

1949年9月27日,反抗纳粹占领军的象征性人物、社会党众议员米拉达·霍拉科娃被捕入狱,并被指控阴谋推翻政府。捷克斯洛伐克安全部门没能让她招认,于是组织了一场诽谤运动,随后工业委员会、政府部门和市政府都呼吁将她判刑,以作警示。她与十二个"同谋"一起被判决,1950年6月27日被绞死。审判中,捷克记者、历史学家、超现实主义作家扎维斯·卡兰德拉也被怀疑是一个想象的托派小组的领导,他于1923年加入捷克斯洛伐克共产党,第二次世界大战期间曾被关押在集中营。他被控告犯有间谍罪和叛国罪。尽管阿尔伯特·爱因斯坦、安德烈·布勒东、阿尔贝·加缪提出抗议,他还是和米拉达·霍拉科娃同一天被绞死。次日,在布拉格街头,年轻的舞者跳着圆圈舞,以他们的方式庆祝这一事件:"他们跳得更加狂热,因为他们的舞蹈是他们天真无邪的表现,他们的天真与两个被绞死者的罪恶行径形成了鲜明对比,那两

---

[1] 《玩笑》。
[2] 《生活在别处》。

个人背叛了人民,背叛了人民的希望。"[1]

这些年轻人并非残暴之徒,盲目如何能导致他们为处死一个曾经的抵抗运动成员和一个早期的共产党知识分子而感到欢欣鼓舞?这样一种思想灌输如何得以实现?也许,年轻的狂热者并没有意识到其盲目所带来的暴力。虽然被排除在跳舞的圆圈之外,但米兰·昆德拉并没有放弃共产主义,因为后者的吸引力实在太大。直到三十年后,他才在《笑忘录》中对1948年2月起不断加强的群体狂热现象加以分析:"是的,人们想说什么都可以,共产党人总是更聪明。他们有个伟大的计划,一个建立崭新世界的计划,在那个世界里所有人都各得其所……因此,毫不奇怪,那些激情澎湃、勇往直前的人,轻而易举就战胜了温和之人与谨慎之人,也不奇怪,他们很快便着手实现他们的梦想,为所有人谱写正义的牧歌。"[2]

《笑忘录》是昆德拉在法国写的首部小说,显然也是他最具政治性的著作。一旦他远在审查无法触及的地方,空间和时间上的间隔便使他足够清晰地理解了自己过去的经历。《笑忘录》开篇描写了两个历史人物克莱门特·哥特瓦尔德和弗拉多·克莱门蒂斯,以及一顶皮帽子。那一幕发生于1948年2月,在布拉格旧城广场的金斯基宫的阳台上。数万人聚集在阳台下,为强大的国家新元首哥特瓦尔德欢呼。当时天气寒冷,克莱门蒂斯脱下自己的帽子,满怀敬意和深情地将它戴在领袖的头上,他在扬·马萨里克死后被任命为共产党新政府的外交部部长。通过一张被复制了数十万份的照片,这一场景将永远被铭记。昆德拉写道:"共产主义波希米亚的历史是从这座阳台开始的",他没有使用官方的称呼"捷克斯洛伐克",尽

---

1 《笑忘录》。
2 同上。

管克莱门蒂斯是斯洛伐克人。"所有孩子都知道这张照片,因为在海报上,在课本中,在博物馆里都曾见到过。"[1]

四年后,1952年,照片依然在,可阳台上只有哥特瓦尔德一个人。"在克莱门蒂斯原来站的地方,只剩下了宫殿的一堵空墙。与克莱门蒂斯有关的,仅仅只有哥特瓦尔德头上的皮帽子。"随着从照片上消失,弗拉基米尔("弗拉多")·克莱门蒂斯也从历史中消失了。捷共当局或许认为这样的改变太怯懦,于是哥特瓦尔德决定通过一场公开审判来从肉体上清除领导人,在这场审判中另有十三名共产党要人被判处有罪。这场完全具有20世纪30年代斯大林式诉讼特征的审判被历史学家称作"斯兰斯基案件",斯兰斯基1948年起担任捷克斯洛伐克共产党中央第一书记,也是克莱门特·哥特瓦尔德长期以来的竞争对手。1951年11月,鲁道夫·斯兰斯基及包括八名总理和副总理在内的另外十三名捷克共产党人被逮捕,并因"铁托主义"遭到指控,也就是说,他们被认为是南斯拉夫人约瑟普·铁托的支持者,而铁托宣扬的是摆脱苏联控制的独立政策。这一控告无凭无据,目的主要是为当时已在民众中引起极大不满的食品匮乏状况找到替罪羊。此外,依照斯大林的反以色列新政策,它还被用来揭露一起犹太复国主义阴谋,十四名被告中有十一个犹太人。

这起带有反犹太主义残迹的政治审判还有另外一个野心,即消除一切朦胧的对抗意图,被指控者就是例子。审判不仅是定罪,同样也是羞辱。在《玩笑》中,昆德拉影射了这一点,他写道:"在(共产党、法院和警察局的)许多大厅里,人们不断举手,剥夺被指控

---

[1] 《笑忘录》。

者的信誉、荣誉和自由。"数小时的折磨和洗脑摧毁了被告的精神，他们被迫认罪，并在审讯时背出已经记在心里的回答。后来，被判处终身监禁的前国际纵队成员阿图尔·伦敦在《供词》(*L'Aveu*, 1968) 一书中详细叙述了整个过程，1970 年科斯塔-加夫拉斯将该书搬上了银幕。斯兰斯基本人在其职业政治家生涯中曾领导过对社会主义潜在敌人的镇压，在这次审判中，他公开承认犯有叛国罪并请求判处自己死刑。1952 年 12 月 3 日，他和另外十名被告一起被绞死，其中包括弗拉多·克莱门蒂斯。

第三章

抒情年代

昆德拉是作为诗人进入文坛的。他与诗歌的最初接触要追溯到童年时期，对此他有确切记忆："第一次听到捷克最伟大的超现实主义诗人维捷斯拉夫·奈兹瓦尔的诗句时，我还是个十岁的孩子，正在摩拉维亚的一个村子里过夏天。那时的大学生一放假，就回到务农的父辈家里，他们像着了魔似的背诵他的诗。傍晚，在麦田间散步时，他们教我念《复数女人》里所有的诗。"[1]这段回忆里，故乡摩拉维亚的田园风光与先锋派诗歌的旋律交织在一起，已经表明这位未来作家对故土之根的依恋，以及现代性对他的巨大吸引力。

有谁能比维捷斯拉夫·奈兹瓦尔（1900—1958）更好地展现两次世界大战之间捷克文化的丰富性？1934年3月成立布拉格超现实主义小组之前，这个摩拉维亚小学教师的儿子属于诗学主义一派，这是受达达主义启发的典型的捷克文学流派。"由于捷克社会没有贵族和大资产阶级，布拉格的先锋派更贴近普通人，也更贴近劳动世界和大自然。这一状况甚至影响了他的想象。在我的记忆中，奈兹瓦尔面色红润，总是很兴奋，我听见他一遍遍重复'具体的'一

---

[1] 《布拉格，正在消失的诗》，《辩论》第2期，1980年6月。（« Prague, poème qui disparaît », *Le Débat*, n° 2., juin 1980.）

词，对他而言，这个形容词代表着现代想象的基本品质，他希望尽可能让想象充满感知，充满人生经历与回忆。"[1]

在保持自身特色的同时，奈兹瓦尔于 1935 年邀请安德烈·布勒东与保罗·艾吕雅来布拉格举办系列讲座，并把超现实主义精神引入捷克诗歌，尤其是它将女性神圣化的方式。《复数女人》出版于 1936 年，正是通过这部诗集，年轻的昆德拉接受了诗歌创作启蒙。战后，在 20 世纪 50 年代，奈兹瓦尔成为官方诗人，发表了一些为克莱门特·哥特瓦尔德和斯大林歌功颂德的诗，他把斯大林称作"我们的朋友，和平的最高统帅"。晚年，他重新恢复了战前的激情。于是，1957 年，他为阿波利奈尔的一部诗集撰写了序言，该诗集由米兰·昆德拉译成捷克语，同年，昆德拉本人停止了诗歌创作。1958 年，奈兹瓦尔去世后，阿拉贡写道：

> 电台今晚谈到了奈兹瓦尔
> 说他从此沉默
> …………
> 于是布拉格失去了它的灵魂和它的诗人
> 我去往那里却见不到他
> 而布拉格的心已碎
> 就像餐后人们扔掉的玻璃杯

昆德拉童年记忆中最令人吃惊的，不是一个十岁的男孩竟能被奈兹瓦尔的超现实主义诗歌所吸引，而是他知道奈兹瓦尔的诗作，竟然是通过一群对这些诗熟稔于心、充满激情的年轻人："那时的大

---

[1] 《布拉格，正在消失的诗》，同前。

学生一放假，就回到务农的父辈家里，他们像着了魔似的背诵他的诗歌。"谁能想象1939年的法国年轻人，在度假的地方声嘶力竭地背诵保罗·艾吕雅的诗呢？

1966年，与安东宁·利姆一起回顾这份对诗歌的热情时，昆德拉从中看到了某种捷克特色。因此，他着重指出，诗歌在捷克斯洛伐克无处不在，包括人们最意想不到的文件和语境中。"在我们那里，没有一本文学期刊不定期发表诗歌。就连《红色权利报》(*Rudé Pravo*)[1]也每天都印发诗作……最近翻阅一本关于胆囊疾病的医学教科书时，我注意到那里面到处是诗。"在捷克译者身上，他同样看到这种对诗歌的青睐，他们被诗迷得神魂颠倒，以致全然忽略了其他文学体裁："可以说，凡是稍有声望的诗人都被翻译到我们的语言中，甚至那些完全二流的诗人也常常被译介。至于波德莱尔、兰波、马雅可夫斯基，翻译工作不会遗漏他们作品中的一字一词。现在，请您比较一下被翻译的散文和戏剧，巨大的空白会让您震惊得说不出话来。"[2]

当昆德拉专注于思考这一状况时，他即将出版《玩笑》一书，并准备最终选择小说作为唯一的表达方式。他刚刚结束自己的诗歌创作，尽管它绝非无足轻重。对他而言，诗歌作为主要文学体裁的绝对统治地位并不是个小问题；数年后，他在《生活在别处》中重新提及于此，并以十分残酷又不乏自嘲的口吻，再次哀叹自己国家诗人过剩的现象："我确信，我们迟早会出口诗人。其他国家出口装配工、工程师、小麦或煤炭，而我们，我们的主要财富是抒情诗人。捷克诗人将缔造发展中国家的诗歌。用我们的诗人，我们可以

---

[1] 捷克斯洛伐克共产党中央委员会的机关报。
[2] 安东宁·J.利姆，《米兰·昆德拉》，同前。

换来椰子和香蕉。"

仔细读来,这些反讽之语针对的并非诗歌本身,而是抒情诗人,更确切地说是"抒情年代"。这一用语首先出现在《玩笑》中,是他的第二部小说《生活在别处》的原书名。它究竟意味着什么?在与安东宁·利姆的同一次谈话中,他对此进行了解释:"这个说法指的是青年时期,那时,人对自己而言还是个谜,又关注自我到精疲力竭的地步。他人为其提供了一面镜子,通过镜子,他寻找自身的重要性与价值。"在昆德拉看来,抒情年代是被自我陶醉所主导的一个人生阶段,任何人在成长过程中都要经历这一阶段,但只有跨越了此阶段才能成年。"如果有人迈不出这一步,一生都是抒情诗人——而且仅仅如此——那我便会感到不寒而栗。"[1]

说这番话时,昆德拉三十七岁,正是兰波去世的年龄。他之所以如此不遗余力地嘲笑这种人生和文学的不成熟,是因为他本人已经越过了抒情年代。曾经在十五年中,他写诗并发表诗作。那个时期,诗歌与政治介入对他而言同样重要。"我自己的青春、我的行动及对抒情诗的兴趣,对我来说,都和斯大林时期那个最糟糕的年代混合在一起。"[2]

开始写诗时,他十五岁,身处战乱中。解放期间,他在布尔诺的期刊《锣》(Gong)上发表了弗拉基米尔·马雅可夫斯基作品的捷克语译作,后者是俄国未来主义诗人、布尔什维克革命的颂扬者。当时,昆德拉毫无保留地崇敬这位诗人,对他始终保持钦佩,甚至经历了捷克政权纷乱的那些年后也同样如此。在他眼中,马雅可夫斯基永远充满神秘:"马雅可夫斯基,那个苏维埃俄国的沙文主义分子、热

---

[1] 安东宁·J.利姆,《米兰·昆德拉》,同前。
[2] 同上。

衷于用诗歌进行宣传的人,那个被斯大林本人称作'我们时代最伟大诗人'的人,怎么可能依然是个大诗人,一个最伟大的诗人?"[1]

1930年,马雅可夫斯基自杀,这标志着文学与政治关系中的一次转折。同年,由革命作家联盟赞助,在乌克兰的哈尔科夫举行了一次会议。会议重申了文学作为宣传工具的角色,路易·阿拉贡代表超现实主义作家,最终对这一观点表示了赞同。安德烈·布勒东把这一顺从行为称作背叛。1934年,苏联意识形态理论家安德烈·日丹诺夫在莫斯科发表讲话,阐述"社会主义现实主义"准则,这是一种以服务于建设新社会为唯一目标的美学。他注意到:"资产阶级文学的代表已经被悲观主义侵袭,他们对未来不确信,喜欢黑暗。他们主张将悲观主义作为艺术的理论与实践。只有少数作家,那些最正直、最有远见的作家,试图在其他道路和其他方向上找到出口,并努力将他们的命运与共产主义的命运,与共产主义革命斗争的命运联系在一起。做灵魂的工程师,这意味着两只脚踏在真实生活的土地上。"

这一观点首先针对苏联艺术家与作家,第二次世界大战后也被指定在苏维埃联盟的卫星国中实施。然而,推动社会主义现实主义成为共产主义捷克斯洛伐克的官方艺术教义,这从来都不会一帆风顺。因为,1918年至1938年,在第一共和国期间,捷克斯洛伐克曾经历了先锋派狂热期,这与苏联推行的社会主义现实主义的教条恰恰相反。自然,这场运动也触及诗歌这一典型的捷克文学体裁。第一次世界大战结束时,大部分出生于20世纪初的年轻一代诗人通过卡雷尔·恰佩克1920年出版的《法国诗歌选集》(*Anthologie*

---

[1] 《被背叛的遗嘱》。

des poètes français），发现了纪尧姆·阿波利奈尔。几乎所有的捷克先锋派诗人都立刻对《醇酒集》（*Alcools*）的作者怀有发自内心的崇拜，而在翻译了阿波利奈尔的所有作品后，更是如此，这翻译的传统一直延续到昆德拉。阿波利奈尔对维捷斯拉夫·奈兹瓦尔的影响十分明显，其诗作《令人赞叹的魔法师》（«L'enchanteur merveilleux»）正是对前者的《坏人心的魔法师》（*L'Enchanteur pourrissant*）的一种回应。同样，1925年，雅罗斯拉夫·塞弗尔特以献给《醇酒集》作者的一首诗作为其诗集《无线电波》（*Sur les ondes de la TSF*）的开篇。这位布拉格诗人、1984年诺贝尔文学奖得主，被昆德拉描述为"把脚放在桌上的矮胖诗人、明确表达出民族特性的诗人"[1]。

正如法国超现实主义作家那样，两次世界大战之间的这些捷克诗人也想成为无产阶级作家，他们也将在或早或晚的某一时刻，根据共产主义来确定自己的位置。与法国超现实主义作家一样，他们认为文学应具有革命性，不仅仅通过意识形态内容，更通过形式，而这为他们免除了刻板的宣传任务。超现实主义作家扎维斯·卡兰德拉表达了这一立场："巴黎公社时期的画家库尔贝或诗人兰波的例子使布勒东得以证明，艺术家的革命行动与其艺术作品的特色密切相关，即便在主题上他并没有让政治事件或政治词汇进入作品中。"[2]

捷克超现实主义作家深受布勒东及其朋友的影响，但他们远不是单纯的模仿者或信徒，他们知道如何找到属于自己的风格。昆德

---

[1] 《您认识塞弗尔特吗？》，《新观察家》1984年5月19日。（«Connaissez-vous Seifert ?», *Le Nouvel Observateur*, 19 mai 1984.）

[2] 扎维斯·卡兰德拉，《关于安德烈·布勒东的〈连通器〉》，《时代》杂志第15—16期，1935年。参见若埃尔·G.，《捷克斯洛伐克的超现实主义》，《东方》第10期，1995年3月。（Záviš Kalandra, «au sujet des *Vases communicants* d'André Breton», *Doba*, n° 15-16, cité par Joël G., «Le surréalisme en Tchécoslovaquie», *Iztok*, n° 10.）

拉指出其中的一种独创性："法国超现实主义常常被解释为对西方理性主义精神，对笛卡尔主义的冷漠的一种反抗……捷克超现实主义没有理由反抗捷克的笛卡尔主义，那并不存在；相反，它象征着布拉格艺术传统的一种成熟，象征着对其怪异、非理性的特征的确认……现代捷克文化的几乎所有重要人物，都深受超现实主义的魔法、想象与诱惑的影响。"[1]

两次世界大战之间的捷克先锋派是一场深深扎根于民族文化的运动，它通过自我转变，奇迹般地继续存在。在纳粹占领期间，一个名为"42小组"（根据成立年份命名）的画家和诗人联谊会成立。与超现实主义作家相反，"42小组"的诗人们从美国文化，尤其是兰斯顿·休斯、埃德加·李·马斯特斯或卡尔·桑德堡等作家那里汲取灵感。在美学上，他们偏爱城市风景。从形式方面来看，他们擅长碎片化、复调与循环结构，这些正是米兰·昆德拉小说的特点。况且，昆德拉也自愿承认，在作家生涯初期，他曾受到"42小组"的影响："我最早的诗作或许比后来出版的诗集好得多，它们处于超现实主义和具有'42小组'特色的诗歌体裁之间的某个地方：布拉特尼、凯纳尔、科拉尔。我酷爱这三位诗人。"[2] 伊万·布拉特尼和昆德拉一样，也是布尔诺人，但比后者年长十岁，后来流亡英国。伊日·科拉尔始终留在他的国家，1950年他受到审查，被捷克斯洛伐克作家联盟视为"世界主义鬣狗"和"文学魔鬼"，在监狱里关押了九个月。至于约瑟夫·凯纳尔，他首先是存在主义作家，1948年2月后转向一种更为介入的诗歌。

---

1 《布拉格，正在消失的诗》，同前。
2 安东宁·J.利姆，《米兰·昆德拉》，同前。

1984年，在一篇发表在《世界报》的短文中，昆德拉回顾了一生的主要阶段，他写道："十六岁时，我读了马克思。共产主义深深地吸引我，就像斯特拉文斯基、毕加索与超现实主义那样。它预示着一场令人惊叹的伟大转变、一个不同于今日的崭新世界。"[1] 这种将共产主义和现代艺术相提并论的说法令人深思，它带来一种矛盾观念，直到1975年离开捷克斯洛伐克，昆德拉都在与种种矛盾进行斗争。他不断提到，自己对现代艺术的爱好源自父亲："他是位不幸的钢琴家，因为他仅仅献身于推广现代音乐：斯特拉文斯基、勋伯格和雅纳切克。那时，真正懂音乐的人并不多，所以当我父亲演奏这些深奥的音乐时，大厅里空空荡荡。这在我心里激发了一种热情，那不仅是对父亲的热情，更是通过父亲，对现代音乐和通常而言的现代艺术的热情，人们面对空荡荡的大厅实践这门艺术，不顺应潮流，不因循习俗。"[2]

尽管接受了深入的音乐教育，昆德拉并没有成为音乐家。他家里的另一个卢德维克，他的堂兄，作为诗人，对他选择文学方向发挥了决定性作用。卢德维克·昆德拉（1920—2010）比米兰年长九岁，属于捷克超现实主义的第二浪潮。他是"拉"小组（Ra）成员，这个成立于解放期间的小组同时在布尔诺和布拉格活动，汇集了一批诗人、画家和摄影家：米洛什·柯莱切克、博赫丹·拉齐纳、瓦茨拉夫·齐克蒙德、约瑟夫·伊斯特勒尔、威廉·赖希曼。

1945年，卢德维克·昆德拉发表"拉"小组宣言《超现实主义青年》（*Jeunes Surréalistes*）；1946年，出版他的首部诗集《康士坦

---

[1] 《被权力陶醉、抛弃》，《世界报》图书周刊《书的世界》1984年1月27日。(« Enivré, répudié par le pouvoir », *Le Monde des livres*, 27 janvier 1984.)
[2] 《阿波斯托夫》（*Apostrophes*），法国电视二台，1984年1月27日。

丁》(*Konstantina*)。同年，他与来自布尔诺的摩拉维亚伟大诗人弗朗齐歇克·哈拉斯结下友谊，他始终把哈拉斯视为自己的良师，并在1999年为其立传。1949年，四十八岁的哈拉斯因心机能不全而英年早逝。他的逝世成为民族悲剧，引发了全国的吊唁活动，共产党领导人也纷纷致以敬意。次年，风向转变了，在作家联盟的一次会议上，斯大林主义文学评论家、后来担任文化部部长的拉迪斯拉夫·施托尔批评哈拉斯，谴责其主观主义与形式主义。

这一插曲对昆德拉产生了深远的影响。十七年后，《玩笑》的主人公叙述了此事："我曾把三部诗集带到新兵食堂，我沉浸在那些诗里，从中获得安慰：那是弗朗齐歇克·哈拉斯的诗……这是我读过的仅有的几部诗集。我在被共产党开除后发现了它们；就在那时，哈拉斯的名字**重新**受到关注，因为不久前，当时的意识形态总指挥刚刚对不久前去世的诗人进行了谴责，谴责他的病态、他的信仰缺失、他的存在主义，以及他那里一切发出政治诅咒声的东西。"

正是在堂兄的帮助下，还是高中生的米兰·昆德拉进入了布拉格艺术界。卢德维克当时正为文学杂志《青春纪事》(*Mladé Archy*)撰稿，于是得以推荐发表了米兰的几首诗。这本月刊的雄心是介绍文学的最新动向，发表在战争刚结束后的捷克斯洛伐克重新流行的一切，但它同时也刊登翻译成捷克语的外国作家作品。该杂志1945至1949年间共出版了二十多期，1949年被捷共当局查禁。

扬·格罗斯曼是这本年轻的先锋派杂志最杰出的成员之一，他是弗朗齐歇克·哈拉斯的学生，是位存在主义诗歌理论家。作为兴趣广泛的知识分子，他把一生的大部分时间都付诸戏剧。后来他成为戏剧艺术教授和导演，20世纪60年代首次将瓦茨拉夫·哈维尔的戏剧搬上舞台。扬·格罗斯曼认为，文学不应服务于意识形态，而要承担起展现人类状况的使命,此观点与社会主义现实主义格格不入,并导致他于1948年2月被哲学系除名。

在《青春纪事》时期,格罗斯曼尽管年纪轻轻(他出生于1925年),却已是文学领域的权威。小说家伊凡·克里玛回忆道:"他每天都对其他人产生影响。因此,很多作者把自己的作品拿给他读。大家知道,正如格罗斯曼自己所说,他力图找出促使作者创作其作品的力量。"在杂志上读到昆德拉的诗之后,格罗斯曼表示希望能认识他。格罗斯曼的关注让年轻人非常高兴,却也让他感到惊讶:"当时还是高二学生的我乘火车去布拉格,为了与这位被看作苏格拉底一般的人交谈,一路上五个小时,我准备了一堆有趣的想法。格罗斯曼接待了我(当时他是国家剧院的审稿人),像通常那样和蔼可亲,他似乎很重视我,甚至还请我共进午餐。"[1]

从他的国家解放到共产党人开始执政的这三年间,米兰·昆德拉经历了从青年向成人的转变。这位钢琴家的儿子、诗人的堂弟,一边沉浸于艺术界,一边还在寻找自己的道路。在捷克斯洛伐克,文化还没有被禁锢,极其丰富的艺术和思想潮流——结构主义、超现实主义、存在主义等——同时存在,有时甚至互相对立。如何在这个大旋涡中辨认方向呢?结束了与格罗斯曼的会面离开时,昆德拉对存在主义愈发好奇。对这种深受西方年轻人欢迎的哲学,他的兴趣也越来越浓。1947年,他在布尔诺的一家剧院观看了让-保罗·萨特的戏剧《禁闭》(*Huis clos*)。他回忆道:"令人毛骨悚然……那以后,再也没有任何一部戏剧能带给我如此的震动。在整个社会

---

[1] 安东宁·J. 利姆,《米兰·昆德拉》,同前。

主义现实主义所强加的隔离期内，萨特为我留下了对一个'被排斥的世界'最重要而清晰的记忆。我没法跟您说，几年前忽然面对他时，我的心情多么激动。"[1]

这次对文学的一见倾心虽然强烈，但没有对昆德拉的作品产生多少影响，至少表面上如此。数十年后，当1984年昆德拉在《世界报》谈及自己作为作家所受的影响时，他对多位小说家表达了感激之情——从拉伯雷到贡布罗维奇，包括卡夫卡和布洛赫——除此之外，他还提到三位哲学家：柏拉图、尼采和海德格尔。萨特完全没有被提到，而他对萨特的作品很熟悉，尤其是《存在与虚无》。但不久以后，昆德拉明确对萨特表示感谢，感谢他在戏剧和小说中让人物摆脱了心理上的偶然情况，将他们置于揭示其存在的处境中。正是在这个意义上，他本人也是萨特式的作家。相反地，除了介入艺术的概念外，昆德拉还对萨特把文学作为阐明思想的途径这一说教方式提出了质疑。在他看来，是小说情境产生思想，而不是相反。捷克伟大的文学理论家瓦茨拉夫·切尔尼曾指出这种根本差异："在法国人的小说中，生存处境总是在某种先决的人生哲学之后的文学具体化。人们觉得，某个人生故事之所以被想象出来，是为了表明和阐释某个抽象概念。路德维克人生中的重大存在境况[2]由他的命运本身造成，关于人生的哲学思考……事后才来到我们的头脑中，它们诞生，由某种诗学形象的坚定力量而产生。"[3]

萨特的一生都与具有普遍性的马克思主义，与具有独特性的共产主义体制保持着复杂关系。战后，苏联的意识形态理论家们将

---

[1] 安东宁·J.利姆，《米兰·昆德拉》，同前。
[2] 参见《玩笑》。
[3] 马丁·里泽克引用，参见《如何变成昆德拉？》。(Cité et traduit par Martin Rizek dans *Comment devient-on Kundera ?*, L'Harmattan, 2001.)

存在主义视为共产主义的危险对手，对这位法国哲学家进行猛烈攻击，把他称作"会打字的鬣狗"。1953年斯大林去世后，双方关系趋于缓和，萨特首次来到布拉格。后来他又数次重返布拉格，对捷克斯洛伐克的局势非常了解。1963年，在西蒙娜·德·波伏瓦陪同访问布拉格期间，萨特通过他的捷克语译者安东宁·J.利姆结识了米兰·昆德拉。稍后，1964年，萨特成为最早发表昆德拉作品的人之一——比伽利玛早得多，他在《现代》(*Les Temps modernes*)杂志刊登了昆德拉的短篇小说《谁都笑不出来》的译文。1970年，该译文被收入短篇小说集《好笑的爱》。《好笑的爱》在《现代》杂志刊登前不久，阿拉贡领导的《法国文学》(*Les Lettres françaises*)杂志首次刊登了昆德拉的短篇小说《永恒欲望的金苹果》的法语译文。

1970年，"布拉格之春"两年后，萨特同意为利姆论述"捷克斯洛伐克文化现象"的著作[1]撰写序言。在这篇长文中，他多次提及昆德拉，以证实幽默与共产主义之间的矛盾："令官僚主义之人与众不同的，是一系列否定性特征。他不笑：'当权者认为在他们的位置上，笑是不合时宜的。'可以说，他们已经忘记了怎么笑。如果某个人违背了他应有的气质，胆敢开心大笑，他便下了大赌注，还要连累身边的人，利姆笔下的年轻冒失鬼以为可以愚弄奈瓦尔而不受惩罚，他们的不幸遭遇正表明了这一点；我想，《玩笑》就源于这个滑稽可笑的插曲。"

一切都表明，昆德拉本人曾经历过这个"滑稽可笑的插曲"。就1948年被捷克共产党开除一事，他简洁地写道："我说了不该说的话。"[2]正如在《玩笑》中那样，被逐出共产党后，他又被学校开

---

[1] 《三代人》，同前。
[2] 《笑忘录》。

除。关于那个时期,昆德拉在1980年对菲利普·罗斯说道:"那以后,我被学校除名了。我和工人们一起生活。当时,我在外省夜总会的爵士乐队里吹小号。我弹钢琴,也吹小号。后来,我写诗,还画画。"[1] 1984年1月27日,他在《世界报》上的叙述略有差异:"我和一群巡回表演的乐手一起,在矿区的咖啡馆里演出,为跳舞的人们伴奏。"最后,在《被背叛的遗嘱》中,他再次谈及自己被迫流亡的生活,指出文学与笑——对命运的报复——更属于人民那一边:"记得二十岁时,在工人宿舍里,我把我的捷克语拉伯雷[2]放在床下。我把故事读给那些对这部厚书感到好奇的工友听,不久,他们就把它记在了心里。虽然他们都带着农民保守的道德观念,但从他们的笑声中可以听出,他们对那个用脏话和狗尿骚扰人的家伙没有丝毫的谴责;他们喜欢巴奴日[3]……"

在这个赎罪的阶段之后,昆德拉回到布拉格,希望人们已经忘了他。被文学系开除后,他在1946年建立的布拉格电影电视学院(FAMU)注册。他不得已做了这个选择,但同时也出于某种赎罪的自虐,仿佛他想惩罚自己那受到共产党同志谴责的个人主义倾向:"我记得,在布拉格电影电视学院注册时,我头脑中想着这样的原则:我放弃音乐与诗歌,只是因为它们在我心中占据了过于重要的位置,我要学习电影,因为它并不特别吸引我。以此方式,我更容易摆脱个人喜好,并献身于唯一正确的艺术,那门'有用'的艺术。"[4]

---

1 菲利普·罗斯,《与米兰·昆德拉在伦敦及康涅狄格州的交谈》,同前。
2 指法国作家拉伯雷的代表作《巨人传》。——译注
3 《巨人传》中的人物。——译注
4 安东宁·J. 利姆,《米兰·昆德拉》,同前。

米洛斯·福尔曼、阿格涅丝卡·霍兰和埃米尔·库斯图里卡等伟大的电影艺术家都在布拉格电影电视学院授课,昆德拉开始学习导演,后来跟随擅长历史主题的作家、电影编剧米洛什·瓦茨拉夫·克拉托赫维拉学习电影剧本创作。1952年获得电影专业文凭后,他没有离开布拉格电影电视学院,而是在那里讲授世界文学,起初作为助教,1964年起任讲师。同时,他重新开始写诗,在各种宣传性期刊上发表赞颂共产党成就的诗歌,其中一首是关于摩拉维亚的炼钢厂的。

1953年3月,约瑟夫·斯大林和克莱门特·哥特瓦尔德在十天内相继去世。两人的离去并没有让文学审查停止。在此一个月前,成立于1949年、由诗人和翻译家拉迪斯拉夫·菲卡尔领导的捷克斯洛伐克作家出版社,出版了米兰·昆德拉的第一部诗集《人,这座广阔的花园》。尽管具有介入特征,该诗集还是引起了论战,官方评论谴责了作者的个人主义及其对共产党的潜藏敌意。

《人,这座广阔的花园》表达了一种对意识形态枷锁的看法,任何想阐述某些个人观点的作家都必须在意识形态的枷锁中行动。这部诗集具有多面性,有时各个方面甚至相互矛盾。年轻的诗人之所以不时地迎合抒情诗的传统,以奔放的情感歌颂苏联共产主义——"在斯大林的国家/我们将获得力量……"——是为了更好地在诗中,就像《这不是爱》(« Ce n'est pas l'amour »)那样,"走私"般地偷偷融入某些不太符合官方教义的观点,比如个人关系,尤其是夫妻关系的重要性。

昆德拉在字里行间暗示,除了克里姆林宫的革命美学之外,还存在另一种革命美学。"从俄罗斯引进的社会主义现实主义让我感到不舒服。我竭力让人们了解，社会主义艺术还有其他形象……诗歌有权表达悲伤，诗句不应被强迫押韵，现代艺术不像苏联理论家们所说的那样，它根本不是法西斯主义的胡言乱语。"[1]

尽管诗人想与教条保持距离，但《人，这座广阔的花园》仍然是一个关注阶级斗争、关注共产主义胜利的年轻马克思主义者的作品。诗人对"更美好的未来"的前景仍抱有幻想，但他不无天真地力图避免介入文学的陈词滥调，将政治主题带回具体的情境中：一个年轻男孩在铁道旁哼唱《国际歌》，一位被共产主义用语弄糊涂的祖母在她的红色先锋孙子那里受到鼓舞。此外，虽然昆德拉对自己遭共产党开除有所影射，但并非为了表明这一事件的荒诞，就像后来在《玩笑》中那样，而是对此表示悔过，向他的同志们允诺，从此以后他将坚决抵抗自我陶醉的诱惑：

> 永别了，我的诗歌之镜
> ....
> 让那些想远离人民而生活的人
> 在忧愁中慢慢衰竭。[2]

这种自我批评让人想到，20世纪50年代前半期，年轻人在遭遇了痛心的失宠之后正在寻求恢复名誉。事实上，出版《人，这座广阔的花园》的同一年，昆德拉还出版了乌克兰诗人巴甫洛·狄青纳的诗集《钢与柔》（*Acier et Tendresse*）的译本，该诗集1941年在苏联面世。当时，不受捷克当局欢迎的先锋派诗人狄青纳变成了斯

---

[1] 安东宁·J.利姆，《米兰·昆德拉》，同前。
[2] 马丁·里泽克引用，参见《如何变成昆德拉?》，同前。

大林的谄媚者。随后，1955年，昆德拉的第二部诗集《最后的五月》出版，对于官方宣传所讲述的尤利乌斯·伏契克的传奇故事，它表现出一种近乎夸张讽刺的忠诚，并向伏契克致以敬意。[1] 在这部长篇史诗中，共产主义抵抗运动的英雄与盖世太保警察、警长博姆做斗争。纳粹警察以安全脱险来引诱他放弃共产主义。但英雄宁死也不愿背叛自己的理想。诗人立刻向他的勇敢致以敬意，称赞它预示着灿烂的未来：

> 我的生命之鸽
> ············
> 飞向明日的时光，
> 那里不再有锁链，
> 不再有监狱沉默的高墙
> ············
> 鸽子，我的使者，
> 向这个国家致敬吧，
> 这个壮丽的国家，
> 那里不再有博姆。[2]

---

[1] 弗朗索瓦·凯雷尔认为，由于某些违背习俗的特征，《最后的五月》仍然给作者带来了烦恼："在他的诗中，昆德拉描绘了一个对人生怀有遗憾的伏契克，一个并不是特别开心地为共产主义的光辉未来而献身的伏契克。这或许是一部受命而写的作品，但昆德拉完全改变了它的方向。"（与本书作者的谈话）

[2] 马丁·里泽克引用，参见《如何变成昆德拉?》，同前。

第四章
解冻

1956年,米兰·昆德拉重新加入捷克共产党。在作家看来,与八年前被开除出党一样,这次重新入党也是因为人们把他和他的朋友扬·特雷夫尔卡混淆了。"我的事后来又重新被讨论,人们宣读了对特雷夫尔卡的评价,我不知道他在捷克斯洛伐克-苏联友好协会做了什么,所有人都相信与昆德拉有关。这次,有关材料转而对我有利。"[1] 也许,应该把这件有趣的事与当时的政治背景联系在一起。因为,1956年标志着去斯大林化和言论自由的开始,尤其是艺术家与作家的言论自由。2月26日,在苏维埃联盟共产党第二十次代表大会的一次闭门会议上,苏共中央第一书记尼基塔·赫鲁晓夫向与会的一千四百三十六名代表传达了一份关于斯大林时期的秘密报告。该文件直到20世纪80年代末才在苏联发表,它首先揭露的是由斯大林实行的个人崇拜,同时也检举了其执政期间大量出现的任意逮捕和拘禁。

这一揭发不仅针对制度,更针对个人,"兄弟政党"很快便纷纷效仿。3月29日至30日,捷克斯洛伐克共产党中央第一书记安东

---

[1] 安东宁·J. 利姆,《米兰·昆德拉》,同前。

宁·诺沃提尼组织了一次中央委员会特别会议，通报赫鲁晓夫报告。会议上，他要求同人们投入去斯大林化的进程中，并对捷克斯洛伐克共产党执政以来所采取的政策进行了严厉批评："必须明白地说，我们所有人都接受并在党内宣传个人崇拜……列宁主义的运行原则被破坏，我们复制并发展了斯大林长期强加于苏联的有害制度。"[1]

被认为始终处于秘密状态的赫鲁晓夫报告，很快在全世界泄露了。紧接着，通过从西德播送的"欧洲自由广播"（Radio Free Europe）和"美国之音"（The Voice of America），中欧那些卫星国的居民都知道了这份报告。尽管信号受到干扰，但对于生活在铁幕之后的人民而言，这两个由美国资助的广播电台是冷战期间他们的主要信息来源之一。

赫鲁晓夫报告起初只是对共产党机构内部斗争的揭露，后来却导致了意想不到的结果：动摇了欧洲中东部好几个"人民民主国家"的社会平衡。6月，在波兹南，一次波兰工人起义在流血中被军队和警察镇压。士兵向示威游行者开了枪。10月和11月，布达佩斯起义被苏联军队镇压，造成匈牙利起义者数千人死亡。捷克斯洛伐克完全没有发生类似事件，在那里抗议主要是知识分子的事。

1956年4月22日至29日，捷克斯洛伐克作家代表大会在布拉格召开，这是1949年以来的首次会议。审查与主流意识形态的控制等主题在讨论中时有出现。诗人雅罗斯拉夫·塞弗尔特在发言中谈到文学真实的问题："从某些绝非微不足道的人那里，我们听说一个作家必须书写真实。这就意味着，作家们近年来没有书写真

---

[1] 参见米里埃尔·布莱夫，《一种失败的去斯大林化：捷克斯洛伐克1956》。(Muriel Blaive, *in Une déstalinisation manquée: Tchécoslovaquie 1956*, Éditions Complexe, 2005.)

实。他们写了还是没写,自愿地还是被迫地,愉快地还是不愉快地,毫无热情还是带着热烈的赞同?我转向捷克文学的过去,尤其是那些以诗歌提出了捷克民族基本问题的作家中,找不到任何一个作家,在自己作品中停下来,向他的民族和他的读者宣布自己没有说真话。或者,你们是否知道他们当中曾有人说:'读者,请原谅我,我在你的痛苦,在捷克民族的苦难周围经过,却闭上了眼睛。我没有说出真相?'如果其他某个人不说真话,可能是他有所算计。如果一个作家不说真话,他就是在撒谎。"

作家弗朗齐歇克·赫鲁宾以相似的口吻批评了某些同行的怯懦,并严厉指责国家文学官员们对遭受体制迫害的诗人、画家伊日·科拉尔漠不关心:"那些四处闲逛的人、在安宁中写作的人、泰然收取酬金的人、平静入睡的人,那些就好像什么都没有发生一般行事的人、没有向不公正大声疾呼的人,都是戴着面纱的小资产阶级自私自利者。而那些默默感到羞愧的人,都是胆小鬼。"

作家开始重新确定他们在共产主义社会的地位,并揭露控制他们的意识形态枷锁,这时,大学生也发出了他们的声音。在大学召开的会议结束后,他们特别要求能了解西方文学、能不受干扰地收听西方广播电台,要求停止在捷克广播节目之后播放苏联国歌,还要求把火车头上的红星去掉……一个月后,他们在街头游行示威,重新恢复马雅勒斯青年节的传统,那些大学生狂欢节通过有趣而怪诞的形式,为传播煽动性消息提供机会,自1946年起被禁止。于是,在布拉迪斯拉发,一具写着"思想自由"的棺材出现在游行队伍的最前面。

1956年,米兰·昆德拉二十七岁,尽管没有参加作家代表大会,但他对遍布全国的新鲜空气并非毫无感觉。前一年他发表了一篇引人注目的文章，题为《关于我们的遗产的讨论》(«Discussion sur notre héritage»)，文章中他力图为捷克与欧洲的先锋派遗产恢复名誉，彼时先锋派始终被共产主义文化权势集团认为是颓废的。然而，出于谨慎，他的表达很有分寸，并以托辞说，假如没有国际先锋派诗歌，他就不可能写出关于尤利乌斯·伏契克的正统诗。昆德拉在狭窄的山脊上行进，他竭力表明，如果说一个社会主义艺术家应抛弃资产阶级艺术的反动意识形态，那么他同样应该有能力对其最具创新性的形式方面加以借鉴。更为大胆的是，在同一篇文章里，对于那些"被活埋在令人费解的抽象艺术的牢笼里"的诗人，他毫不犹豫地为其命运感到惋惜，这几乎明确影射了当时被关押在监狱里的捷克诗人。

1956年，赫鲁晓夫报告被披露后，捷克斯洛伐克政权变得不稳定，审查的形势稍稍有所松动。这足以让文化艺术界陷入某种兴奋之中，五年前这根本无法想象。在文学方面，一部分年轻人猛然冲入作家代表大会打开的缺口，试图摆脱斯大林时期的美学，创造新的艺术潮流。然而，革命性的变革并没有出现，这些"持不同政见者"的行动余地太小，仍处于社会主义建设的轨道中。大家意识到，任何正面的对抗都将导致镇压，并将彻底扼杀这个畏畏缩缩的自由化进程。

从此，这种改良主义和"建设性反抗"的态度就成为米兰·昆德拉的态度。其他作家要么离开捷克，要么或多或少公开地与捷克当局合作。十年后，小说家回顾了这一时期，承认这些选择都不令人满意："我这一代人极大地分裂了；一部分人选择移居国外，另一些人选择保持沉默，有些人适应了，也有某些人（包括我在内）决定进行一种合法的、建设性的反抗。但这些态度中的任何一种都不够崇高，任何一种都无法保证心灵的平静。移居国外很快就会无路，内心的流亡在孤独与无力中衰退；仍在继续的反抗注定毫无结果或妥协；至于那些毫无怨言便屈服的人，现在只不过是些死人，对伦理和艺术而言都是如此。"[1]

这场反斯大林文化解放运动不适合孤立的个人。为了摆脱意识形态保守主义，在这一点上忠诚于捷克先锋派传统的作家们意气相投地聚集在一起。于是，昆德拉加入了"日常生活诗人"（poètes de la vie quotidienne）小组，他们的诗全部发表在文学期刊《五月》（*Květen*）上。该杂志创办于 1955 年，起初是捷克斯洛伐克作家联盟的月刊，它赋予自己的使命是介绍年轻的作者。1956 年，它开始揭露捷克斯洛伐克艺术生活的千篇一律，支持艺术和文学拥有更大的自主性。这一出版路线导致《五月》杂志于 1959 年 6 月停刊，当时捷克当局想重新掌控文化。但《五月》杂志促使了新一代诗人崭露头角：伊日·绍托拉、卡雷尔·希克坦茨、米洛斯拉夫·弗洛里安、米洛斯拉夫·切尔文卡、米洛斯拉夫·赫鲁伯和米兰·昆德拉。社会主义现实主义只重视大众，与它的拥护者相反，这些"日常生活诗人"更加注重再现个人经历——在彼时的捷克，这是无视传统观念的看法——同时也努力为这种再现稍稍穿上马克思主义的外衣，让它变得婉转一些。

如果说对文化教条主义的质疑在捷克斯洛伐克大部分城市都存在，规模或大或小，其中心则在布拉格。布拉格的《五月》杂志很好地说明了这一主导地位。"日常生活诗人"小组成员中，只有出生于布尔诺的米兰·昆德拉一人来自外省。这并非无足轻重。一直以

---

[1] 安东宁·J. 利姆，《米兰·昆德拉》，同前。

来，摩拉维亚的艺术家和作家都极为关注自己的出身，反对布拉格的文化霸权。昆德拉非常热爱自己的故乡，在职业生涯初期，他便不停地为出生于布尔诺给一个捷克斯洛伐克艺术家带来的不利条件而感到遗憾。这一重负阻碍了他的父亲享有应得的声誉。同样，在他看来，正是由于出生于摩拉维亚，作曲家莱奥什·雅纳切克才长期被布拉格知识分子轻视："整个民族直到今天才开始尊敬他，可我确信人们仍固执地把他看作一个相当神秘的创作者，他从人们不知道的远方而来，进入捷克文化之中。因为，凡是布拉格没有的，捷克文明都把它视为自己的'别处'。"[1]

到达布拉格时，尽管它距离布尔诺只有不足三小时的路程，昆德拉却感到了一种流亡的滋味。一种温和但很真实的流亡，和他说话的人隐约表现出的轻视便说明了这一点。摩拉维亚作家扬·特雷夫尔卡和自己的朋友昆德拉同时来到首都，正如他所解释的那样，尽管在地理位置上邻近，或许正因为相邻，布拉格和布尔诺始终代表着文化上，尤其是文学上两种相互竞争的观念："不一样。摩拉维亚在东部，波希米亚在西部。我们是诗人，他们是散文家。他们有德沃夏克，我们有雅纳切克。作为20世纪40年代末在布拉格学习的大学生，我们非常强烈地感受到波希米亚文化的重压，感受到波希米亚首都布拉格看待布尔诺的那种略带高傲的目光，在它眼中，布尔诺不过是个外省城市。我们所写的东西并不讨人喜欢。"[2]

摩拉维亚文化的独特性同样表现在语言中，它不同于人们在布拉格所说的语言，昆德拉同时代的诗人扬·斯卡采尔希望突出它的丰富性："我来自一个方言地区：摩拉维亚南部……顺便说一句，

---

1 安东宁·J. 利姆,《米兰·昆德拉》, 同前。
2 让-巴蒂斯特·阿朗,《美丽的摩拉维亚》, 同前。

最美的捷克语是捷克-摩拉维亚山区的人们说的那种语言。布拉格同行认为我们过于矫揉造作。在摩拉维亚,奇怪的是,这种矫揉造作的词句甚至会出现在方言中……我本人,不知道为什么,我之所以来到我们的家乡,来到摩拉维亚南部,并学习它的词汇,是为了证实它极端的丰富性。况且,这里的人们还保留着发达的叙事意识。在布拉格,叙事已经简化为逸事趣闻,而在这里,叙述的故事仍旧很生动。"[1]

摩拉维亚是一片与众不同的土地,它清晰地出现在昆德拉的整个第一部分作品中,从20世纪50年代的早期诗歌直到1967年的第一部小说。例如,1953年出版的第一部诗集《人,这座广阔的花园》包含大量具有地方色彩、向诗人的故乡致敬的诗,这故乡被描绘成某种失落的天堂,一个被昆德拉所赞颂的理想的伊萨卡岛,当时年轻的昆德拉就是正流亡在布拉格的摩拉维亚的尤利西斯:

> 沿着破旧的铁路
> 我回到故乡
> 星星在家乡茅屋的上空闪亮
> 为了欢迎我归来
> 那里所有的狗都发出响亮的叫声
> 仿佛钟声在回响

大约十五年后,这个摩拉维亚在《玩笑》中无处不在。小说由主人公路德维克回归故乡开始,虽然他的故乡在书中从未被命名,

---

[1] 安东宁·J.利姆,《米兰·昆德拉》,同前。

但那矗立在山顶之上的教堂钟楼无疑使人想起布尔诺。远处是摩拉维亚东部的矿城俄斯特拉发,毗邻波兰,正是路德维克的流亡地。这个既工业化又弥漫着乡村气息的市郊小城,在他心中激起了一种略带悲伤的忧郁:"这条无穷无尽的环城大道,周围奇怪地混杂着工厂和自然景致、田野和垃圾场、树丛和废石堆、高楼大厦和乡间小屋,它吸引着我,又以奇特的方式搅得我心绪不宁。"

从很多方面来看,《玩笑》都是一首歌颂摩拉维亚及其民俗与音乐的赞歌,同时,通过俄斯特拉发这座城市,小说也揭露出摩拉维亚阴暗的一面,俄斯特拉发的丑陋经常在叙述者的脑海里出现:"我一眼就看到了俄斯特拉发,这座矿工之城就像一个巨大的临时宿舍,到处都是废弃的楼房和通向空旷之地的肮脏街道。"昆德拉之所以用如此内在的方式展现了路德维克挥之不去的可怕印象,或许是因为他在人生最艰难的时期也曾生活在那里。很可能就是在这座城市,被大学开除的昆德拉被迫不停地做小工,艰难地维持生计。

除了这痛苦的记忆之外,作家看待故土的目光总是温柔而深情的。每当在书和访谈中提及自己出生的城市时,他总是为它被轻视而感到遗憾。对昆德拉来说,布尔诺拥有一个真正的文明中心应有的一切:艺术学校、大学和祖先的文化传统在那里与在布拉格扮演着相同的角色。然而,对这座城市的偏见深深地扎根在人们的头脑中,人们对它形成的印象如此带有轻蔑意味,以致任何艺术家、任何知识分子都从未能在那里充分发展,也无法让自己应有的价值在国家的其他地方得到承认。昆德拉说道:"在布尔诺,文学史家、画家、作曲家、小提琴家可以奉献一生……只不过,他们的工作无论多么出色,也丝毫不可能受到全国的关注,布拉格才是被关注的中心。布尔诺可以作为永恒的不幸者被人们提起……"[1]

1956年是昆德拉文学生涯的一个转折点。尽管刚刚重新加入共产党,还没有被捷克当局用毒眼看过的这个人,却毫不迟疑地明显背离了官方文学教义。他利用解冻时期,抛弃一切矫饰,坚定地专注于他在《人,这座广阔的花园》中已经畏畏缩缩地开始做的事情:探索人与人之间的关系,更确切地说,男人和女人之间的关系。诗人的第三部诗集《独白》(Monologues)出版于1957年。诚然,作品没有被当局查禁,但因所谓的犬儒主义而遭到彼时国家正统观念的猛烈批判。

《独白》中的三十六首诗是各种各样关于爱情经历的描写,在斯大林时期,这是一个因其个人主义臭气而被排斥的主题。昆德拉把整部诗集都用来抨击这一禁忌,借用的手法是存在主义的,而非马克思主义的。在作者看来,理论家们称为犬儒主义的东西,恰恰证明了某种意识清醒的愿望。以昆虫学家般的精确,昆德拉解剖、分析并揭示了爱情机缘中的种种误解,这种精确成为他后来的小说的特点之一。其中,欲望以多面的形式呈现,包括最相互矛盾的形式。于是,当情人突然对同伴的身体感到厌恶时:

> 而在他身边,充斥着
> 肉体、肌肤、毛孔,
> 他那笨拙、熟睡的女人

美貌本身也成为一种爱的障碍:

---

[1] 安东宁·J. 利姆,《米兰·昆德拉》,同前。

> 我无法和你一起生活,你太美了[1]

昆德拉构想的独白并非自言自语。多情的诗人几乎不对自己说话,甚至还没有对读者说得多。对话者是他所爱的女人。大部分时间里,作者察觉到某种不可能、欺骗或失败,它们通过失望、冷酷、背叛和最终的分离而明确表现出来。《独白》的基本内容在于揭示爱情关系的得失,这种做法令昆德拉第一次受谴责,说他厌恶女人,因为他隐晦地指责女人并不总是有能力去爱。正如扬·楚力克在格拉斯哥大学发表的一篇文章中所写的那样:"日常生活中,女人们的斤斤计较让她们意识不到生活中真正发生的事,关于女人心胸狭窄的主题在诗集中再次显露。女人一味顺从,男人则是战士,他们力图理解存在的意义。而在这种尝试中,他们总是撞向无法穿越的墙壁,把脑袋撞得粉碎。"[2]

通过对爱情的理性分析方法,《独白》宣告小说家昆德拉的诞生,他将是《好笑的爱》和《玩笑》两部小说的作者。某些诗保留着抒情的痕迹,后来当作者用批判的目光看待自己的最后一部诗歌作品时,曾对此表示惋惜:"我一直喜欢分析性诗歌,它们去除了即将破裂的紧张爱情关系的神秘化。幸好,这部诗集中的大部分片段属于这种类型:它们恰恰因为令人无法容忍的犬儒主义而遭到指责。但诗集中也包含一些用相当浪漫主义的手法写出的诗,没有摆脱伟大的情感示范,后来我觉得这些诗很可憎。诗集再版时,我把它们删去了。"[3]

因其被排斥的一面,《独白》的再版受到压制,本应紧接着发行

---

1 马丁·里泽克引用,参见《如何变成昆德拉?》,同前。
2 扬·楚力克,《米兰·昆德拉》。[Jan Čulik, « Milan Kundera », 2000 (www.blisty.cz/video/Slavonic/Kundera.html).]
3 安东宁·J. 利姆,《米兰·昆德拉》,同前。

的第二版直到八年以后的 1965 年才得以面世。那时，昆德拉已不再是诗人。但他利用这次再版，将其中的某些诗替换为第一版中没有出现的诗。新加入的诗中，有一首名为《关于漫长睡眠的独白》（« Monologue sur le long sommeil »），这首写于 1956 年的诗当时被编辑删除了，因为诗中影射了斯大林时期的随意逮捕现象。事实上，1956 年局势暂时好转之后的几年中，文化开放是短暂而相对的。因此，昆德拉并非唯一受到审查的作家，以此观点来看，小说家遭受牵连最多。

约瑟夫·史克沃莱茨基正是这种情况，他的小说《懦夫》（Les Lâches）写于 1948 年，但十年后才得以出版，而且出版后便引起公愤。在那个灰色年代，捷克作家的表达自由尽管不是丝毫没有，却时时受到监视，《懦夫》是当时很有代表性的小说，它被认为以不礼貌的方式，缩减了人们对二战时期捷克人民坚决反抗德国占领的美好印象，并因此很快被停止销售。直到 1964 年，该书才再次面世。史克沃莱茨基是布拉德伯雷、海明威和福克纳作品的捷克语译者，1969 年移居加拿大。米兰·昆德拉认为他是 20 世纪下半叶最伟大的捷克小说家之一，1978 年，昆德拉为《波希米亚的奇迹》法语版[1]撰写了序言。

《懦夫》出版后被列为禁书，它的命运表明了 20 世纪五六十年代之交时期，捷克斯洛伐克政府面对艺术与文学所采取的拖延态度。于是，实行开放不久后，自由化进程在 1958 至 1962 年间遭遇停滞。正是这一时期，米兰·昆德拉经历了一场严重的生存危机，这使得他对自己的写作活动彻底进行了重新评价。当时，他隐约感

---

[1] 约瑟夫·史克沃莱茨基，《波希米亚的奇迹》。(Josef Škvorecký, *Miracle en Bohême*, Gallimard, novembre 1978.)

到，继续写诗是一条错误的道路："自从发现自己被加上'诗人'的头衔后，我从没感到过自在。遇见少年时代一起练拳击的伙伴时，我都会留意让他们相信，那个姓昆德拉的诗人只不过跟我同名。在意识到自己再也写不出一句诗的那一刻，我舒了一口气！事情了结了，多么令人宽慰啊！"[1]

昆德拉之所以放弃诗歌，完全不是因为他对诗歌创作不感兴趣。证明是，1957年他促成了捷克诗人弗朗齐歇克·盖尔纳（1881—1914）作品的再版，次年他翻译了阿波利奈尔的一部诗集。更确切地说，放弃诗歌是因为1948年之后的政治热情随着去斯大林化而减退，他得出结论，认为诗歌对自己而言不再是适合的表达方式。昆德拉变得清醒，摆脱了自己的革命幻想，于是便逐步放弃了与前一时期紧密相连的抒情性，转向疑惑和怀疑主义，在他看来，怀疑主义不会与虚无主义混为一谈："怀疑主义不会把世界变得虚无，而是把世界变为一系列问题。正因为如此，怀疑主义是我所经历的最丰富的状态。"[2]

昆德拉在电影学院任教以谋生，本可能就此停止写作。他从不隐瞒自己曾经想过这一点。最终，他没有彻底结束写作。在选定小说作为探测存在奥秘的唯一方式之前，他尝试了另外两种文学体裁：戏剧与随笔。这是从抒情诗的死胡同里走出来的办法。20世纪50年代末，他投入《钥匙的主人们》的写作，这是他的第一部剧本，该剧首先在布尔诺演出，接着于60年代初开始在布拉格上演。尽管《独白》已属于戏剧形式，特别是那种对某个虚拟角色讲话的方式，但他在创作首个剧本时仍时常处于焦虑状态。昆德拉在思忖自

---

[1] 安东宁·J. 利姆，《米兰·昆德拉》，同前。
[2] 同上。

己是否还有能力写出什么。《钥匙的主人们》在捷克和国外都取得了成功[1]，尽管如此，他始终认为这是一部失败的作品，尤其因为作品以纳粹占领时期为背景。

情节在相连的两出戏中展开。第一出的主人公是一对夫妇：建筑师乔治和想成为舞蹈演员的阿莱娜；第二出的主人公是过去的军人克鲁塔和他的妻子。克鲁塔的妻子是阿莱娜的母亲，阿莱娜是她和第一任丈夫所生。另一个人物，看门人塞德拉切克曾是克鲁塔的手下，后来成为纳粹占领军的同谋。主角之间的对话相互交织，谁的话都没人听。克鲁塔一家是小资产阶级平庸的典范，只操心无关紧要的事，丝毫不明白身边发生的一切。他们不知道自己的女婿和一个抵抗运动小组有联系，该小组的成员之一薇拉被盖世太保追捕，来到他们家躲避。

阿莱娜只关心她的舞蹈课和晒太阳的时间，只想着能否找到全是蛋黄的鸡蛋。她的公公则是挂钟收藏者。他收藏了五十多只挂钟，总想着让它们在同一时刻鸣响。他另一个固执的念头，是关于套房的钥匙。钥匙只剩下两串，而不是四串，每人一串。他常常因为这事而责骂乔治，乔治曾把两串钥匙都随身带走，而将另外三人都锁在家里。在整部剧中，他不断重复的一句话就是："谁是钥匙的主人？"

这个荒诞的背景下，乔治在道德上进退两难的处境逐渐显露，他目睹薇拉就要被看门人揭穿，于是一枪打在看门人脑袋上，杀死了对方。由于房子被纳粹冲锋队包围，他们无法把尸体运走。他们必须逃走，但五个人一起出逃根本不可能。因此，他们必须做出选择。于是，联络网的负责人托尼出现，向乔治解释说抵抗运动成员

---

[1] 剧本被译为法语，1969年1月在亚眠文化馆上演，由安德烈·雷巴导演，1974年4月在东巴黎剧院上演，由乔治·沃勒导演。

必须首先被保护，因为他们对战斗有用。乔治拒绝了这个逻辑，他想和自己的妻子阿莱娜一起逃走，但阿莱娜对他的秘密活动一无所知。最终，托尼为他们提供了一辆车，车子十分钟后在街角等他们。乔治恳求阿莱娜跟他一起走，可年轻姑娘弄不清局势的真正关键，不仅拒绝了他，还卖弄风情。乔治只好留在屋里，取出一盒药片准备自杀。剧中，现实场景里夹杂着表现主人公焦虑的梦中"幻象"。这一方法后来被昆德拉用在他的某些小说中：例如《笑忘录》中孩子岛的片段。

离开捷克斯洛伐克几年后，在某一加拿大期刊中，昆德拉回顾了他创作《钥匙的主人们》时的意图，很遗憾人们仅仅把它看作一部政治剧："在欧洲，尤其是东欧，有几百部关于纳粹占领时期的剧本。这些剧本的思路总是如出一辙：有抵抗运动战士，有不愿意战斗的懦夫，也总有一个人在怯懦和斗争之间犹豫不决。这一切都合情合理，却是可怕的陈词滥调。好吧，我的剧本的故事同样发生在德国占领时期，主人公也是战士和胆小鬼；不过，我的剧本的真正主题完全不同：德国的占领这一题材在其中不过是借口或伎俩。尽管如此，所有人还是把它理解为抵抗运动剧的一个变体。"[1]

后来，为了消除这种具有局限性的阐释，昆德拉提供了自己作品的"钥匙"："这个剧本更接近尤奈斯库的戏剧，而非政治剧。这是一部被置于具体历史现实中的荒诞剧，在那里荒诞从未超越可能的边界。况且，尤奈斯库是我最喜爱的伟大作家之一；我想这样说，特别是因为，今天我听见人们在谈论他时带有某种偏见。我愿意用

---

1 《与诺尔芒·比龙的谈话》，《自由》杂志"米兰·昆德拉"专号，1979 年 1—2 月第 1 期。（Entretien avec Normand Biron pour la revue *Liberté*, numéro « Spécial Milan Kundera », vol. 21, n°1, janvier-février 1979.）

布莱希特的全部作品换他的一部剧本。"

此外，作家不无讽刺地指出，"人们几乎总是将他的成功归因于受到误解"。《玩笑》出版时，昆德拉遭受了某种更为严重的误解。批评界和大众都擅长于此，他们只注重昆德拉小说的政治性一面。自那时起，昆德拉试图利用访谈或再版的机会，对其作品进行回顾式的阐释，以消除那些不断重复的误读。他驳斥所有局限性的解释，希望为自己的书赋予一种更加普遍的意义。

昆德拉之所以经常觉得有必要为自己的作品，尤其是20世纪60年代的作品，提供一份"使用说明"，是因为有时他本人也由于含糊不清而有意识或无意识地助长了误解的产生。在《玩笑》首个捷克语版本的一个注释中，他含蓄地承认了这一点："首次演出的两年后，我有机会读到尤奈斯库的剧本《二人狂》（*Délire à deux*），于是我伤感地对自己说：'当我开始写《钥匙的主人们》时，这才是我想写的东西。'我的错误在于，把故事置放在德国占领时期这一具体境况中。这种境况已被描写过数千次，它包含着某些强烈的思想成见，尽管我竭尽全力，剧本的独特性仍然无法抵抗这些成见。"

在当时的政治背景下，为了能使剧本上演，昆德拉或许不得不戴着面具往前走，也就是说屈服于占主导地位的善恶二元论，好人必然是共产主义抵抗运动成员，坏人则是懦弱的反革命小资产者。尽管存在这些或多或少被自觉接受的意识形态局限，但他终于彰显出一种形式上的独特性，这一独特性以后也将显现在他的小说中："《钥匙的主人们》是一部精心设计的剧本，几乎过于精心了；所有的动机不断重复，变化；整个剧本就好像一个镜子的游戏。这也许是我所受的音乐教育的影响。"[1]

---

[1] 《与诺尔芒·比龙的谈话》，同前。

第五章

反抒情年代

在准备电影学院关于世界文学的课程与讲座的过程中,昆德拉对小说进行了深入研究。因而,他阅读了格奥尔格·卢卡奇1920年撰写的《小说理论》(*La Théorie du roman*)一书。在当时的捷克斯洛伐克,这位匈牙利哲学家因加入1956年纳吉·伊姆雷的反苏联政府而被禁止引用,从他那里,昆德拉借鉴了史诗的概念并用于自己的第一部随笔集《小说的艺术:弗拉迪斯拉夫·万楚拉走向伟大史诗之旅》,该书1960年出版,没有被译为法语。在卢卡奇看来,就像昆德拉后来也同样认为的那样,小说的主人公都在寻找,例如塞万提斯的堂吉诃德。不再按照骑士制度的规则生活,而是为一个上帝缺席的世界赋予意义;这种徒劳的寻找证明,这个内在的世界毫无意义。或者更确切地说,它的意义必须被构建:这就是现代小说的史诗。从这一观点来看,塞万提斯就是现代小说的创造者,一种存在小说,与反讽的笔调无法分离,而唯有此笔调能让我们承受人类处境的荒诞与悲剧性。

昆德拉把这种阅读框架[1]用于两次世界大战间最伟大的捷克小

---

[1] 指从一定的意识形态出发对人或物进行阐释。——译注

说家：弗拉迪斯拉夫·万楚拉。作为生活在捷克斯洛伐克第一共和国时期的共产党人，万楚拉在其全部作品中都力图通过各种各样的文学手段，把自主权还给那些被资本主义制度异化的主人公。昆德拉将万楚拉的马克思主义提问法重新用在自己的书中，很可能出于这个原因，他后来放弃了这本书。为了抹去它的存在，他又用《小说的艺术》为题命名了另一部没有意识形态思考的随笔集。

在分析万楚拉的作品时，昆德拉还没有开始写小说，但将其随笔称为"一个实践者的理论思考"，并练习自己的小说创作。他效法1942年被纳粹暗杀的小说家万楚拉及卢卡奇，从欧洲小说的历史中寻找美学基础。正因为万楚拉，他懂得了节奏变换的重要性，明白了对于叙述者而言，不仅要观察，而且要对其人物的活动进行评论。昆德拉尤其把吁请读者的方法化为己有，狄德罗在《宿命论者雅克》(*Jacques le Fataliste*)中已经使用了该方法（"读者，您在此停下了阅读。怎么回事？啊！我想我理解您了，您想看到这封信"），万楚拉也经常把这种方法用于作品中："现在请您了解关于他性格的几个细节，然后您可以自由地发表观点。"同样，昆德拉也把作者在叙述过程中对某个人物说话这一权力赋予自己。于是，在《扬·马尔胡尔》(*Jan Marhoul*)中，万楚拉写道："还有什么好说的，否则，就让你消失？你是劳动者，这份荣誉应该归还给你，可你的报酬到哪儿去了……你会对约瑟菲娜说什么呢？"[1]而昆德拉在《生活在别处》中写道："莱蒙托夫，你的生命比可笑的荣誉磷火更珍贵！什么？有某种比荣誉更珍贵的东西？是的，莱蒙托夫，那就是你的生

---

[1] 苏珊娜·克鲁皮科娃所引片段，参见《游戏的召唤：捷克对米兰·昆德拉作品的影响》，《"米兰·昆德拉，一部复数作品"学术研讨会论文集》。(Zuzana Krupickova, « Appel du jeu: influences tchèques sur l'œuvre de Milan Kundera », Actes du colloque « Milan Kundera, une œuvre au pluriel », Université libre de Bruxelles, 2001.)

命、你的作品。"

昆德拉放弃诗歌时,将近三十岁。正如他后来所解释的,这一选择远远超出文学范围:"离开诗歌而选择散文,这对我来说并不是从一种文体到另一种文体的简单转变。我不是离开诗歌,我背叛了它。对我而言,抒情诗不仅是一种文学体裁,而且首先是一种世界观,一种对世界的态度。我离开这种态度,就像人们离开宗教一般。"[1] 令人惊奇的是,此等决裂远非深思熟虑的决定,而几乎是一种偶然顿悟的结果。就在一边撰写关于万楚拉的理论书,一边努力完成剧本《钥匙的主人们》时,作为消遣,昆德拉只用两天便写出了一个短篇小说。对他来说,这是一种从未有过的练习,他自己也为从中体会到的轻快与乐趣感到吃惊。这为他打开了未曾预料的前景,在1991年出版的《好笑的爱》首个捷克语版本中的一个注释里,他写道:"我找到了自己的调子,相对于世界和我自己的人生的反讽距离,简单地说,我的小说家之路。"这个重要转折点将决定他今后的人生,昆德拉多次提及,特别是1993年在《被背叛的遗嘱》中写道:"当时我深深渴望得到的唯一东西,就是一种清晰而醒悟的目光。终于,我在小说艺术里找到了它。正因为如此,对我来说,成为小说家不仅意味着实践'文学体裁'中的一种;它是一种态度、一种智慧、一种立场。"

第一个短篇小说名为《我,可怜的上帝》(*Moi Dieu pitoyable*),它与同时代写成的《哦,我妹妹的妹妹》(*Oh petites sœurs de mes petites sœurs*)都叙述了发生在布尔诺的故事。这两篇小说中,主人公都在城中漫步,往往是在皇家区的街道,昆德拉就在那里长大。

---

[1]《与诺尔芒·比龙的谈话》,同前。

读者会在那里发现他青年时代常去的地方：贝尔维咖啡馆、歌剧院、音乐学院、艺术博物馆。奇怪的是，或许由于故事发生的地点过于确切，最终出版的《好笑的爱》中删去了这两个短篇，在这本汇集了昆德拉所有短篇小说的书中，布尔诺被搁置了。

《我，可怜的上帝》描述了一个典型人物，在昆德拉后来的大部分小说中都能找到这个现代唐璜式的人物。一个诱惑女人的老手被一个初出茅庐的歌剧演员吸引，却没能如愿，因为女演员只对名人感兴趣。一天，他遇见了一个希腊人，此人曾是游击队员，在国家军事政变后逃离了自己的国家，并利用这一点来引诱自己想要的女子上钩。他把这位希腊朋友介绍给年轻姑娘，称他是雅典管弦乐队指挥，来布尔诺研究雅纳切克的乐谱。但一切都没有像预想的那样发生。歌剧演员和假乐队指挥互相爱上了对方。

初看上去，这个短篇小说与1959至1968年间昆德拉所写的另外九个短篇小说一样，都延续了1957年创作的《独白》中的虚构手法，探讨的都是男人和女人之间的关系。然而，如果说它们主题类似，处理方法则大相径庭。成为小说家的诗人，彻底放弃了直到那时始终浸透在他诗歌里的抒情性。这一范式变化不仅仅是美学选择，更是一种成熟的体现。昆德拉直截了当地承认了这一点："我相信古典作家的判断，伟大的文学与一种成熟个性的充分发展密切相关。"[1]

"背叛"诗歌而转向虚构，放弃抒情性而选择反讽，昆德拉引入了一个对"抒情诗人"而言陌生的概念：批评的距离。在昆德拉看来，反抒情态度意味着一种对自己情感与他人情感的怀疑，也意

---

1 安东宁·J. 利姆，《米兰·昆德拉》，同前。

味着意识到人们对现实的看法与真正的现实之间存在差距。"理解这一差距,就是打破抒情的幻想。理解这一差距,就是反讽的艺术。而反讽,就是小说的视角。"[1] 在当时的捷克,存在本身也被置于严格的意识形态控制之下,艺术家与作家被责令只能有一种单一、简化,因而也是过于简单化的世界观,因为它必须符合占主导地位的政治教义。尽管他们服从此要求——某些人出于信仰,另一些人则见风使舵——但其中大部分人都知道,现实是多样的、复杂的,有时甚至是矛盾的。在这个意义上,20世纪60年代初昆德拉选择转向虚构,是对捷克斯洛伐克文学中的意识形态专制的反抗。就个人方面而言,这一决定表现为对其曾经的介入诗人身份的否认。弗朗索瓦·里卡尔指出:"他之所以背弃了青年时代的诗歌,这首先不是因为他不再喜欢自己写下的诗句,而是因为他不再喜欢写出这些诗句的那个人。他和这位诗人不再是同一个人。"[2]

从此以后,对于昆德拉,重要的不再是用自己的才干服务于某种事业,而是通过小说——正如路易·阿拉贡所说,这个"人类发明的用来在其复杂性中感知真实的机器"[3]——认清陈词滥调和伪装的真相,将人的行为的真实性相对化。从短篇小说的写作起,昆德拉便开始实行这个被他称为"反抒情"的计划。这些短篇小说分三次在捷克斯洛伐克出版,1963年出版第一册,1965年第二册,1968年第三册,所有这些短篇都于1970年在法国出版。直到1968年的"布拉格之春"及《玩笑》获得成功,法国出版社才对昆德拉的

---

[1] 《与诺尔芒·比龙的谈话》,同前。

[2] 弗朗索瓦·里卡尔,《米兰·昆德拉作品集》第一卷序。(François Ricard, préface à *Milan Kundera, Œuvre*, tome I, Gallimard, Bibliothèque de la Pléiade, 2011.)

[3] 路易·阿拉贡,《巴塞尔的钟声》前言。(Louis Aragon, *Les Cloches de Bâle*, préface, Robert Laffont, 1964.)

第一部虚构作品、短篇小说集《好笑的爱》产生兴趣。译者弗朗索瓦·凯雷尔说:"我在捷克斯洛伐克发现了《好笑的爱》,感到很惊奇。我是第一个把这些短篇小说译为法语的人,我把它们推荐给多家出版社:阿尔班·米歇尔、瑟伊、伽利玛……哪家都不愿意出版。《费加罗文学报》(*Figaro littéraire*)也同样如此。相反,我不太认识的阿拉贡立即在《法国文学》刊登了《永恒欲望的金苹果》。"[1] 与出版者的轻视不同,《好笑的爱》在捷克斯洛伐克获得了巨大成功,在那里,被长期压抑的关于爱情关系与性的主题开始在文学和电影中出现,如米洛斯·福尔曼的电影《金发姑娘之恋》(*Les Amours d'une blonde*)。

作者把"爱"与"好笑"这两个几乎矛盾的词并置,表明了小说的色调。读者被告知,在该书里找不到任何多愁善感的或色情的内容。这个具有颠覆性的矛盾题目以嘲讽消弭了西方文化中最被看重的高贵情感,它本身就点明了昆德拉的写作手法。作为昆德拉的第一本小说,《好笑的爱》囊括了小说家在其今后作品中将进一步展开的大部分主题:青年时代的抒情幻想,重与轻、公共生活与私人生活之间的辩证关系,身份与存在问题,人类命运的悲喜剧,身体与女人的裸体,欲望的模拟特征,某些可笑的性处境。在《小说的艺术》中,昆德拉写道:"也许,所有作家都是**通过变奏**来书写某种相同的主题(第一部小说)。"从首部虚构作品开始,昆德拉就采用"反讽视角",将一切对世界的纯粹政治性表现所固有的严肃精神击得粉碎,无论这种表现是斯大林主义的、左派的,还是自由派的。他写道:"如果我必须指出自己的特征,我会说我是一个陷入极端政治

---

[1] 与本书作者的谈话,2018年2月。

化世界的享乐主义者。这是我的《好笑的爱》所叙述的情境，它是我最喜爱的一本书，因为它反映了我一生中最快乐的时期。"[1]

在《好笑的爱》中，就像他在自己所有的小说里所做的那样，昆德拉对欲望这出戏投去一种清醒的，甚至是玩世不恭的目光。他揭露了误解、恐惧、复杂情感及自恋谎言，它们构成人类的性的基础。此外，他还对男性与女性在此方面的行为进行了分析。在这一点上具有象征意义的是《座谈会》，这个短篇小说居于全书中心，也是其中最长的一篇，它似乎浓缩了昆德拉对人性的全部观察，不无残酷地揭露出人类关系机制中的所有组成部分。

小说所涉及的"座谈会"把五个人物搬上舞台，他们在医院的值班室里度过了一个放荡之夜。其中两人以职务命名（主任医师、女医生），另外两人以姓氏（弗雷什曼、哈威尔），最后一个用名字（伊丽莎白）。辩论的中心（主人公们高谈阔论）：误解中的欲望。哈威尔被誉为唐璜式的医生（人们说他就像死神，把一切都夺走），他不让护士伊丽莎白偷懒。女医生是主任医师的情妇，后者断定伊丽莎白实际上被学医的大学生弗雷什曼所吸引。而弗雷什曼却自认为在年轻女医生的态度里觉察到对方想和自己上床。一种循环、不对称的结构——A喜欢B，B喜欢C，C喜欢A，等等——不由得令人想起奥地利人阿图尔·施尼茨勒的作品《轮舞》，1950年马克斯·奥菲尔斯将该剧搬上了银幕。

伊丽莎白不合时宜地跳了一段热烈的脱衣舞，遭到弗雷什曼的羞辱，于是伊丽莎白在休息室里打开煤气试图自杀。在女医生看来，自杀可能是起事故，女护士只不过在为了泡咖啡而烧上水之后就睡

---

[1]《雅克和他的主人》前言。

着了。那时，大家发现伊丽莎白的身体很漂亮。随后，女医生与哈威尔单独待在一起。她告诉现代唐璜自己并不喜欢他。哈威尔反驳说，他无论如何都不会跟她上床，因为她是主任医师的情妇，而主任医师是自己的朋友。她却得出结论，认为又多了一个理由去这么做，因为他们俩的友谊恰恰可以保证主任医师将对此毫不知情。就在这时，她开始脱他的衣服。

在这个短篇小说稍稍靠前的部分，关于学医的大学生，昆德拉写道："弗雷什曼是个青少年，刚刚被抛入成年人不可靠的世界里。他竭尽全力地诱惑女人，然而他所寻找的，其实是一个令人慰藉的怀抱，一个宽广的、赎救性的怀抱，能将他从这个发现不久的世界那残酷的相对性中解救出来。"在此，作家略微触及他所偏爱的一个主题：童年与成年期之间那个令人痛苦的不确定阶段，后来他甚至用一整部书探讨了该主题。每个人在接受教育的人生时刻都会感受到这种不安，他从性、政治、历史和文学等各种角度对此进行了研究，以自己的方式创新了教育小说。

与巴尔扎克的《幻灭》、福楼拜的《情感教育》的视角不同，昆德拉为青春主题赋予了一种存在的维度。对共产主义意识形态而言，青春是至高无上的价值，昆德拉则相反，他在其中尤其看到一种异化，一种对自身、对他人及对真实的错误感知。也就是"抒情年代"的一种特别的视错觉，"抒情年代"这一表达在他的第一部小说《玩笑》中已出现："愚蠢的抒情年代里，每个人在自己眼中都是一个巨大的谜，因而他无法关注自身之外的谜团，其他人（哪怕是最亲近的人）只不过是些活动的镜子，透过镜中的影像，人们惊奇地发现自己的情感、自己的烦恼、自己的价值。"

诚然，昆德拉对年轻人抱有一种悲观的态度，但他并没有因此而攻击他们。至少,他不会经常这么做。他几乎总能为他们找到借口:"总之,如果年轻人装腔作势,这并不是他们的错;他们还没有定型,生活却将他们置于一个已经定型的世界中,在那里,他们被要求像**成人**一样行事。他们迫不及待地把那些流行的、合适的及自己喜欢的举止和模式化为己有,然后他们就开始做戏。"《玩笑》中的这一评论最贴近地勾勒出年轻人的悲剧,他们被投入成年人的世界,却不明白自己身上发生了什么,也不明白应如何在这世界行事。他们柔顺而缺乏责任心,还没有成年,却在毫无意识的情况下被阴险地拉上舞台,假扮成年人。这就是他们的异化。他们对自己感到陌生,总是受骗上当:"青年时期是可怕的:它是一出戏,戏里孩子们脚蹬厚底靴,身穿各式各样的服装,一边跑来跑去,一边说着从别人那里学来的话,他们似懂非懂,却疯狂地热衷于这样的话。"[1]

无法后退,又在自我陶醉中失去理智,年轻人时刻准备好**投身其中**。某些历史形势下,例如在一场革命中,他们的热情、他们的生命冲动、他们的抒情倾向,会在狂热的推动下,促使他们加入恐怖阵营。在1948年后的捷克斯洛伐克,就是这种情况。那时,年轻的米兰·昆德拉开始投身于诗歌创作,这是典型的抒情活动。于是,他看到某些自己的同辈及他所钦佩的年长的伟大诗人支持极权制,就像保罗·艾吕雅1950年以革命理想的名义,同意处决自己的朋友、超现实主义作家扎维斯·卡兰德拉那样。[2]1966年,昆德

---

[1] 《玩笑》。

[2] 1950年6月13日,在一封公开信中,安德烈·布勒东如此指责艾吕雅:"在你心底,你怎么能容忍作为你朋友的那个人被这样摧毁?"艾吕雅回复他道:"对喊冤的无辜者,我有太多事要做,无法再顾及那些喊着有罪的罪犯。"

拉对安东宁·J. 利姆谈到这起逐渐被人们淡忘或轻易原谅的同谋事件："今天，对于所有人来说，那是政治审判、迫害、书籍被禁和司法谋杀的年代。但我们还记忆犹新，应该做出我们的见证：那不仅是恐怖年代，那也是抒情年代！诗人和刽子手一样盛行。"[1]

1969年，在他的第二部小说《生活在别处》中，通过年轻诗人雅罗米尔这一人物，昆德拉细致地分析了诗人和刽子手之间的反常联合。后来，他不停地揭露诗人被认定是无辜的这一断言，1979年他说道："我有一种难以抑制的渴望，想破除某些谎言的神秘性。依照这种虚构的思想，诗歌，就是绝对价值。因此，诗人永远不可能像我的雅罗米尔那样，是密探，是告发者……人们能够接受一位伟大的哲学家与法西斯分子相处融洽，也能够接受一个伟大的战士是坏蛋，或者一个科学天才是懦夫，这都不会引起多少公愤，但人们无法接受一个伟大的诗人、一个真正的诗人是告密者。可我曾十分真切地看到，某些非常伟大的诗人做过比我可怜的雅罗米尔恐怖得多的事。并且，他们做那些事并非与自己的诗歌才能相违背，而是依靠了后者的支撑。"[2]

次年，在《纽约时报·书评周刊》(*New York Times Book Review*)上，昆德拉再次谈到该话题。与菲利普·罗斯交谈时，他说明了抒情性与极权制之间的悖论："人们乐于说：'革命很美好，恶在于革命导致的恐怖。'可这不是真的。恶已经出现在美之中，恶已经在天堂之梦里萌发，如果我们想了解地狱的本质，就必须从考察天堂的本质开始，因为它是地狱本质的起源。"[3]

---

[1] 安东宁·J. 利姆，《米兰·昆德拉》，同前。
[2] 《与诺尔芒·比龙的谈话》，同前。
[3] 菲利普·罗斯，《与米兰·昆德拉在伦敦及康涅狄格州的交谈》，同前。

为何如此坚持？昆德拉的朋友、哲学家阿兰·芬基尔克劳提出了一种答案："正是在他青少年时期抒情性的废墟上，小说家构建了自己的作品。"[1] 实际上，一切的发生，就仿佛临近三十岁的昆德拉意识到自己被骗了，于是猛烈地用拯救性的反讽摧毁青年时代的抒情幻想。从这一观点来看，《生活在别处》具有一种宣泄功能，对他的成长，无论在写作历程，或更普遍地在其人生中，都同样不可或缺。

然而，人们可能错误地把雅罗米尔这个人物视为作家的"第二个我"。初看上去，他更像是某种意识形态及其罪恶后果的虚构化身，昆德拉曾对这种意识形态深信不疑。为了支撑此印象，小说情节被设置在一个非常确切的历史时刻：捷克斯洛伐克最黑暗的斯大林主义年代。正是在这样的背景下，雅罗米尔被引向揭发自己女朋友的哥哥。他这么做，因为他是坏蛋，或者出于革命热情？不，昆德拉告诉我们，是由于自我陶醉的抒情性。因此，他描写了年轻诗人在举报之后的愉悦状态："所有这些想法，所有这些想象，让他心中充满某种温柔的东西，带着香气和高贵，他觉得自己变伟大了，仿佛一座巡游的忧伤纪念碑般穿过街巷。"[2]

可见，昆德拉的小说没有局限于对一种致命的意识形态的简单揭露，而是深化了对特定形势所揭示的人类普遍行为的探索。在1986年所写的该书后记中，昆德拉本人确认了这种普遍性："抒情年代，就是青春时代。我的小说是一首青春史诗，是对我所称的抒情态度的一种分析。抒情态度是每个人的可能性之一，是人类存在的根本范畴之一……这种态度有可能出现在我们每个人的身上。它

---

[1] 与本书作者的谈话，2017年秋。
[2] 《生活在别处》。

在我身上，也在你们身上。有可能，它在所有时代、所有体制中的每一个年轻人身上。"

为了一致，昆德拉起初打算把他的书命名为《抒情年代》（*L'Âge lyrique*）。出版商认为这个书名更适合随笔而不是小说，于是在其建议下，昆德拉决定将书名改为《生活在别处》。这个题目与兰波的诗句"真正的生活是缺席的"[1]有关，安德烈·布勒东的《超现实主义宣言》的最后几个词对这句诗进行了回应："生存在别处"。不管怎样，兰波出现在书中，其他八十位诗人也同样，从荷尔德林到普希金，包括拜伦。在他们当中，有一位特别成为雅罗米尔的榜样："他不停地一读再读艾吕雅的诗，被某些诗句深深迷住：**她的身体很平静。眼眸一般颜色的小雪球……**"我们知道，赞成给卡兰德拉定罪的艾吕雅也是昆德拉最喜欢的诗人之一。诚然，阅读艾吕雅的诗让雅罗米尔萌生了当诗人的愿望，但他那些充满灵感的诗句并非唯一的原因：实际上，早在艾吕雅的诗之前，年轻人的母亲已经做出了决定。她很早就相信心爱的儿子是神童，不停地敦促他确定自己的志向，于是也就第一个"为他贴上了诗人的标签"。

昆德拉之所以在其最反抒情的小说中赋予雅罗米尔的母亲一个中心角色，是因为在写这部小说前，他认为有必要深入多位诗人的生活。数十部传记的阅读向他揭示了一个事实：一位强大的父亲的缺席。"诗人出自女人的家庭。有不少母亲非常支持她们的年轻诗人，比如亚历山大·勃洛克的母亲、里尔克的母亲，或奥斯卡·王尔德的母亲，还有捷克革命诗人沃克的母亲，他的传记给了我很大启发。也有一些母亲非常冷漠，例如兰波的母亲。"[2]这种对诗人的预

---

1 阿蒂尔·兰波，《地狱一，疯狂的处女，地狱的丈夫》，《地狱一季》（1837）。
2 《与诺尔芒·比龙的谈话》，同前。

先调查研究表明,昆德拉希望超越单纯的历史和地方背景——1948年的布拉格政变——为抒情年代找到某些具有普遍性的缘由。于是,为了支撑自己的观点,他将地点和时代搅乱,并写道:"诗人诞生的家庭往往由女人主宰:特拉克尔、叶赛宁和马雅可夫斯基的姐妹们,勃洛克的姨妈,荷尔德林、莱蒙托夫的祖母,普希金的奶妈,当然,尤其是母亲,诗人的母亲,在她们身后,父亲的影子变得淡薄。"[1]昆德拉随即给诗人下了这样一个可笑而怪诞的定义:"这是一个在母亲指引下,向世界炫耀自己的年轻人,但他不知道如何进入这世界。"[2]

---

[1] 《生活在别处》。
[2] 《与诺尔芒·比龙的谈话》,同前。

第六章
悲剧与喜剧

临近20世纪60年代,最初几篇短篇小说的写作让昆德拉明白,从此以后自己将成为小说家。的确,直到那时他只写了一些短的文本,但自那时起他力图写出篇幅更长的作品。他必须找到一个能在长度上"支撑到底"的主题。1961年,他来到俄斯特拉发,那是20世纪50年代初他流亡时待过的矿城。在那里,朋友们向他讲述了一个奇怪的故事:一个年轻女工因为偷墓地里的花送给自己的情人而被逮捕。他写道:"她的形象始终没有离开我,我的眼前浮现出一个年轻女人的命运,对她而言,爱情与肉体是相互分离的世界。"[1] 同时,或许因为对这座城市的记忆,他想象了一种情色行为,它的基础不是爱,而是恨。最后,对"国王巡游"的模糊记忆又在他脑海中出现,从孩提时代起,这个摩拉维亚的民间仪式就令他着迷。正是从这些散乱的景象出发,他着手构建了自己的第一部小说。

《玩笑》的情节在两个不同时期展开:第一个是1949年,布拉格政变结束后不久;第二个是十五年之后,并不确切,小说开头仅有只言片语写道:"就这样,多年以后,我又回到了家。"在对第一

---

[1] 《玩笑》,作者注。

时期的描绘中，昆德拉细致入微地展现了捷共掌权的过程，以及实行检举和镇压制度所带来的热情，这样的描写方式使《玩笑》被列入政治书籍一类，也让它的作者出现在持不同政见作家的行列。正如他 1979 年所解释的那样，这两点都违背了事实："这是一部探讨人类价值脆弱性的小说，而不是一部想揭露某种政治制度的小说。小说家的抱负要略大于瞄准某种短暂的政治制度。"[1]

在"布拉格之春"的影响下，对《玩笑》的这一错误认识又被强化，直到 1989 年的"天鹅绒革命"及捷克政权再次变更，昆德拉的小说才最终摆脱政治小说的标签。此前，他竭尽全力试图消除误解。1966 年，当该书在捷克和法国都还未出版时，他便赶在前面，向安东宁·J. 利姆解释了自己采用的方法："在我的《玩笑》中……20 世纪 50 年代吸引着我，因为那时，历史带给人们从未有过的经历，并以无法重复的境遇和意想不到的角度表明了这一点，突然，它丰富了我关于人类及其处境的疑惑和观念。"十三年后，同样的问题依然存在，他认为有必要再次明确自己的意图："我所感兴趣的，不是历史描写，而是形而上的、存在的和人类学的问题……总之，就是由某种具体历史境况的聚光灯所照亮的所谓永恒人类。"[2]

因此，在昆德拉看来，斯大林时期本应揭露出人类经验的诸多新方面。小说家把这种专制与其他专制区分开来。他着重强调了它在意识形态和现实之间设立的具有悖论性的差异。"合乎规定的艺术流派是现实主义。然而，它可能与现实没有任何共同之处。流行的是对青春的崇拜。可我们一切真正的青春都被剥夺了……被当众

---

[1] 《与诺尔芒·比龙的谈话》，同前。
[2] 同上。

宣布的只有欢乐,我们却丝毫不敢开玩笑。"[1] 从这种对悖论的经验中,昆德拉得出不少教训。正是这一经验让他拒绝谎言并由此形成他的反抒情态度,也让他认为必须破除神秘化,这决定了他对于某些小说主题的选择,尤其在《告别圆舞曲》中:"当今天我听到人们谈论孩子的天真、母爱的无私,谈论繁殖后代的道德责任、初恋的美好时,我知道这一切意味着什么。我已经上过课了。"[2]

《玩笑》是1961年开始创作,1965年12月完成的。当时,手稿被送到审查委员会,在那里留存了一年后才被批准原封不动地出版。表面来看,这一处理很温和,但昆德拉认为应将其重新置于时代之中:"在20世纪60年代,早在'布拉格之春'前,社会主义现实主义和其整个意识形态已经死气沉沉,只是装装门面而已,任何人都不把它们当回事。"[3] 此外,该书谈论的是"过去"时代的暴行,如果它涉及当前形势,那么就会有更大的被查禁的风险。

1967年春,《玩笑》在捷克斯洛伐克出版,同时出版的还有另外两部批判斯大林主义的小说——捷克人路德维克·瓦楚里克的《斧头》[4] 和斯洛伐克人拉迪斯拉夫·姆尼亚奇科的《权力的滋味》[5]。《玩笑》一出版,人们便竞相阅读:几个月内销售了十一万七千册,对一个人口不足一千五百万的国家而言,这个数字相当可观。作者

---

1 安东宁·J. 利姆,《米兰·昆德拉》,同前。
2 同上。
3 马西莫·里赞特的采访,《我不再讨厌的布拉格和俄罗斯人》,《共和国报》2015年12月23日。(Entretien avec Massimo Rizzante, « La mia Praga e i russi che ora non odio più », *La Repubblica*, 23 décembre 2015.)
4 路德维克·瓦楚里克,《斧头》。(Ludvík Vaculík, *La Hache*, Gallimard, « Du monde entier », 1972.)
5 拉迪斯拉夫·姆尼亚奇科,《权力的滋味》。(Ladislav Mňačko, *Le Goût du pouvoir*, Plon, « Feux croisés », 1968.)

1984年回忆道:"当时我三十八岁,默默无闻。我惊愕地看到,这三部书都是三天内就销售一空。"[1] 无论如何,这个想法令人吃惊,要知道,1967年昆德拉在捷克斯洛伐克已经是非常有名的作家,1963年和1965年出版的《好笑的爱》前两册获得了巨大的成功。

书刚出版,拥护者安东宁·J.利姆便竭力让国外也知晓此书,首先是法国:"1967年,人们的旅行已经不受限制。我把书装在口袋里,在巴黎把它交给了我的朋友阿拉贡。他不懂捷克语,但我向他解释说《玩笑》是一部伟大的小说,他相信了我。在他的安排下,我们与克洛德·伽利玛共进晚餐。我向他们概述了书的内容,他们十分信服。从一开始我就知道,昆德拉将成为世界文学中的重要作家。他始终是位与众不同的作家。而且,书写得非常棒。他的捷克语令人赞叹。这门语言看起来简单,实际上并非如此。他的特征是反讽。他是位讽刺作家,属于哈谢克、恰佩克,甚至卡夫卡的传统。这非常捷克化。这些作家都擅长反讽,但各不相同。任何伟大的文学都是部分反讽性的。"[2]

考虑到将书译为法语所需的时间,《玩笑》计划于1968年9月在法国出版,商定由阿拉贡撰写序言。然而,8月份,华沙条约组织的军队入侵捷克斯洛伐克。阿拉贡被迫在最后时刻修改他的文章,以便根据各种事件来阐明小说。于是,小说在朝夕之间便声名鹊起,代价却是对作者意图的违背。昆德拉就误解进行了如下解释:"(在捷克斯洛伐克,)文学批评不太关注书的政治层面,而更喜欢强调其中关于存在的内容。就像人们可以看到的那样,在我的小说家生涯开始时,我感觉自己在捷克得到了非常充分的理解……在法国,书

---

[1] 《被权力陶醉、抛弃》,同前。
[2] 与本书作者的谈话,2017年11月。

被接受的方式很特别。1968年9月的几个星期里,除了布拉格的俄国坦克之外,报纸几乎很少谈及其他方面,于是捷克小说自动受到了读者和著名评论家的喜爱。对所有人来说,我首先是登上坦克的士兵,大家都赞许我反对极权制的勇气。可当我写《玩笑》时,我从没觉得自己特别勇敢。我的挑战不是政治的,而仅仅是美学的。"[1]

1968年秋,昆德拉赴巴黎推广自己的书。10月31日,在法国电视广播台(ORTF)回答罗杰·格勒尼耶的提问时,昆德拉对书名的选择进行了解释:"《玩笑》,那是一个具体的玩笑——明信片——同时它也指历史悲惨可笑的特性。我们经历了历史的一个巨大玩笑。"接着,他又谈到个人历史与集体历史之间的关系:"我始终认为自己写了一部爱情小说。不幸的是,尤其在国外,这本书却被视为政治小说。这完全不对。当然,这种爱情由历史条件所决定,而在我看来,当时的境况是独一无二、史无前例的。并且这些历史条件提出了新的问题。"10月22日,在法国文化电台(France Culture)与罗杰·弗里尼的谈话中,昆德拉承认小说具有文化和地域的背景:"'玩笑'这个词或许也有某种捷克特色的东西。因为,捷克人性格中最给人好感的特征就是幽默感。如果可以说某种捷克'天赋',那就是幽默的天赋。它是哈谢克的天赋,也是士兵帅克[2]的天赋。(幽默)同样是最强大的武器,可以用来对抗官僚主义、狂热及当时的宗教心态。"

通过叙述五个主要人物——路德维克、科斯特卡、埃莱娜、露茜和雅洛斯拉夫——之间的交叉故事,《玩笑》表明无论就个体还是

---

[1] 马西莫·里赞特,《我不再讨厌的布拉格和俄罗斯人》,同前。
[2] 哈谢克的小说《好兵帅克历险记》的主人公。——译注

人类整体而言，人都根本不是自己命运的主人。这个核心观点贯穿于昆德拉的全部作品，他在《好笑的爱》中已做了说明："我们被蒙着双眼经历当下，最多能预感和猜测我们的处境。直到后来，当我们解下蒙眼的布条，审视过去时，才意识到我们曾经历了什么，才理解它的意义。"然而，在《玩笑》中，甚至"事后"理解也完全不可能。但昆德拉就人的异化提出了一种解释。人之所以不能理解发生在他身上的任何事，甚至不能理解发生在他身边的事情，是因为他落入了历史之网。知道这部压抑人性的机器拥有自身的合理性，或许可以带来微薄的慰藉，可哪怕这一点在他那里也遭到拒绝。昆德拉提出，历史最终不过是个阴郁而荒谬的玩笑。路德维克的生活被写在明信片上的一个微不足道的玩笑搅乱，在书的最后，他忽然清醒地自问："可要是历史在开玩笑呢？此时此刻，我明白了，我根本无法撤回自己的玩笑，我和我的一生都被包含在一个更大的（已超越了我）、完全无法改变的玩笑之中。"

《玩笑》的故事发生在共产主义国家，在这一背景下，历史却有某种意义，即它应导向没有阶级之分的社会。冒着背离这个救世主决定论就可能招来麻烦的危险，昆德拉放弃了对历史的马克思主义阐释，而选择了在国外最出名的捷克作家之一雅罗斯拉夫·哈谢克的阐释。历史学家贝尔纳·米歇尔评价说："哈谢克是无法归类的。《好兵帅克历险记》的首册于1921年出版，在世界范围内大获成功，于是国外读者以为书的作者是捷克文学界的中心人物。实际上，他是个边缘作家……哈谢克身上为捷克大众所喜爱的，并非他的现代性，恰恰相反，而是他代表着一种古老的民间智慧，韵文故事和民间历书中的智慧。在每个捷克人身上，都有一个沉睡的哈谢克。在20世纪的重大危机中，他可以充当典范——或借口：不能与强权者对抗,而应采用迂回的办法,表面上赞同人们拒绝接受的制度,同时抱有使它逐渐丧失威信的希望。"[1]

昆德拉认为《好兵帅克历险记》是20世纪最伟大的喜剧小说,它吸引昆德拉的,是将战争和历史等最严肃的主题转变为嘲讽的一种轻慢方式:"黑格尔与马克思所形成的欧洲思想把历史看作理性的体现,看作极为严肃的事。根据此观点,不严肃的事和可笑的事只能置身于历史之外,或只能在历史严肃的背景下进行。而好兵帅克粗暴地打破了这一秩序。他问道:'合理化要把事件的彼此关联表现为合理的,可如果它本身只是一种欺骗呢?如果历史不过是愚蠢的呢?……'"[2]

《一颗智慧的心》的开篇第一章献给了《玩笑》,阿兰·芬基尔克劳在其中写道:"从路德维克的玩笑到命运的玩笑和一连串误会:这就是这部令人心碎的喜剧小说的轨迹。"[3] 通过这种矛盾修辞法,随笔作者强调了昆德拉小说的双重性。《玩笑》既是政治小说,正如评论者们断言的那样,又是爱情小说,就像作者肯定的那样,但它也是(或者首先是)一部喜剧小说,因为,在叙述悲剧性境遇的同时,它借助讽刺的评论与滑稽曲折的情节,消除了一切抱怨和怜悯的朦胧愿望。

阐明悲剧的喜剧性一面,对此愿望最明显的揭示在于:埃莱娜自杀未遂,其结局与费多[4]的作品相符。帕维尔是过去的共产主义

---

[1] 贝尔纳·米歇尔,《布拉格美好时代》。(Bernard Michel, *Prague Belle Époque*, Éditions Aubier, 2008.)
[2] 《捷克文学的赌注》,《自由》杂志,同前。
[3] 阿兰·芬基尔克劳,《智者仅在颤抖中发笑——读〈玩笑〉》,《一颗智慧的心》。(Alain Finkielkraut, « Le sage ne rit qu'en tremblant. Lecture de *La Plaisanterie* », in *Un cœur intelligent*, Stock/Flammarion, 2009.)
[4] 乔治·费多,法国著名剧作家,特别擅长写滑稽剧。——译注

青年团领导人，正因为他，路德维克在十五年前被开除出党，为了报复他，路德维克试图引诱他的妻子——偶然遇见的电台记者埃莱娜。目的达到后，路德维克突然离开她，未做任何解释。绝望的埃莱娜打算结束自己的生命。她决定吞下在暗恋她的助手口袋里找到的一管巴比妥。唉，管子里装的只是轻泻剂。这个患有慢性便秘的年轻人认为，假如有人偶然看到他的药，那么比起让人知道他饱受肠功能问题的折磨，让人相信他患有失眠症显得更高贵。因此，埃莱娜没有迎来所期望的浪漫死亡，而是在羞愧和可笑中被严重的腹泻击垮。自杀的企图突然转变，并以残酷而悲怆的一幕结束。路德维克出去寻找他刚刚侮辱过的女人，发现她正在后院破旧的厕所里清空自己的肠子："在我前面，埃莱娜坐在臭气熏天的木制便桶上。她面色苍白，但仍然活着。她惊恐地看着我，伸手去拉她的裙子，尽管她费劲全力，裙子还是几乎褪到了大腿的一半处……"

在评论这一段时，阿兰·芬基尔克劳准确地写道："可笑的结局。悲剧被夺走了悲剧性的权利。它突然转向滑稽剧，并毫无诗意地结束在卫生间的木制便桶上。发疯的肚子结束了疯狂爱情的举动。"[1]

破除情境的神秘化，展现人类被隐藏的一面，揭示他们对理解生活、引导生活的无能为力：这就是作家的职责。可为什么有那么多的激烈与残酷？那些贬低者如此发问，他们是以"犬儒主义"指责昆德拉的最严厉的批评者。确实，他对待作品中的人物并不总是温和的。这是清醒的代价，也是摒弃骗人的理想的代价，他还是年轻的抒情诗人时，曾献身于这些理想。因此，1966年，即《玩

---

[1] 阿兰·芬基尔克劳，《智者仅在颤抖中发笑——读〈玩笑〉》，同前。

笑》出版前一年,他对安东宁·J. 利姆清楚地表示:"我的第一部书中,在斯大林主义最盛行时……我指出,共产党人应该把人类放在心中。可这一时期结束时,有一天我问自己:说到这一点,为什么如此?为什么,归根结底,必须爱人类?"[1]

诚然,通过揭示其喜剧性维度而与悲剧保持距离,这在很多方面有益,但这种做法也可能转变为虚无主义。昆德拉并非不知道其中的危险:"假如您意识到周围的世界不值得认真对待,疯狂的后果便会出现。真诚变得荒诞。为什么真诚对待某个对任何事都不认真的疯狂之人?为什么说真话?为什么道德高尚?为什么认真工作?在一个毫无意义的世界,人们如何能真诚地对待自己?这就是最可笑的!人们无法真诚地对待世界,这种感觉是一个深渊。"[2]

昆德拉意识到这一危险,始终提防虚无主义的诱惑。因此,他从不断言喜剧胜过悲剧,而是把现实的这两种类别视为不可分割的、在辩证关系中相互关联的一对。他拒绝"把所有事情都当作悲剧",但他也避免对喜剧本身的狂热崇拜:"这里(在法国),人们生活在某种二元性之中,一面是喜剧,另一面是悲剧。仿佛喜剧是一片被分离的领地。而我认为,喜剧比悲剧可怕得多,它总是保持着对伟大和高贵的某种幻想。某个人在生命即将结束时可能发现,'我的人生很悲惨',那么这是令人满意的发现。如果您在人生尽头觉察到您的人生是可笑的或喜剧性的,那么,这很悲惨。悲剧并不太具有喜剧性,而喜剧却是悲剧性的。"[3]

---

1 安东宁·J. 利姆,《米兰·昆德拉》,同前。
2 《与诺尔芒·比龙的谈话》,同前。
3 与维维亚娜·福雷斯特的电视谈话,法国电视二台,1976 年 11 月 9 日。[Entretien télévisé avec Viviane Forrester, Antenne 2. (www.ina.fr/video/CPB76065770)]

他的随笔集《小说的艺术》的第六章是一份专业用语汇编,名为《七十三个词》,其中昆德拉提到了"喜剧""反讽"和"笑"。相反,"幽默"一词并没有出现,对一位经常被称赞具有幽默才能的作者而言,这样的缺席令人惊讶:"我不是一个幽默的作者。而且,我不喜欢所谓的幽默文学。那是一种弄虚作假。"在《被背叛的遗嘱》中,他把这种略显严厉的评判变得温和了些,赋予幽默和喜剧同样的拯救性功效:"幽默是神圣的闪光,它在世界的道德含混中发现世界,在人评判他者的极度无力中发现人。幽默是对人类事物相对性的陶醉,是确信不存在确信所带来的奇怪欢乐。"[1]

在《小说的艺术》中,昆德拉清晰地比较了喜剧与悲剧:"悲剧为我们提供对人类之伟大的幻想,带给我们一种慰藉。喜剧更为残酷,它粗暴地向我们揭示出一切都毫无价值。"他又补充道:"喜剧的真正特质不是让我们笑得最多,而在于揭露喜剧的**一个未知地带**。"在"反讽"词目,他写道:"就定义而言,小说是反讽的艺术:它的'真相'隐而不宣,也无法说出……反讽对人产生刺激,不是因为它嘲笑或攻击,而是因为通过揭露世界的含混,它把我们的确信夺走。"最后,"笑"词目中,在简单讲述了欧洲文学中一则关于笑的故事后,他引用了果戈理的话:"如果人们认真地看一个好笑的故事,它就会变得越来越悲惨。"接着,他用这个悲观主义的结论总结道:"欧洲关于笑的历史即将结束。"

因此,反讽、喜剧和笑的共同点就在于揭露现实中被隐藏的种种方面。然而,如果说喜剧和笑或多或少协调一致地致力于此,就像词典的定义所证明的那样(喜剧:"引人发笑的东西"),反讽则不

---

[1] 《被背叛的遗嘱》。

同。这些被作家们擦亮了用来对抗现实的武器，并不一定总是被同样的人使用。在昆德拉那里，反讽是作者的特权，始终凸显而出，对于昆德拉这位"破除神秘化者"的锐利目光而言，它具有不可或缺的地位。相反，他不笑，或者只在心里笑："我不太喜欢笑。相比笑，我更喜欢让别人发笑。"[1]1980年，昆德拉在法国电视一台承认了这一点。这一偏好的结果是，让笑成为其读者的专利，对他的人物来说或许也是如此。

反讽的角度使人得以在现实的复杂性与种种矛盾中理解现实，在这个意义上，它是一种意识形态的、单维的、不容置辩的解毒剂。在《被背叛的遗嘱》中，昆德拉这样定义反讽："反讽意味着：人们在小说中找到的任何肯定都不能被孤立看待，任何一种肯定都处在与其他肯定、其他境况、其他行动、其他想法和其他事件的复杂而矛盾的对比之中。"这一独特观念令他的小说既充满力量又合情合理。他在《小说的艺术》中指出，重要人物即便算不上含糊不清，也总是带有矛盾情绪："谁对，谁错？爱玛·包法利让人难以容忍，还是充满勇气、令人感动？那么维特呢，敏感还是高贵，或是一个好斗的、自以为了不起的多愁善感之人？"通过凸显视角与观点的多重性，反讽使"真实"这一概念相对化。正因为如此，昆德拉这位猛烈攻击主题小说的作家，总是坚持要让人们把主人公表达的观点和他自己的观点区别开来。

定见可能使人不快。有时，人们试图从定见中看出某种体系。然而，这种原则性的反讽远远不是一种姿态，它表现出与世界之间

---

[1] 《昆德拉闲谈录》，乔治·叙费尔的采访，法国电视一台，1980年6月。(« Milan Kundera à bâtons rompus », interview par Georges Suffert, TF1, juin 1980.)

的一种失望而极具破坏性的关系。在这一点上,昆德拉酷似弗拉基米尔·扬科列维奇:"反讽把习俗的外壳摧毁,训练我们,让我们只尊重本质的东西;它令事物简单化、暴露出来并变得精练;它是为了一种从未达到的绝对而起净化作用的试验,它为破除伪装而伪装;它是一种苛求的力量,迫使我们一个接一个地检验不尊重的所有形式,喊出所有蛮横无理的言语,把亵渎神明的话全都说一遍,更多地把本质的本质性和精神的精神性凝聚起来。总之,反讽拯救可以被拯救的东西。"[1]

反讽(在某种程度上)让人微微一笑,而喜剧则(总是)令人放声大笑。在后一种笔调上,"机智"一词比反讽更为清晰,弗洛伊德认为,机智是"快乐原则"对"现实原则"的一种报复。[2] "机智"一词对某些民族而言已经成为一种习俗,比如英国人或犹太人,它同样也是捷克的传统。它是被昆德拉称为"布拉格的机智"的一种民族独特性:"卡夫卡的《城堡》和哈谢克的《好兵帅克历险记》都充满这种机智。现实的一种特别意义,普通人的观点,从底层看的历史,一种挑衅的单纯,一种对荒诞的天赋,极度悲观主义的幽默。例如,一个捷克人申请移民签证。官员问他:'您想去哪里?'这个人回答:'这并不重要。'有人给他一只地球仪说:'请您选择。'他看着地球仪,慢慢地转动它,然后说:'您没有另外一个地球仪吗?'"[3]

有时,一个简单的玩笑,仅用寥寥数语,就表达出面对绝望时

---

[1] 弗拉基米尔·扬科列维奇,《反讽》。(Vladimir Jankélévitch, *L'Ironie*, Flammarion, 1964.)

[2] 西格蒙德·弗洛伊德,《机智与无意识的关系》(1905)。

[3] 奥尔佳·卡丽斯勒,《与昆德拉的交谈》,《文学评论》1985年9月。(Olga Carlisle, « A Talk with Milan Kundera », *Literary Review*, septembre, 1985.)

生存或抵抗的机智。在《笑忘录》中，相比对"布拉格之春"失败后人民的沮丧的一大段叙述，一则故事能表达得更多："苏联入侵后，一个男人在布拉格街头遇见一个眼中含着泪水的行人。他走近这个人，对他说：'我非常理解您。'"但对昆德拉来说，只有当可笑的故事被夸张到接近荒诞时，它才最有效。纳博科夫指责堂吉诃德对桑丘太残酷，在《被背叛的遗嘱》中，昆德拉用对自由与幻想的爱好反对纳博科夫，并通过某些玩笑表现："'夫人，有台压路机从您女儿的身上压过去了！——好，我正在洗澡呢。请把她从门缝底下塞给我。'对我童年时代的这个古老的捷克笑话，应该谴责它太残酷吗？"

无论巧妙或简单，笑话必须服从某些或多或少强制性的规则，尤其要有精彩的结尾。笑没有那么系统化，因为它经由身体完成，总是以其方式"背叛"发笑者深邃的自我。笑是自发的、不由自主的、不受控制的，它无视道德和情感。1900年，亨利·柏格森在《笑》(Le Rire)中解释道："这是心灵的短暂麻醉剂，激动和情感都被放在一边；笑只面向纯粹智慧。"笑是没有准备的，有时它突然出现在谁也意想不到的时刻，并且它的一系列风格无穷无尽。有欢快的笑、友好的笑，也有轻蔑的笑、苦涩的笑，甚至还有讽刺的笑。笑是多种形态、非道德的，常常也是侵犯性的，它向我们提供关于人的认识，这正是吸引昆德拉的地方，昆德拉让它成为自己小说世界的一个极其重要的元素——正如其作品的某些题目所证明的那样。

随着小说创作的推进，昆德拉创建了一个真正的笑之类型学，并将它与存在的各种境遇加以比较，尤其是性和死亡。小说家区别了两种笑，一种是恶毒而破坏性的笑，另一种是有益健康的笑，因为它使人从沉重的严肃性中得到放松。第一种是魔鬼的笑，第二种是天使特有的笑。然而，在昆德拉看来，无论魔鬼还是天使都不对："人求助于同样的面部表达，求助于笑，来表示两种不同的形而上态度……这两种笑属于人生的愉悦，但被带向了极端，它们同样揭示出具有两副面孔的世界末日：狂热的天使兴奋地笑，他们如此确信世界的意义，准备把所有不分享他们快乐的人都绞死；另一种笑在对面响起，宣告一切都变得荒诞……人生被两个深渊所围困：一边是狂热，另一边是绝对怀疑主义。"[1]

虽然昆德拉对这两种极端的笑都不赞同，但更确切地说他站在怀疑论者和辛辣的幽默一边。因为，即便捷克斯洛伐克过去的公民怀疑笑，怀疑狂热者的一切快乐表示，他也没有忘记官僚主义者从来不笑。他对菲利普·罗斯说道："在恐怖中，我明白了幽默的价值。那时我二十岁。我总能从微笑的方式中辨认出谁不是斯大林派的人，谁是我丝毫不用害怕的人。幽默感是一种可以信赖的辨识的特征。而自那以后，我被一个失去幽默的世界吓坏了。"[2]

---

[1] 菲利普·罗斯，《与米兰·昆德拉在伦敦及康涅狄格州的交谈》，同前。
[2] 同上。

第七章
报春的燕子

"啊，可爱的20世纪60年代。那么我想玩世不恭地说：理想的体制，是一种**瓦解中的**专政；压迫人的机构运行得越来越糟，但它仍旧在那里，刺激着批判和嘲弄的精神。"[1]2009年，这段略带怀念意味的文字发表在《相遇》中，它提及了米兰·昆德拉生命中一段特别丰富的时期——从三十岁到四十岁。这一时期不仅属于作家个人的人生轨迹，也涉及某种黄金时代，那时，尽管承袭自斯大林主义的意识形态控制仍在持续，但捷克文化的各个方面——特别是文学与电影——经历着蓬勃的复兴，事后来看，可以说这种复兴预示了"布拉格之春"的政治沸腾。

20世纪60年代，捷克政府对文化生活的控制相对有所松懈，这一点在1962年12月4日至8日召开的捷克斯洛伐克共产党第十二次代表大会之后感觉明显，此次会议上，捷共一号人物安东宁·诺沃提尼再次对斯大林实行的个人崇拜进行了批判。苏联代表团主席列昂尼德·勃列日涅夫参加了这次代表大会，两年后他将取代尼基塔·赫鲁晓夫，成为苏维埃联盟最高领导人。苏联机构内部

---

[1] 米兰·昆德拉1978年为约瑟夫·史克沃莱茨基的《波希米亚的奇迹》所作序言的节选。文章全文收入三十余年后出版的《相遇》(*Une rencontre*, Gallimard, 2009)。

及它的某些卫星国中不断出现分歧，这将促使其体制走向衰弱。捷克斯洛伐克正是这种情况，此外，国家还遭受着严重经济问题的折磨。在"瓦解中的专政"这一背景下，起初处于潜在状态的某种不满在捷克蔓延开来，影响了整个20世纪60年代。这种不满深入文化界，社会主义现实主义的准则越来越不受尊重。当时文化界并不倾向于正面反抗占主导地位的美学，更常见的是在可能范围内与它保持距离。同时，1962年，路易·阿拉贡、罗杰·加洛蒂和皮埃尔·保罗·帕索里尼等西方知识分子或艺术家来到布拉格，支持对意识形态教条主义的批判。

由于捷克斯洛伐克缺少真正的对抗性政治报刊，大量拥有众多读者的文学杂志便充当共鸣箱，呼应这种面对政权的自主愿望。最著名的杂志有：由约瑟夫·史克沃莱茨基担任主编的《世界文学》（*Světová literatura*），这是一份两百五十多页的双月刊，借助国外作家作品的捷克语译文，对国际文学活动进行简要介绍；《家有访客》（*Host do Domu*），在布尔诺印刷的杂志；尤其是批评家米兰·荣格曼领导的《文学报》（*Literární noviny*），该周刊发行量达十三万份，每次出版一小时内便销售一空。

加入法国籍后，昆德拉仍多次强调这些杂志的独特品质，认为其影响超出文学世界，对捷克社会的自由化运动具有重要意义。1983年，他就《文学报》写道："数年中，正是它为'布拉格之春'做了准备，后来又成为宣传'布拉格之春'的讲坛。《时代周刊》（*Time*）那一类在美洲和欧洲广为传播的杂志都大同小异，而《文学报》和它们在结构上不同。它是真正文学性的：人们可以读到关于艺术的长篇专栏文章及书评。涉及历史、社会学和政治的文章并非出自记者之手，而是由作家、历史学家和哲学家来撰写。我们这个世纪的其他任何一份欧洲周刊,都没有如此出色地发挥过同样重要的历史作用。"[1]

20世纪60年代初开始,对斯大林时期被遮蔽的那部分捷克文学,某些捷克知识分子自觉承担起重新赋予其生命的任务。1963年1月,由布拉格大学德国文学教授、捷共意识形态机构中颇有影响的成员爱德华·戈德斯图克发起,在布拉格以北五十多公里的利贝利采城堡召开了一次国际会议。会议中,与会代表要求为弗朗茨·卡夫卡恢复名誉,因其悲观主义,卡夫卡被捷克当局视为"资产阶级"作者。关于这次会议,昆德拉写道:"苏联意识形态理论家永远不会忘记这次反抗。为1968年苏联入侵捷克斯洛伐克进行辩解的官方文件指出,反革命的第一个信号就是恢复卡夫卡的名誉。"[2]

不过,此观点遭到历史学家贝尔纳·米歇尔的质疑,在他看来,这次会议远不是对共产主义政权的嘲弄,它更像是挽回被诅咒的作家的一种尝试,目标在于让作家重新回到社会主义的怀抱。他写道,这次会议"有时被描绘成为作家'恢复名誉'的时刻,这至少是不准确的。只有少数研究者读过捷克语版的会议文件,这次会议不是文学研讨会,而是一次共产主义理论家的集会,他们几乎全都对作家怀有敌意。戈德斯图克力图将卡夫卡纳入马克思主义-列宁主义意识形态中……在一篇文章中,他宣称:'我认为,在《司炉》中,卡夫卡的意图是象征工人阶级。'"[3]

不管怎样,这次会议之后,1963年5月27日至28日,捷克斯洛伐克作家联盟召开了一次研讨会。会议中,哲学家卡雷尔·科西克再次对官方不承认弗朗茨·卡夫卡和雅罗斯拉夫·哈谢克提出

---

[1] 《被劫持的西方或中欧的悲剧》,同前。
[2] 《布拉格,正在消失的诗》,同前。
[3] 贝尔纳·米歇尔,《布拉格美好时代》,同前。

了质疑。米兰·昆德拉则对捷克斯洛伐克文化的孤立表示惋惜。面对这种反抗，捷克当局首先想追随莫斯科的立场，于是没有做出反应，并在第二年准许《捷克作家辞典》(*Dictionnaire des écrivains tchèques*)出版，该书中重新出现了直到那时仍然被禁的作家的名字，例如1948年布拉格政变后流亡英国的伊万·布拉特尼。受到捷克当局漠然态度的鼓励，音乐家、演员和导演很快行动起来。几年中，大量的歌舞厅和小剧场在布拉格繁荣兴盛，"兴高采烈地自由展现着它们不恭敬的幽默"[1]。

1963年，二十七岁的年轻剧作家瓦茨拉夫·哈维尔的剧本《户外节日》(*La Fête en plein air*)在布拉格的栏杆剧院(Divadlo na zábradlí)上演，该剧院由导演扬·格罗斯曼担任艺术总监，就是年轻的高中生昆德拉1946年第一次来到首都时，曾亲自接待他的那个格罗斯曼。哈维尔非常仰慕卡夫卡，他创作了一部荒诞剧，与贝克特、尤奈斯库一脉相承，并在其中融入一种更加政治性的内涵。他以不甚隐晦的方式，把捷共官僚主义作为靶子，还非常喜欢拿官僚用语开玩笑。哈维尔出生于一个富裕家庭，家里的所有财产在布拉格政变后都被剥夺了，与昆德拉相反，他没有加入捷克共产党，并经常批评昆德拉的政治立场过于温和。还有一点不同是，他从未离开捷克斯洛伐克，在那里他充分扮演了持不同政见者的角色，1989年他成为后共产主义捷克斯洛伐克的首位总统。

在开放的那些年，布拉格戏剧舞台上另一位引人注目的主角是导演奥托玛尔·柯莱伊察，1962年，他在国家剧院排演了昆德拉的《钥匙的主人们》。1965年，为摆脱官僚主义枷锁，他在"门之后"

---

[1] 《无知》。

剧场（Za Branou）创建了自己的剧团，在那里，他导演了多部令人难忘的保留剧目（契诃夫、缪塞），名声大振。1972年，该剧场成为正常化进程的牺牲品，被迫关闭，柯莱伊察也不得不流亡国外。1978年，他在阿维尼翁艺术节上演了贝克特的《等待戈多》。

诚然，由于政治体制虚弱无力，这种创造性的新飞跃得以产生并触及文化的各个领域，但它在电影方面的影响最为惊人。新一代的年轻电影艺术家崭露头角，极富创新性，被人们称为"捷克新浪潮"。20世纪30年代起，电影在捷克斯洛伐克文化中占据优势地位，这尤其要归功于瓦茨拉夫·哈维尔的祖父，他是巴兰多夫电影制片厂的创始人，在战前雇用人数达三百多人，平均每年出品八部故事片。1945年，爱德华·贝奈斯政府的首批政策之一就是把电影业国有化，以便战争年代结束后将其再度振兴。1946年，布拉格电影电视学院建立，它后来与波兰的罗兹电影学院一道成为欧洲最好的电影学院之一。昆德拉曾在布拉格电影电视学院学习，1952年起在该校教授世界文学，直到二十年后被除名。

20世纪50年代，电影服从于日丹诺夫美学，基本上是捷克当局的宣传工具。在下一个十年之初，第七艺术也渴望获得独立。1963年2月，有关故事片的第一届电影工作者大会召开。5月，沃伊切克·亚斯尼以影片《一天一只猫》（*Un jour un chat*）获得戛纳电影节评审团特别奖，那是一个隐喻性的故事，故事中一只猫戴着魔幻眼镜，于是看到了真实的世界。

整个20世纪60年代，布拉格电影电视学院过去的学生为一种新的电影美学奠定了基础，他们都或多或少与昆德拉颇为亲近。1963年，年轻的米洛斯·福尔曼导演了一部关于业余青年女歌手大赛的中长电影，名为《试音》（*Konkurs*）。福尔曼讲述了这部影片的诞生，并特别揭示出"捷克新浪潮"的精神状态："我们着手拍摄关于一家流行音乐歌舞厅的无声纪录片，它不久前在布拉格开业，并很快成为这里最新的时尚场所……在歌舞厅里，我看到最令人惊奇的是一场为招募女歌手而举办的独唱音乐会。一只简单的话筒在那些女孩身上所能产生的效果让我惊呆了。这只金属大脚就像一根魔棒似的作用于她们身上，能将先前没有的音色和美丽带给她们。刚刚脱离少女期的丑姑娘里最难看的那个变成不知害臊的荡妇；唱跑调的那个开始扯着嗓子尖声喊叫；因为过于害羞而呆着不动的那个，毫无保留地把自己直接展现在那些冷酷的观众的好奇目光之下。"[1]

这次尝试的几个月后，他的第一部故事片《黑桃A》(*L'As de pique*)上映。作品沿着《试音》的基本方向构建而成：同样是日常生活的小事件，同样是投向那些既感人又可笑的人物的讽刺而冷酷的目光。去美国之前，米洛斯·福尔曼导演了两部苦涩的讽刺喜剧：1965年的《金发姑娘之恋》和1967年的《消防员舞会》(*Au feu, les pompiers!*)。同一时期，布拉格电影电视学院的年轻电影艺术者们也初显身手：维拉·希蒂洛娃的《雏菊》(*Les Petites Marguerites*, 1966)、伊利·曼佐的《严密监视的列车》(*Trains étroitement surveillés*, 1965)、伊凡·帕瑟的《逝水年华》(*Éclairages intimes*, 1965)、扬·涅梅茨的《一个都不能走》(*La Fête et les Invités*, 1966)。这些电影通常在自然背景中拍摄，选用非专业演员演绎日常生活中的人物，它们的另一个共同点在于，尽管严格来说不是政治性影片，但它们都用一种反习俗的、甚至颠覆性的观点看待共产主义社会。

---

[1] www.milosforman.com/fr/movies/konkurs

历史学家埃马努埃莱·卢瓦耶写道:"这些电影的主人公是年轻的小伙子和姑娘,他们被爱情的麻烦所困扰,找不到方向,也不知所措,似乎在一个非常捷克化的悲喜交加的世界里踌躇。描述日常生活的怪诞是此类电影的特征之一。对阐释的拒绝、对现成意义的拒绝及空虚感充斥于电影中,成为其另一个特征。在一个渗透着阐释和意义的共产主义社会中,这种空虚具有反抗价值。"[1]

文学与电影的天然接近,推动"新浪潮"将捷克当代作家的作品搬上银幕,例如伊利·曼佐把博胡米尔·赫拉巴尔的小说《严密监视的列车》改编为电影。"我记得,福尔曼、曼佐、希蒂洛娃、涅梅茨(或许你们没有忘记这个绝妙的团队,1968年苏联入侵后它销声匿迹或解散)等捷克年轻一代电影艺术家(大约比赫拉巴尔年轻二十五岁)对他(赫拉巴尔)十分钦佩。根据他的书,他们拍摄了好几部电影,尤其是,他们从他那里学到了不站在任何一边的美丽自由;他们的才华所带来的威信和他们的好感所产生的力量(很有道理地)让他声名鹊起,被誉为捷克最伟大的在世作家。"[2]

最了解捷克电影的人之一安东宁·J. 利姆写道:"20世纪60年代,年轻的电影艺术家很认同赫拉巴尔的作品。他们也把他的小说理解为对另一种文学改编形式的呼唤:从此以后,无法简单地叙述,也不可能虔诚地跟随文本……赫拉巴尔喜欢通过无止境的独白,凸显日常生活的奇特与魔力,在独白中他的主人公提出新颖而

---

[1] 埃马努埃莱·卢瓦耶,《简明欧洲文化史》。(Emmanuelle Loyer, *Une brève histoire culturelle de l'Europe*, Flammarion,« Champs Histoire », 2017.)

[2] 米兰·昆德拉为博胡米尔·赫拉巴尔《成人和高水平学生舞蹈课》(1964)所作序言。(Milan Kundera, préface à Bohumil Hrabal, *Cours de danse pour adultes et élèves avancés*, Gallimard, 2011.)

充满幻想的生活观。他把这称为'申诉'……赫拉巴尔相信,无论什么人,即便他孤独、堕落或被驱逐,也会在灵魂最深处藏有上帝的一部分,正是这颗只有他自己才能看见的'底处的珍珠'[1]会认真地倾听和观察,不因循守旧,也没有偏见。"[2]

关于查理·卓别林的电影,赫拉巴尔说道:"人生的悲剧感和幽默是孪生的,是从同一个山谷延伸出的两条路。"[3]《玩笑》的作者对这句话本不会表示反对。昆德拉已置身于电影界,他的两篇短篇小说和第一部长篇小说相继被搬上银幕。第一个接受挑战的是希内克·博常。1965年,这位昆德拉过去的学生改编了短篇小说《谁都笑不出来》,选自《好笑的爱》第一册。小说故事中连续不断地出现悲喜剧情景,很适合被写成剧本。不过,博常完成的电影版没能让作家信服。或许为了避免类似的不快,昆德拉参加了电影《我,可怜的上帝》的剧本写作,该电影1969年由安东宁·卡奇利克根据同名小说改编。这次,他对结果非常满意,甚至认为小说原著无法与电影媲美,并把它从《好笑的爱》中删去。

同年,亚罗米尔·伊雷什导演的《玩笑》上映,剧本从头到尾全部由昆德拉撰写。1990年,电影在法国首映之机,当时已居住在巴黎的小说家在《新观察家》(*Le Nouvel Observateur*)发表了一篇不乏溢美之词的文章,回顾了自己的改编工作及伊雷什的导演情况:"一部小说的容量比一部电影大得多,我知道必须删减、修改、简化、浓缩。我相信我知道如何去做,而我这么长时间没见的亲爱

---

1 参看电影《底层的珍珠》(*Les Petites Perles au fond de l'eau*),1965年由维拉·希蒂洛娃、亚罗米尔·伊雷什、伊利·曼佐、扬·涅梅茨和埃瓦尔德·朔尔姆导演。
2 安东宁·J.利姆,《一九四五年至今的东方电影》。(Antonín J. Liehm, *Le Cinéma de l'Est de 1945 à nos jours*, Cerf, 1984.)
3 1968年的采访,未发表,捷克文学国家博物馆,布拉格。

的朋友伊雷什,他知道如何去处理剩下的事:选择并指导演员(非常出色的演员),创造一种氛围,赋予电影一种节奏,并且非常巧妙而灵敏地改变情感语调。"[1]

1988年,《不能承受的生命之轻》被搬上银幕,这是昆德拉最后一部被改编为电影的小说。导演是美国人菲利普·考夫曼,编剧是法国人让-克洛德·卡里埃尔,这部电影是小说家最不喜欢的一部,这显然因为他无权对改编发表意见。卡里埃尔讲述道:"制片人索尔·扎恩兹起初建议由米洛斯·福尔曼来导演。但米洛斯还有家人在捷克斯洛伐克,便拒绝了,因为电影有可能使其家人陷于危险境地。米兰不懂英语,我先写了个法语版本并寄给他。我们互通了几封信,他在信中提了一些建议。电影中甚至有几句他的话是书里没有的。不过,他没有否决权。改编一本书时,最好跟导演而不是书的作者合作。"

改编工作非常复杂,让-克洛德·卡里埃尔也证明了这一点:"最后一部分对我来说是个巨大的难题。特蕾莎没有告知托马斯便回到捷克斯洛伐克,当托马斯与她重逢时,人们明白,他放弃了轻率,他比自己以为的更爱他的祖国,也比自己以为的更爱他的妻子,人们也明白,他被不幸与死亡所吸引。可如何才能把这些表现在电影里?在电影的最后四十分钟,什么都没有发生。不再有情节,只有一系列感情。我认为书名《不能承受的生命之轻》不适合用于电影,主张改掉它。我提议用《放纵者》(*Le Libertin*)。不过,索尔·扎恩兹很实际,他说:'不,这是个好名字。我要保留它。'而

---

[1] 《我的朋友伊雷什》,《新观察家》,1990年11月29日。(« Mon ami Jireš », *Le Nouvel Observateur*, 29 novembre 1990.)

他是对的。"[1] 三十年后,昆德拉应邀对考夫曼的电影发表看法,他所言不多,仅仅说了这几句很明确的话:"我喜欢过《不能承受的生命之轻》这部电影吗?不管怎样,这不是我的电影。它也许很好,但对我来说很陌生;比如它的色情:电影镜头下单调乏味的性欲高潮,令人悲伤。"[2] 这次痛苦的经历之后,昆德拉再不允许任何人将他的任何一部小说改编为电影。

尽管十年后,昆德拉将完全被排斥于捷克斯洛伐克公共生活之外,但20世纪60年代初,他在捷克是位著名作家,他的工作受人尊敬,甚至得到了捷克当局的鼓励。授予其作品的各种奖项便是证明,获奖的既有诗歌(《最后的五月》)、随笔(《小说的艺术:弗拉迪斯拉夫·万楚拉走向伟大史诗之旅》),也有戏剧(《钥匙的主人们》)。他是作家,也是知名的共产党知识分子,他以批判但具建设性的方式参与当时关于社会主义变革的讨论。他的贡献并非直接是政治性的,而在于考察文化在捷共不同派别的对抗中所发挥的作用,一边是越来越遭受质疑的新斯大林主义者所代表的顽固派,另一边是鼓吹一种"带有人性面孔的社会主义"的改良派。

在改良主义者施加的压力下,为了维护其领导地位,共和国总统、捷共中央第一书记安东宁·诺沃提尼不得不做出必要的牺牲,尤其是逐渐将最倾向于斯大林派的成员排除出国家机构。1963年8月,他被迫同意为鲁道夫·斯兰斯基、弗拉多·克莱门蒂斯及1952年大审判中的另外七十名政治犯恢复名誉。同一时期,斯洛伐克作

---

[1] 与本书作者的谈话,2017年9月。
[2] 《新观察家》,1990年。弗朗索瓦·里卡尔引自《不能承受的生命之轻》出版说明,《米兰·昆德拉作品集》,同前。

家、捷克共产党杰出党员拉迪斯拉夫·姆尼亚奇科在《文化生活》（Kulturni život）杂志发表了一篇署名文章，呼吁意识观念重返社会。利用审查有所解冻的时机，这位姆尼亚奇科得以出版他的《迟来的报道》（Reportages tardifs），该书采用介于小说和报告文学之间的一种新文学体裁，涉及的是斯大林时期。应立足于这一背景来理解四年后《玩笑》一书"毫无障碍"地出版，该书被捷克当局认为是对过去错误的一种揭示，总之不应受到责备。

《玩笑》出版三个月后，1967年6月27日至29日，在铁路员工文化宫的马雅可夫斯基厅里，召开了捷克斯洛伐克第四次作家代表大会，该文化宫坐落于布拉格维诺赫拉迪宫的中心。米兰·昆德拉负责做首场报告。在开场白中，小说家援引了预备会期间由诗人雅罗斯拉夫·塞弗尔特、哲学家卡雷尔·科西克等几位作家撰写的一份工作报告。他指出："请不要在理论观点上等待某种矫揉造作的东西。我们的想法更简朴，也更有抱负，也就是力求就某些基本观点形成共识，我们认为，这些基本观点能够为文学今后的发展做出贡献。"接着，他对近四年来的文学与艺术生产进行了总结："我不希望为这个主题提供一份名录。我们对出版的作品都一清二楚，而且每个人都有自己的偏好。最重要的是出现了各种各样的作品——高质量作品占大多数，而且电影（它在本质上属于文学，因此也与我们相关）等某些领域得到了充分发展，这在我们国家的历史上从未有过。对捷克和斯洛伐克文学，甚至很可能对整个捷克艺术而言，这些年是1948年，或1938年以来最好的几年。因此就是三十年来最好的年代。"

在其长篇开场报告中，昆德拉详细回顾了捷克民族的历史及"其存在的非显著性"，也回顾了复兴派知识分子的作用，他们在过去做出了选择，要让"一种被半遗忘的语言"和"一个半垂死的民族"重获新生。随后,他引入一个主题:小背景和大背景,二十五年后他在其随笔中再次探讨该主题。在他看来,为了生存,捷克文学应登上欧洲大文学的高度,而非满足于一种狭隘的、"外省方言"的特殊性。紧接着,他提到两次世界大战间的黄金年代,那时,"仍处于青少年时期"的捷克文学与大民族的文学平起平坐。近四分之一世纪的纳粹主义和斯大林主义阻断了它的光辉,"这出悲剧极有可能再次把捷克民族降至欧洲文化的边缘位置,而这一次是持久性的"。最后,昆德拉谈到当前时代,强调20世纪60年代的文化发展对国家而言,是唯一一次重新将命运掌握在自己手里的机会。条件是:创作者拥有自我表达的充分自由。他借机顺带对审查者说了句带刺的话:"显然,一旦谈到自由,有些人就会枯草热发作,提出反对意见,说在社会主义文学中,自由有其局限性。"[1]

他的发言赢得了长时间的掌声。捷共中央委员会成员、意识形态理论家伊日·亨德里赫愤怒地起身离开大厅。三天会议期间,记者安东宁·J. 利姆、小说家伊凡·克里玛、剧作家瓦茨拉夫·哈维尔等发言人依次登台,发表针对捷克体制的批评性讲话。最尖锐的是小说家路德维克·瓦楚里克。大约四十年后,瓦楚里克回忆自己当时的发言,说道:"对我而言,这就仿佛我个人与历史结清冤仇。我必须说出自己的想法,否则我无法走得更远。"正如记者雅罗斯拉夫·福尔曼内克后来所写的那样:"他的话明确指向彼时捷克当局治下制度的核心,指向它的绝对统治,它的犬儒主义,它对任何异己思想的极端不宽容,代表着捷克1948年以来最大胆的公开表态。至于瓦茨拉夫·哈维尔、兹德涅克·乌尔班内克等党派外作家,他

---

[1] www.pwf.cz

们在发言中揭露了艺术家遭受的迫害,对'新浪潮'电影艺术家表示支持,并向作家联盟发出呼吁,要求把因意识形态而被捷克当局驱逐的知识分子重新纳入其行列。"[1]

这番话得到了伊凡·克里玛的赞同:"审查的经历实在太恐怖。而且,我们越来越明显地看到,一个由顽固的斯大林主义者领导的政党不可能实现走向社会主义——一个公正而自由的社会——之路的理想。"[2] 诗人亚历山大·克里门特认为,这股反抗之风非常猛烈,尤其因为每个人都意识到捷共政权内部正在瓦解:"党内作家得到了来自捷共中央委员会的信息:他们知道委员会不再保持一致,而是分裂为改良主义一派和教条主义一派。由于灾难性的经济形势,后者逐步失去地盘。改变正在酝酿之中。"[3]

作家的反抗使捷克当局非常尴尬,不知该采取何种态度,特别是因为这种抗议大大超出政府的文化政治范围。1967年秋,斯洛伐克人、受捷克当局青睐的作家拉迪斯拉夫·姆尼亚奇科前往以色列,揭露捷克斯洛伐克政权在几个月前爆发的"六日战争"[4]期间的反以色列立场。几周的犹豫不决后,捷共中央委员会将利姆、瓦楚里克和克里玛开除出党。昆德拉幸免于此,仅受到纪律处分。在利姆看来,这相对的宽恕并不奇怪:"我们都赞成由昆德拉做一个可以被接受的报告。这份报告很大胆,没有丝毫让步,但它也不会招致绞刑。再说,他已经非常有名,开除他可能会引起公愤。"[5]

---

1 雅罗斯拉夫·福尔曼内克,《打倒审查,同志们!》,《尊重/国际通讯》2007年12月19日。(Jaroslav Formánek, « À bas la censure, camarades ! », *Respekt/Courrier international*, 19 décembre 2007.)

2 同上。

3 同上。

4 1967年6月发生在以色列和毗邻的埃及、叙利亚及约旦等阿拉伯国家之间的战争,即第三次中东战争,以色列方面称为"六日战争"。——译注

5 与本书作者的谈话,2017年11月。

第八章
平静的革命

两百二十八天，自 1968 年 1 月 5 日至 8 月 21 日：这是"布拉格之春"持续的时间。在一种欢欣而充满希望，同时也夹杂着焦虑的氛围中度过了近八个月，没有动乱，没有暴力，没有内战。安东宁·J. 利姆认为，这八个月是数年前开始的一种进程的结果："1968 年之前，大约自斯大林去世起，'布拉格之春'就缓慢地开始了，应该是 20 世纪 50 年代末。1968 年不是'布拉格之春'的开始，那是它的结束。"[1] 此观点得到了米兰·昆德拉的赞同，在他看来，"布拉格之春"远非自发的革命爆发，而是 20 世纪 60 年代初，甚至自 1948 年共产党人掌权起就产生的剧烈动荡突然显露出来。他认为，一种典型的捷克批判传统长期在暗中发挥了削弱政权的作用："这种批判精神逐渐瓦解了捷克当局的所有教条，以马克思反对马克思主义，以理性反对意识形态的疯狂……它不断地嘲笑体制，使其为自身感到羞愧……在占压倒性的多数民众的支持下，它缓慢却不可逆转地令体制产生犯罪感，越来越无法信任自身，无法信任其真理。"[2]

---

[1] 与本书作者的谈话，2017 年 11 月。
[2] 米兰·昆德拉，《波希米亚的奇迹》序，同前。

"布拉格之春"的独特性在于,它是大多数捷克人和斯洛伐克人,以及国家政权的一部分支持下的一种尝试,力图建立一种真正的共产主义——就像它本该呈现的那样,以取代那个偏离其最初目标的伪共产主义。与反对它的新斯大林主义派所说的相反,它并非一种资本主义的反革命,而是一个希望,想通过对历史的某种修正,实现共产主义乌托邦。昆德拉把这个乌托邦总结为"一首为所有人谱写的正义牧歌",对他而言,它是贯穿整个人类历史的一个促使分歧和解的古老之梦:"一直以来,人类都向往牧歌般的生活,向往那个有夜莺歌唱的花园,那个和谐的王国,在那里,世界不会作为外来敌人反抗人类,人与人之间也不会相互对立,相反,世界和所有人都被糅合在唯一的、同样的物质里。"[1]

"布拉格之春"的大部分主角——杜布切克等政治家、斯沃博达将军等军人、安东宁·J. 利姆等知识分子,以及瓦楚里克和昆德拉等作家——有一个特点,他们在青年时代都是曾参加过牧歌计划的真诚的共产主义者。直到一天,他们"奇怪地感觉到,在广阔世界中展开的行动开始走上自己的道路,与他们最初的行动想法背道而驰,也不理会那些赋予其生命的人"[2]。

看到自己的理想被专政制度背叛、被外界远距离操纵,这苦涩的事实使昆德拉摒弃了他的"抒情年代",那个与斯大林时期最糟糕的时刻相连的"抒情时代"。然而,这丝毫没有令他放弃一种牧歌的可能性。正是在这一点上,他充分代表着"布拉格之春"的一代。"依我看,在波希米亚,历史完成了一种前所未有的实验。在那里,并非依照古老的习俗,由一群人(一个阶级、一个民族)奋起反抗

---

1 《笑忘录》。
2 同上。

另一群人，而是某些人（同一代人）起来反抗自己的青春。他们竭力抓住并驯服自己的行动，差一点就成功了。20世纪60年代，他们的威信越来越高，1968年初，他们的势力几乎无与伦比。"[1]

1968年春，在领导捷克斯洛伐克十五年之后，安东宁·诺沃提尼被迫辞职。他的一个邻居叙述道："失去工作后，他搬回自家别墅，当时我在场。他用黑色的太脱拉（Tatra）卡车运回所有藏书，把书紧抱在胸口，一摞摞地亲自搬进去。在捷克人的记忆里，人们从没见他读过其中任何一本……或许，他试图弄明白那帮作家，那些他曾如此蔑视的、可怜的抄写员，是如何做到将他从宝座上赶走的。"[2]

与大多数斯大林主义领导人一样，诺沃提尼始终把知识分子当作敌人，当作必须清除的有害之人。因此，昆德拉写道："在当时的政治用语中，'知识分子'这个词是一种侮辱。它指的是不理解人生又脱离人民的人。那时，所有被其他共产党人绞死的共产党人都被赐予这种辱骂。与那些脚踏实地的人相反，知识分子据说是在空中的某个地方飘荡。因此，为了惩罚他们，大地彻底拒绝他们落脚，他们就始终被悬挂在离地面稍高处，这在某种意义上也合情合理。"[3]

1967年，作家们在代表大会上表达了不满后，捷克当局没有足够的强权把他们送上绞架。尽管不能令他们缄默不语，诺沃提尼仍力图让他们遵守规矩。9月，在利姆、瓦楚里克和克里玛被开除出

---

[1] 《笑忘录》。

[2] 参见米歇尔·萨洛蒙，《布拉格，被扼杀的革命》。(Michel Salomon, *Prague, la révolution étranglée*, Robert Laffont, 1968.)

[3] 《笑忘录》。

党及昆德拉受到纪律处分之后，国家开始对《文学报》实行管制并将其列入文化部职权范围内，而直到那时，该杂志一直由作家联盟管理。于是，作为抗议代言人的《文学报》遭到读者抵制，销量几周内从十三万份降至三万份。无论从意识形态还是财政角度来看，向作家联盟开战都十分关键。这个强大的行业联合会拥有出版商提供的数目可观的战争钱财，其所在的豪华大楼就位于布拉格歌剧院对面。它利用这笔财富，养活了无数身无分文的作家。

与知识分子决裂后，捷克当局远远没有料到，相比知识分子，更大的危险来自自己的阵营。事实上，1967年末，一场残酷的斗争正在执政党内部酝酿。10月30日，在捷克斯洛伐克共产党中央委员会的一次会议上，诺沃提尼讲话结束后，斯洛伐克共产党中央第一书记亚历山大·杜布切克用温和却坚定的声音质问他："我不赞成你的看法，总统同志。我认为你的分析不正确……"两人之间的敌意十分明显。杜布切克特别指责了最高领导人忽视斯洛伐克。这种民族主义感情让诺沃提尼非常生气，前往斯洛伐克时，他公然拒绝杜布切克出现在自己身边。两人的分歧如此之大，以至那天，在一场二十多分钟的发言中，杜布切克不仅谈及斯洛伐克的落后状态，而且提到——哦，多么敏感——捷克共产党行动的落后。他肯定地说："我们处在一个阶级更新，而不再是阶级斗争的时期……与反革命势力同样威胁我们的，是我们自己政党内部的保守势力，是教条主义者……"最后，尽管没有点名，他却严厉谴责诺沃提尼，对其进行了最终审判："他再也不能帮助社会主义，促使它进步，这是对社会主义的抑制，因为他的领导毫无效果……"这一攻击在与会者中引起截然不同的反应，导致了进步主义者与保守主义者之间的分裂。1968年1月初，在中央委员会又一次召开会议之际，诺沃提尼的支持者和杜布切克的拥护者发生了更为激烈的冲突。1月5日，三天喧闹的辩论、疯狂的打击与"突然改变主张"之后，改良主义者阵营占了上风。诺沃提尼遭到排斥，不得不让位给杜布切克，由后者担任捷共最高领导人。

诺沃提尼离开后的几周里，尤其是审查解除后，通常对捷共内部斗争漠不关心的民众毫不迟疑地走上街头表达他们的欢欣，当时为法国《快报》杂志（*L'Express*）做事件报道的著名记者米歇尔·萨洛蒙证实了这一点："那时，在布拉格逗留期间，我沉浸在一种特别的节日气氛中。瓦茨拉夫广场日夜都挤满了人，无论什么时刻……陌生人互相攀谈，人们随时三五成群地聚集在一起，没完没了地讨论。报纸一出版，人群就一窝蜂地冲向报亭。他们贪婪地阅读着那些可怜的报纸，只有小开本的四页纸，粗制滥造地印在灰兮兮的纸上，不过，报纸上的新闻被写得富有激情，那些记者重新找到了无拘无束写作的幸福。就连《红色权利报》也变得具有可读性，所用语言是优美的捷克语，而不是'阵营'中其他国家仍在使用的那种毫无生气的混合语。"[1]

为了与个人崇拜的做法分道扬镳，杜布切克一开始表现得十分谨慎。1968年2月20日，他才首次公开露面，就在二十年前克莱门特·哥特瓦尔德向工人卫队发表讲话的那个阳台上。立刻，人们被语调的改变震惊了。杜布切克没有使用通常那种充斥着空洞口号的捷共政治宣传套语，而是通过简单的词，用他的心对民众讲话，请求他们的帮助。他仿佛想让民众重新对领导自己的人产生好感。值得一提的是，这位捷克共产党组织的官员、正统共产主义的纯粹

---

[1] 米歇尔·萨洛蒙，《布拉格，被扼杀的革命》，同前。

产物——他1955年至1958年曾在莫斯科的苏联共产党中央委员会政治学校学习，且从未去过铁幕之外的地方——最终得出的结论是强权不能解决任何问题。人民应重新获得自由，重新发挥主动性。这表现于社会民主化及审查的终止，但也表现在经济体制的彻底重建上。因沉重的规划而完全瘫痪的捷克斯洛伐克企业，必须尽可能从国家监督中解放出来，才能重新具有国际市场竞争力。这种自由化并非返回资本主义，而恰恰是拯救社会主义，使"带有人性面孔的社会主义"成为可能的一种方式。

另一方面的革命：对于政治和经济关键岗位的任职人选，杜布切克希望根据才能，而非意识形态归属来遴选。于是，为制定改革计划，他身边围绕着一批专家，其中包括奥塔·希克（提出"第三条道路"概念的人之一）和拉多斯拉夫·塞鲁茨基。与他的前任相反，这位工人的儿子、有教养的人毫不蔑视知识分子，并且希望把他们变为盟友。捷克人，尤其是作家和艺术家，非常喜爱他们的文化，对国家重新由智者来领导感到高兴。几个月里，他们彻头彻尾构想了一种前所未有的社会模式，1978年，昆德拉对其特征进行了说明："一种相对的平等，没有社会等级，没有富人和穷人，也没有唯利是图的愚蠢，同时，表达的自由、观点的多样，以及作为整个运动原动力的一种极富活力的文化生活……"对这短暂的恩赐状态，作家保留着一种带有怀念印记的回忆："我不知道这种体制在什么程度上是可行的，也不知道它的前景如何，但它存在的那个瞬间，无比美妙。"[1]

杜布切克知道，要想顺利推进自己的计划，必须得到"兄弟国

---

[1] 米兰·昆德拉，《波希米亚的奇迹》序，同前。

家"，首先是苏联的赞同。于是，1月29日，他前往莫斯科，向列昂尼德·勃列日涅夫介绍他的新政策；一个月前，正是勃列日涅夫让诺沃提尼遭遇了悲惨命运。同样，4月10日，在其"行动纲领"中，他特意重申了捷克斯洛伐克与苏联及其他社会主义国家的联盟和合作。5月1日，在第二次世界大战英雄、新近当选为共和国总统的斯沃博达（该姓氏在捷克语中的意思是"自由"）将军身边，杜布切克受到了数千名热情的布拉格人整整几个小时的欢呼。5月4日，在新任政府总理欧德里希·切尔尼克的陪同下，他再次前往莫斯科。6月1日，捷克斯洛伐克共产党中央委员会通过罢工权原则。6月5日，新任国民议会议长约瑟夫·斯姆尔科夫斯基飞往莫斯科，在那里，他宣布要建立一个民主的、人道主义的共和国。

6月18日，苏联元帅雅库鲍夫斯基抵达布拉格，指挥即将开始的华沙条约组织成员国军队的演习。他在捷克领土上的出现，令许多人回忆起1956年苏联在布达佩斯的干预行动及随之而来的屠杀。杜布切克也想到了，但他自认为有能力——某些人说，出于天真——说服华沙条约组织相信他的计划是合理的。他对此深信不疑，以致他和身边的人对入侵毫无准备。在捷克斯洛伐克，尽管有民众的支持，但杜布切克仍必须与政府机构中最保守的小集团做斗争，诺沃提尼过去的支持者们还不愿意放弃权力。对这种内部争斗及两种对立的共产主义观念之间的较量，昆德拉后来在《不能承受的生命之轻》里通过犯罪的棱镜表达了自己的看法："那是1968年春天。亚历山大·杜布切克执掌政权，他身边围绕着自认为有罪的共产党人，他们被敦促以实际行动弥补过错。可其他共产党人则叫喊着自己是无辜的，他们害怕被愤怒的人民送上审判席。他们每天都向俄国大使申诉，祈求得到他的支持。"

知识分子大部分对杜布切克抱有好感，他们利用捷克当局新近通过取消审查而给予的言论自由，也参与到辩论中。3月23日，《红色权利报》刊登了共产党监督委员会的一份工作报告，该委员会提议恢复利姆、瓦楚里克和克里玛的党员身份并取消对昆德拉的纪律处分。此外，它还要求中央委员会把因支持作家而被开除出党的扬·普罗哈兹卡重新纳入党内。不久，批判思想俱乐部成立，其成员特别有昆德拉、哲学家卡雷尔·科西克和诗人米洛斯拉夫·赫鲁伯。诚然，在捷克作家联盟主席爱德华·戈德斯图克看来，文化界当时行动一致地支持国家，西方对捷克知识分子在"布拉格之春"的自由化进程中扮演的角色却有所夸大："我们，作家和一般的知识分子，我们曾是催化剂。但必须补充一点，寻求更大的表达自由，这始终是一场起起落落的斗争。不过自1963年起，斗争取得了新进展，由于捷克人传统上对知识分子怀有崇敬之情，我们的请愿在领导层中越来越被重视，甚至在纯粹的积极分子中也同样如此。斯大林主义的反知识分子意图终究没能战胜民族的传统……"[1]

捷克作家联盟副主席、昆德拉的密友扬·普罗哈兹卡，也倾向于弱化知识分子在发动"布拉格之春"过程中的作用。他认为，点燃火药的，不是知识分子的反抗，而是捷克政权自身的愚蠢行为："整个事件从平静的讨论开始，非常理论化，也很抽象，目的在于纠正社会的错误、重振糟糕的经济等。诺沃提尼及其支持者进行了一场反对知识分子的歇斯底里的运动，正是这场运动让整个事件产生了起初没有的影响……"

---

[1] 戈德斯图克和普罗哈兹卡在"布拉格之春"期间发表的讲话，参见米歇尔·萨洛蒙，《布拉格，被扼杀的革命》，同前。

由于害怕捷克斯洛伐克的熊熊烈火蔓延到他们国家，把自己赶下台，欧洲中东部其他"人民民主国家"的领导人纷纷对杜布切克宣扬的新路线表示强烈反对。东德最高领导人瓦尔特·乌布利希十分担忧，于是6月1日在莫斯科与列昂尼德·勃列日涅夫会面，希望苏联宣布"自由活动"结束。勃列日涅夫含糊其词。一个变化不定的时期开始了。在布拉格和布拉迪斯拉发，不断有谣言说可能发生军事干预。正是在此背景下，6月27日，《文学录》杂志（*Literární Listy*）刊登了路德维克·瓦楚里克撰写的《两千字宣言》（«Manifeste des deux mille mots»）。诚然，这篇文章与一年前他在捷克作家代表大会上的发言同样充满激情，但开头较为温和，指出正在进行的自由化进程由捷共当局的部分成员所发动："我们反对这样的观点——如果它显示出来——即认为民主复兴只有在没有共产党人或反对他们的情况下才得以进行；这不仅不正确，而且不理智。共产党人具有稳固的机构；这些机构必须支持一切进步倾向。"提出这一原则后，他回顾了过去，谴责某些人歪曲了共产主义的最初理想，摧毁了国家中的社会关系："领导人的错误路线把党派变为一种权力机构，它吸引了有统治欲望的自私自利者、狡猾的懦夫和居心不良之人……正直行不通，能力无处施展……人与人之间的关系变了质，工作中再也没有快乐。"

由于觉察到叛徒始终在那里，并准备好回避航向的改变，他随即为领导干部的彻底更新进行辩护："我们要求那些滥用权力的人、那些毁坏集体遗产的人，以及那些以虚伪或粗暴方式行事的人离开……"最后，瓦楚里克明确提到捷克斯洛伐克遭受的威胁和应对它的方式："国外势力有可能干预我们的内部发展，这是近期引发忧虑的一个重要根源。面对那些上层势力，我们所能做的就是保持我们自己的力量，并且不要采取主动……这个春天刚刚结束。它永远不再回来。冬天，我们会明了一切。"

包括昆德拉在内的一百多位各界要人在《两千字宣言》上签名，随后数千名捷克斯洛伐克公民也加入签名者行列，尽管作者措辞谨慎，但文章的激进性仍然令捷共新的领导层感到不安，在某些历史学家看来，它促使苏联人的立场变得强硬。文章一经发表，国内三份日报便进行转载，捷克斯洛伐克共产党中最保守的成员大发雷霆，打算"号召发动内战"。十五天后，苏联共产党机关刊物《真理报》(*Pravda*)把这篇文章称为"反革命纲领"。

7月14日，华沙条约组织的五个成员国（苏联、波兰、匈牙利、保加利亚、东德）在波兰首都会面，研究捷克斯洛伐克的局势。此后，五国向布拉格的领导发出一封警告信，要求他们提高警惕："在你们的国家，近几个月里事态的发展表明，由帝国主义反革命中心支持的势力已经发动了一场大规模的反抗社会主义制度的正面进攻……你们看不到危险吗？保持不动，仅仅就忠诚于社会主义事业、就同盟的职责发表声明，这样可以吗？"18日，杜布切克将五国的警告抛在一边，面带微笑、自信地出现在电视屏幕上，重申自己对实施计划的决心，并顺便提到已经取得的进展："多年的沉寂之后，我们当中的每个人又能表达自己的观点，社会主义开始成为整个人民的事……"

人们试图相信，实力较量将带来好的结果，不可能出现"第二个布达佩斯"。相反，知识分子敦促最乐观的人不要用幻想欺骗自己。于是，7月26日，《文学录》发表了由剧作家帕维尔·科胡特撰写的《向公民呼吁》(«Appel aux citoyens»)："我们因莫须有的罪行被指控。我们被怀疑有所图谋，可我们不仅现在没有，而且从来不曾有过。不公正惩罚的威胁悬在我们头上，但无论形式如何，它会侵袭我们的审判者，就像一种害人反害己的行为，它令我们的努力毁于一旦，尤其是，它将长期悲剧性地玷污全世界的人们对社会主义所形成的看法。"

除了观点清晰，这份热情洋溢的呼吁还邀请所有民众支持捷克共产党的领导，后者准备与其苏联同僚会面并进行谈判，人们希望谈判能结束危机。一场令人震惊的签名运动就这样开始了。在布拉格的街上，为了对那些捍卫他们愿望的人表示鼓励，人们排队在印有这篇呼吁的纸上写下自己的名字和职业。随后，数千张签满名字的纸被送往中央委员会所在地。

7月29日至8月1日，谈判在斯洛伐克进行，地点就在距苏联仅几公里的蒂萨河畔切尔纳的边境火车站。气氛冰冷。大家互相握手却没有彼此拥抱，就好像这是"同志"会面时的传统。这次会议是最后的机会，在此期间，两个阵营之间的交流完全像聋子和聋子的对话。苏联代表团由苏共中央书记列昂尼德·勃列日涅夫及阿列克谢·柯西金、米哈伊尔·苏斯洛夫率领，后两人都是苏共中央政治局成员。他们一上来就重提几个月来不知疲倦、反复谈论的事情：捷克斯洛伐克发生的各种事件使整个社会主义集团陷于危险境地。因此，他们明确要求捷克领导人扼制"反革命"。

捷克斯洛伐克人以杜布切克、切尔尼克（总理）和斯沃博达（共和国总统）为代表，反驳说他们掌控着局势。面对表示怀疑的对话者，杜布切克像老师那样，阐述自己对于共产党与公民关系及信任关系的看法，认为在信任关系中，重要的不是强加，而是说服。苏联人听他说话，没有表示反对。这四天中，捷克斯洛伐克人始终坚持他们的改革计划，丝毫没有让步。8月1日，两个代表团分手，此前双方达成了一项模糊而脆弱的协定,该协定还需要得到其他兄弟政党的认可。

杜布切克精疲力竭,却充满信心,他觉得即便没有谈妥,至少也得到了暂时的缓解。次日,他通过国家广播电台的电波,向同胞们转达了自己的乐观:"我们可以对在蒂萨河畔切尔纳进行的谈判感到满意。我们坚守了自己的诺言。对捷克斯洛伐克人民而言,除了1968年1月展现出的道路之外,别无其他道路。苏联同志已经相信,我们准备好以行动表明,我们不会离开社会主义道路。"

第九章
漫长的寒冬

1968年8月20日周二，距布拉格十公里的鲁齐涅机场。夜幕降临后，一架苏联航空公司的重型运输机候在跑道尽头。二十三时许，苏联红军的伞兵从运输机上冲出来，迅速占领机场各地。这就是克里姆林宫两天前决定的大规模军事行动的开始，行动目的在于终结捷克的改革尝试。接下来的数小时中，几百架飞机从波兰、白俄罗斯或民主德国的基地起飞，一千辆坦克越过捷克斯洛伐克边境。几天内，共计五十万来自华沙条约组织成员国军队的士兵进入并控制了捷克，主要是苏联人，但也有波兰人、保加利亚人、东德人和匈牙利人。

得知入侵的消息后，捷共中央委员会成员立即召开紧急会议。在通过广播发布的公告中，他们将军事干预称为"在捷克斯洛伐克领导人不知情的情况下决定的一次反国际法行动"。同时他们呼吁公众保持冷静，不要进行任何抵抗。整个夜晚，多架重型飞机从首都上空飞过。凌晨四点，士兵包围了中央委员会所在地。杜布切克与他的朋友们被逮捕，并被送往一个陌生地。

8月21日上午，民众开始聚集在街头，围住坦克，并高喊"伊万，回家！"。某些人试图与侵略者对话，后者似乎不清楚自己身处何方。同时，苏联国家通讯社塔斯社为军事干预辩解，称行动的原因是捷克斯洛伐克人民发出了援助请求。次日，布拉格维索查尼区的一个工厂里，捷克斯洛伐克共产党第十四次代表大会提前召开，这次秘密会议中，杜布切克的忠实拥护者把莫斯科的支持者排除出中央委员会。8月23日周五，斯沃博达将军主动率代表团前往克里姆林宫，寻求缓解紧张局势，日后的国家要人古斯塔夫·胡萨克也在代表团中。开始，他受到了最隆重的接待，但与杜布切克见面的要求令他之后受到了冷遇。

自被捕后，"布拉格之春"的领袖遭受了极大的身心压力。被释放时，他心力交瘁，不得不接受了苏联人提出的条件。这给捷克人造成了长时间的精神创伤，昆德拉在《不能承受的生命之轻》里叙述了这一幕：劫持，在乌克兰山区关押四天，威胁对他执行死刑，接着运往莫斯科，命令他面露喜色、刮胡子、穿衣、系领带，并坐在谈判桌前。

8月27日上午，杜布切克在《莫斯科协议》上签字，该文件规定取消8月22日的"秘密"会议决议、恢复审查、消灭反对派团体、驱逐改良主义者、不得报复与苏联合作者。当天晚上，他返回布拉格并发表广播讲话。数百万捷克人收听了他令人心碎的简短演说，他们难以接受领导人的妥协，更对他的悲痛状态感到惊愕："他受尽侮辱回到国内，向饱受耻辱的民众发表讲话。他羞愧万分，连话也说不出来。特蕾莎永远忘不了他讲话中的停顿，令人痛心。他精疲力竭了吗？病了吗？被迫服用毒品了？或者，只是绝望？如果说杜布切克什么也没留下，那至少还有那折磨人的长时间的沉默，面对紧贴在收音机前的全体民众，他无法呼吸，一次次地喘气。在这沉默中,是侵袭了整个国家的恐怖。"[1]

在昆德拉的作品中,《不能承受的生命之轻》是关于"布拉格之春"的伟大小说,"布拉格之春"不是小说的主题,却构成了它的主要背景,是阅读之后留在记忆里的东西,尽管书的大部分情节发生在捷克斯洛伐克之外。1968年,当《玩笑》在法国出版时,昆德拉不得不竭力争辩,试图让人承认他的小说不是政治小说。相反,1984年,谁也没想到《玩笑》的作者刚刚写了一部与"布拉格之春"有关的小说。两部作品相隔了十五年多。这是昆德拉给自己的时间,这样他可以把历史用于小说创作,而不必遭遇沦为历史囚犯的危险。正如他一贯所解释的那样,只有当一种历史情境能促使小说家考察人的生存、对抗(大卫和歌利亚[2]的争战)与进退两难(顺从还是反抗?留下还是流亡?)时,它才会令小说家感兴趣。

之所以镇压"布拉格之春"导致的牺牲者[3]少于1956年对布达佩斯起义的镇压,民众的态度在其中起了决定性作用。面对坦克,捷克人从一开始就采取一种更接近围棋棋手而非武士的策略。数百万"好兵帅克"用计谋与嘲讽来对抗暴力。于是,在城市和乡村,他们把指示牌,把街道和各种场所的名牌都拿掉,以至外国军队迷失了方向,找不到路,只能原地打转。装甲车司机没有受到工人的攻击,却被一大群身穿迷你裙的年轻姑娘团团围住,姑娘嘲笑他们或对他们进行性挑逗。捷克被占领的最初几天,气氛几乎是欢快的。并非充满希望的欢快,像"布拉格之春"期间那样,而是一种饱含

---

[1] 《不能承受的生命之轻》。
[2] 《圣经》故事中的人物。——译注
[3] 据最新估算(布拉格广播电台,2018年),共有137人死亡。

愤怒的迷醉。昆德拉写道:"对俄国人的仇恨像酒精一般,令人头晕目眩。这是仇恨的醉人节日。波希米亚的城市里到处都是手绘的海报,海报上的挖苦文字、讽刺短诗及勃列日涅夫和他的军队的漫画十分醒目,大家都嘲笑勃列日涅夫的军队像无知的小丑。"[1]

出于某些原因,苏联人在劫持了杜布切克后,把他的职位继续保留了八个月。杜布切克本人也选择不辞职,为此他经常受到指责。在8月21日的四十周年之际,他的一个儿子在布拉格广播电台为父亲辩护道:"他没有辞去捷共中央第一书记的职务,是因为他的存在可以保证某种程度上减弱苏联占领布拉格对民众带来的影响,如果他离职的话,影响就会变得更沉重得多。"[2] 自那时起,杜布切克的行动自由受到限制,在卸任前,他成功地进行了一项改革,这是他忠诚于故土的证明。1968年10月27日,一项宪法使捷克斯洛伐克成为联邦共和国,包括两个自治国家,即捷克社会主义共和国与斯洛伐克社会主义共和国。这是"布拉格之春"提出的要求中少数得到满足的之一。

尽管苏联的军事干预十分粗暴,但在捷克斯洛伐克恢复专制只能逐步进行。因此,1970年1月,昆德拉得以出版《好笑的爱》的捷克语最终版,这是他在捷克斯洛伐克出版的最后一部书。"布拉格之春"结束后,越来越多的知识分子选择流亡,当时交通自由还没有受到限制。1968年末,安东宁·J.利姆前往法国定居,如今他说道:"我离开捷克斯洛伐克,因为我感觉身处危险之中。一段时间里,昆德拉认为自己可以在体制改变后继续生存。多亏了他的作品,

---

1 《不能承受的生命之轻》。
2 参见雅罗斯拉娃·吉斯苏巴洛娃,《亚历山大·杜布切克:英雄还是懦夫?》,布拉格广播电台法语广播,2008年8月21日。(Jaroslava Gissübelová, « Alexander Dubček: un héros ou un lâche ? », Radio Praha en français, 21 août 2008.)

他略微受到保护。他没有受到直接威胁,只是,他的书被停止出版。不能指责他没有立即离开,因为我们所有人都相信局势不会持续下去。"[1]

1968年10月,因《玩笑》法语版的推出,昆德拉前往法国,面对向他提问的记者,他表现出一种坦荡的乐观主义态度。10月22日,在法国文化电台,他说仍然相信"布拉格之春"的精神将永存:"几天前,我在报纸上读到,大部分捷克作家已移居国外。并不是这样。据我所知,没有任何一个捷克作家想移居国外。我相信,杜布切克所说的一种带有人性面孔的民主化社会主义事业没有失败,或者说没有彻底失败。因此,我们认为,必须留在自己的国家并努力工作。我也相信,在文化和文学领域,我们多年来拥有的这种自主及四五年来获得的这种自由,仍将延续。"

这些关于后"布拉格之春"时期的评论延伸了阿拉贡的序言。昆德拉对序言中的政治性解读始终怀有一种复杂情感。尽管他对这位伟大的法国作家在自己文学生涯中发挥的决定性作用十分感激——他在1985年版的后记中写道:"没有他,《玩笑》永远不可能在法国出版,我的命运有一天也会完全改变……当我的名字在捷克文学中被抹去时"——但阅读这篇序言仍令他感到不舒服,于是他在后来的版本中把它删去了。

阿拉贡表示他把《玩笑》视为"一部重要作品",可这是徒劳,昆德拉明显感到,过分的赞扬依据的是些错误理由。阿拉贡的文章中政治语调突出,而且他对小说的理解与作者在书中表明的想法相去甚远,这尤其使昆德拉感到尴尬。同样,抒情性的迸发也与他

---

[1] 与本书作者的谈话,2017年11月。

的普遍主义意图相悖:"是的,今天,以及更远的明天,正是在米兰·昆德拉的《玩笑》这样的书中,我们能够通过小说在时代所开辟的这条深邃道路,理解我们这个时代真正的生活,理解那些名字根本不会出现在报纸上的普通男女的日常生活……而他们推动着一个孕育中的世界的模糊变化走向成熟。"

与西方大多数共产主义知识分子一样,阿拉贡作为法国共产党中央委员会委员,很早就对苏联的军事干预表示了谴责。在序言中,他有力地确认了这一点,其用语中虚假的惊讶却令人失望:"一天清晨,我们通过收音机听到,我们永远的梦想被打破……我拒绝相信,在那里即将出现一个精神上的比夫拉[1]……然而,在这条暴力之路的尽头,我看不见任何光明。"坦克在布拉格街头行进的景象时刻困扰着昆德拉,他只能对这种带有预见性语调的分析表示赞同。这带来的风险是,由于命运狡黠的伎俩,他可能被列入"介入作家",甚至持不同政见的作家一类,后来他最难以摆脱的正是这一标签。

另一个误解:在巴黎,许多评论者把所有人仍记忆犹新的1968年法国"五月风暴"与"布拉格之春"相提并论,当他解释说这两个事件毫无共同之处时,却招来怀疑的目光,昆德拉对此感到吃惊。他非常惊讶,以至后来多次谈及这一主题,特别是在1969年完成的第二部小说《生活在别处》中。对昆德拉而言,法国"五月风暴"是"抒情年代"最明显的表现之一。如果说两者之间存在某种关联,

---

1 影射比夫拉(尼日利亚一个闹分裂的省份)战争及随之发生的1967—1968年饥荒。

那么联系不在于科恩-本迪[1]的春天和杜布切克的春天之间,而在于他年轻时曾是的那个共产主义战士的盲目和盖-吕萨克街的年轻闹事者的盲目之间。或许正因为这一点,在《生活在别处》里,布拉格1948年5月1日的口号与二十年后暴动中索邦大学的口号是可以互换的。这两种情况中,人们看到抒情姿态所固有的同一种狂热的激进性:"1968年,成千上万的兰波设置了自己的路障,他们站在路障后面,拒绝与世界的旧主人进行任何妥协。人类的解放要么是彻底的,要么根本谈不上解放。"[2] 对绝对的渴望及其必然导致的对现实的否认,这在两个时代是共同的:"距离一公里远的地方,在塞纳河的另一边,这个世界的旧主人仍然过着自己的生活,拉丁区的喧闹对他们来说就像某个遥远的东西。梦想就是现实,大学生们在墙上写道,但似乎事实正相反:这样的现实(路障、砍倒的树、红旗),才是梦想。"

1979年,在为约瑟夫·史克沃莱茨基的《波希米亚的奇迹》撰写的序言中,昆德拉详细阐述了法国"五月风暴"和"布拉格之春"之间的深刻差异。差异,首先在于不是同一代人。"布拉格之春"的发起者不是刚刚脱离童年期的年轻人,而是有经验的成年人:"年轻人确实在'布拉格之春'中扮演了重要角色,但不是主要角色。硬说他们扮演了主要角色,这是一种事后制造出的谎言,目的是把'布拉格之春'变为世界大学生反抗的杰出代表。"捷克斯洛伐克的运动并非一群不成熟之人的行为,这使它能够抵抗革命抒情主义的缺陷;而同一时刻,年轻的法国抗议者要求的正是这种革命抒情主

---

[1] 法国"五月风暴"中"游泳池事件"的主角,后来成为风暴中的学生"代言人"。——译注
[2] 《生活在别处》。

义。因此，昆德拉强调，出于某些历史原因，"布拉格之春"是一次"温和主义者的民众起义"。"我谈到温和，但我所想的并非某种确切的政治观念，而是一种根深蒂固的人类反应：无论什么样的激进主义，都会激起一种变态反应，因为在大部分捷克人的潜意识里，它与最糟糕的记忆联系在一起。"最后，"布拉格之春"持续的时间比法国的"五月风暴"长四倍。因此，捷克领导人有时间构想一个新的社会，就此而言，具体和组织的观念比诗歌与抒情更有用。接着，昆德拉指出这一悖论："那种成功实现的自由的社会主义——仍旧很短暂——并非在革命的热情，而是在清晰的怀疑主义中完成。"

初冬，昆德拉返回布拉格，在《文学录》杂志发表了一篇文章，题为《捷克的命运》，文章里他从过去一年发生的各种事件中吸取教训。他由两个月前在巴黎的个人经历谈起："回顾彼时，我惊奇地发觉，在各种辩论和采访中，我都采用了一种明显的爱国语言。为什么会突然如此？是公民纪律促使我在外国赞颂我的祖国吗？不，我没有这么守纪律。我的态度变化归因于今年8月的那场令人难以置信的经历。在无数次国内和国外的谈话中，我总是得出同样的结论：那个经得起如此考验并能表现得这样坚定、理智和团结的民族，是一个杰出的民族。"昆德拉提及的8月是他的国家遭到入侵的那个月，但更是入侵后的那个星期，那时捷克人没有诉诸武力，而是发明了无数抵抗占领者的和平方法。"我看见巴黎一座小宫殿的顶层套房，我听见阿拉贡充满愤怒和粗暴咒骂的声音，我看见他的脸因想到我们国家的命运而焦虑，我听见自己兴奋的话语，不知疲倦地重复着：'这是我们经历过的最美好的一周。'在那里，我很害怕这个声明显得既荒诞又奇怪。无论如何，就在那个星期，捷克民族忽然瞥见了自己的伟大,一种它已不再相信的伟大。"[1]

文章中,昆德拉提到,那几个月里捷克人已经开始将"带有人性面孔的社会主义"观念付诸实践,他同时谈到"小国"的主题,认为那些国家往往被降至次要地位,某些形势下却能在人类历史中发挥决定性的作用。他评论道:"我相信,倘若在一个世界中,危地马拉人、爱沙尼亚人、越南人和丹麦人的声音同美国人、中国人和俄国人的声音一样,能常常被听见,那么这世界就会是一个更加美好而幸福的世界。"[2]

沿着同样的思路,他毫不犹豫地断言,捷克斯洛伐克就是一个例证,"布拉格之春"期间,它占据了世界的中心位置:"试图最终创建一种社会主义,那时,秘密警察的绝对权力不复存在,人们拥有写作与言论自由,国家听取公共舆论并以此为依据制定政策,现代文化自由发展,人们不再心怀恐惧。通过这一尝试,捷克人和斯洛伐克人自中世纪末以来首次居于世界历史的中心,向世界发出他们的消息。"[3]

在这个略显夸张的论断之外,昆德拉分析了当时的形势并表达出一种令人意想不到的希望,这番话颇引人关注:"当然,冲突比我们料想的更为严重,新精神所经受的考验也比我们料想的更为严峻。但我拒绝像无数唉声叹气的人当时所倾向的那样,将它称为一场民族灾难。甚至,尽管普遍的意见不这么认为,我仍要冒险地说,'布拉格之秋'的影响将超越'布拉格之春'。因为,谁也意想不到的事情发生了:新政策的精神在冲突之后继续存在。当然,它衰退

---

[1] 《捷克的命运》,《文学录》1968 年 12 月。[«Un destin tchèque», *Listy*, décembre 1968 (www.acadamia.edu).]

[2] 马丁·里泽克引用,参见《如何变成昆德拉?》,同前。

[3] 同上。

了，但它没有被摧毁，也没有崩塌。它没有恢复国家警察，没有同意给精神生活戴上教训人的镣铐，没有放弃自身，也没有背叛自己的原则……而这对未来而言，就是一种绝妙的希望。"

这足以促使昆德拉与瓦茨拉夫·哈维尔之间爆发一场激烈的论战。1969年2月，该文发表几周后，一向与昆德拉关系不太亲密的剧作家在《面孔》杂志（*Tvár 2*）发表文章，力图按规定推翻前者的论断。哈维尔一上来就对《玩笑》作者陈述的"布拉格之春"的成果提出质疑。他承认："确实，任何人都（还）没有被禁止发表自己的观点，联邦制正在实行，童子军运动没有被摧毁[1]，但一个真正的民主社会的基础——表达与集会自由、多元化、独立自主的对外政策——仍然缺失。"昆德拉认为"布拉格之春"是令捷克斯洛伐克居于世界历史中心的一次重要事件，对此，哈维尔进行了更为严厉的评判。他讽刺说，这种对事实的夸张及赋予"小国"的作用不仅可笑，而且会产生相反效果，甚至是有害的："如果我们必须根据昆德拉描述的观念——即那个极小、处于不利位置、可爱、睿智、痛苦并注定要遭受苦难的捷克斯洛伐克，由于自身优点而成为世界最重要的点，正因为如此，它恶毒的邻居惩罚它，以致它剩下的唯一东西就是精神上的优势——如果我们必须根据这一与'我们的历史'相关、有些媚俗的观念来行动，那么，我们不仅将失去一切（捷克的或其他的）批判精神的传统，还将陷入一种民族主义的盲目状态，使我们在数十年中停滞不前。"[2]

次月，昆德拉在《家有访客》杂志发表对哈维尔的讽刺的回应，

---

[1] 1948年2月被禁止后，朱纳克童子军运动在"布拉格之春"期间出现新的发展，随后在这沉重的岁月中再次被清除。
[2] 瓦茨拉夫·哈维尔，《捷克的命运？》，《面孔》1969年2月。（Václav Havel, « Un destin tchèque ? », *Tvár 2*, février 1969.）

语气同样尖刻。这篇题为《激进主义与暴露癖》的新文章逐一拆解了剧作家的论据，指出其欺诈之处。似乎这还不够，为了反复论述以加深理解，昆德拉还撇开政治领域，通过对哈维尔的动机的心理分析，进行了以牙还牙的抨击。昆德拉肯定地说："之所以哈维尔把希望驱逐出去，并非由于他已经绝望；相反，而是因为他渴望行动，一种使他能突出自己的'冒险'行动。"随后，他对哈维尔的伪激进主义所遮掩的那种卑劣的暴露癖进行了长篇论证："绝望的局势在某个值得尊敬的人心中，激起了表明自己无懈可击的愿望。在最阴暗的专政下，任何可敬之人都希望至少有一次机会表达他的反对，哪怕这种反对无益于任何人，哪怕除了损害自己之外不会有任何结果，因为对他而言，这种方法可以捍卫他唯一剩下的东西：面子。然而，相反的情况同样存在：一个渴望自我表现的人倾向于认为某个既定的境况是没有希望的，因为只有令人绝望的境况才能将其从战术性考量的责任中解放出来，并为其个人表达，为其自我炫耀的需要清理出道路。"[1]

这场论战表明，"布拉格之春"失败后，不确定的氛围在捷克斯洛伐克占据上风。随着时间的推移，我们势必看到昆德拉判断的错误和哈维尔的洞察力。两人判断的差异后来产生了出乎意料的结果。1975年，昆德拉被迫移居国外，七年前他几乎想象不到必须这么做；哈维尔则拒绝流亡，并成为共产主义的反对派的象征性领袖。时任《文学录》杂志主编的米兰·荣格曼认为，昆德拉深受与哈维尔的对立论战的影响，在发表了那篇辛辣的文章后便决定不再参与

---

[1] 《激进主义与暴露癖》，《家有访客》1969年3月。[«Radicalisme et exhibitionnisme», *Host do Domu*, mars 1969 (www.acedamia.edu).]

政治。[1]1969年春，在这场无比激烈的交锋之后，他重新开始"正常"的作家生活，完成了第二部小说(《生活在别处》)的手稿，并在小型的栏杆剧院推出一部喜剧(《愚蠢》)，该剧本的法语版当时还没有出版。

那时，昆德拉并不知道，他在捷克斯洛伐克的作家生涯即将结束。他还未意识到，从某种政治观点来看，他直到1967年所采取的"温和"的行为准则，即从不直接对抗，而用"建设性"的方式批评捷克当局，从此以后再也行不通了。与他的分析相反，"布拉格之春"的失败将成为一场"民族灾难"。捷克知识分子饱受伤害，分裂为"合作者"与"持不同政见者"。民众陷入巨大的失望中。从那以后，绝望行为频频出现在悲痛的现实中。1969年4月17日，在捷共中央委员会全体会议上，古斯塔夫·胡萨克接替亚历山大·杜布切克任捷共中央第一书记，后者几个月后被任命为"捷克斯洛伐克驻土耳其大使"。和杜布切克一样，胡萨克也是斯洛伐克人，他自称"中间派"，处于保守主义者与进步主义者之间，随着时间的流逝，他逐渐成为苏联的亲信，对"布拉格之春"的进展发挥了决定性作用。

1970年1月，胡萨克的团队加强其"正常化"——该词具有特殊意义，在官僚主义用语中指返回先前的形势——政策，在捷共内部进行政治清洗。三万多名党员被开除出党，其中有大量知识分子，包括米兰·昆德拉，他同时也被作家联盟开除。同年12月12日，捷共中央委员会出版了一份题为《一场危机运动的教训》(« Leçons d'un mouvement de crise »)的文件，为自己的行动辩护。实际上，那

---

1 米兰·荣格曼，《昆德拉的悖论》，《见证》第77期，1986年。(Milan Jungmann, « Kunderovské paradoxy », *Svědectví*, n°77.)

是对1967年6月至1968年8月之间发生的事件的重新书写,当时的事件被描述为一种反革命意图:"那些反共产主义团体竭力想重新唤起资产阶级思想,创造对资本主义的幻想,发展民族主义和反苏联倾向,质疑共产党的领导作用及工人阶级的领导,质疑革命斗争的阶级观。"在这一长篇控诉的中间,有句话引人注目:"第四届作家代表大会期间,由安东宁·J.利姆、帕维尔·科胡特、米兰·昆德拉、卡雷尔·科西克、路德维克·瓦楚里克和扬·普罗哈兹卡领导的右派作家小组,力图制定一种修正主义和反社会主义的纲领,以获取公众支持。"

被指控者不仅渐渐从公共生活中消失,而且,就像数十万被解雇或被降至低级岗位的人一样,他们也被禁止从事自己的职业。于是,昆德拉的书被逐步从图书馆和书店撤出。由于没有收入,捷克社会精英不得不做"零活儿"以维持生计,有时还会闹出点笑话。博胡米尔·赫拉巴尔虽然继续在出版社工作,但沦为"负责销毁书的人",在1976年由地下出版社发行的小说《过于喧嚣的孤独》中,他叙述了这段经历。

在《不能承受的生命之轻》中,昆德拉提到了这种知识分子失去社会地位的状况:"俄国入侵后,他们全都失去了自己的工作,变成玻璃清洗工、停车场看守、守夜的门卫、公用楼房的司炉,最好的就是出租车司机,因为这得有门路才行。"小说中,从前的杂志社摄影师特蕾莎,因为连续数日拍摄俄国坦克的照片而受到惩罚,又成了饭店酒吧的女招待:"多亏了几个和她差不多同时失去工作的朋友,她才找到这份差事……在饭店会计室,有一位过去的神学教授,在服务台,有一位以前的大使。"另一种情况是,那些被要挟的受害者仍旧留在自己的职位上,作为交换,他们必须改正过去犯下的错误。特蕾莎的丈夫、著名外科医生托马斯就是这种情况,由于拒绝收回"布拉格之春"期间所写的一篇关于无辜的政治性文章,他最终被医院开除。

米兰·昆德拉被捷克当局宣布为"右派作家",自然未能逃脱这场对有识之士的围猎。1972年,他被布拉格电影电视学院解雇,在那里他已经从教二十年。于是,如同数千名知识分子一样,生存对他来说成了问题。后来,他叙述道:"我被学院辞退了,几乎无法生存。当然,我必须养活自己。我甚至不能当出租车司机。就连这个工作,我也被拒绝了。我得设法摆脱困境。"[1] 在一位朋友的帮助下,他几年中一直匿名为某周刊主持星相学专栏。"既然伟大的雅罗斯拉夫·哈谢克能做卖狗的商人,那我为什么不能当占星家……收入微薄,事情本身也没什么有趣和出奇的地方。这一切中唯一令人愉快的,就是我的存在,一个被历史和文学教科书抹去的人,一个已经死去却又通过令人震惊的再生而复活的人,在向一个国家的数十万年轻人宣传星相学的伟大真理。"[2]

实际上,占星家昆德拉的专栏被各种各样的人广泛阅读,并深受他们喜爱,甚至是那些地位最显赫的人。昆德拉的朋友、作家克洛德·鲁瓦曾叙述了这种不适宜的情形:"捷克政府的一位重要领导人狂热地追随周刊占星家的预言。在他看来,预言无比正确,以至他想进行一次特别咨询。昆德拉的那位朋友同意促成此事。米兰开出了非常高的价格。戴着面罩的米兰为忧虑而轻信的官僚政客所做的占卜,成为他人生中最滑稽的重要时刻之一。"[3]

---

[1] 法国电视二台新闻,1981年9月24日。
[2] 《笑忘录》。
[3] 克洛德·鲁瓦,《时光之花(1983—1987)》。(Claude Roy, *La Fleur du temps (1983-1987)*, Gallimard, 1988.)

沉重岁月中，捷克政府的镇压也更加猛烈。昆德拉写道："这是任何历史学家都不会记录下来的事实：俄国入侵后的几年是葬礼的年代，死亡从未如此频繁。"[1] 威胁、骚扰、敲诈、侮辱，对胡萨克的秘密警察来说，一切都可以，只要有利于搅乱反对者的生活，从而控制住他们。某些人最终自杀，比如诗人伊日·皮什托拉，三十八岁时就去世了。小说家扬·普罗哈兹卡遭受了一场猛烈的诽谤攻势，广播电台连续播出警察录下的他的私人电话录音。后来，他因病去世。在《不能承受的生命之轻》中，昆德拉叙述了他的这位朋友最后的日子："或许已悄悄在他身体里潜伏了一段时间的癌症，像玫瑰花开一般爆发出来。手术在警方监视下进行，当警察确认小说家已无药可救时，便对他失去了兴趣，任由他死在妻子的怀里。"伟大的哲学家、胡塞尔的学生扬·帕托契卡，1977 年遭到迫害，在一次强度过高的审讯后因脑溢血而死在医院里。

1979 年，在发表于《世界报》的一次访谈中，昆德拉就大批死亡事件的深层次原因表明了看法。他认为，对苏联人及其同党而言，这不仅意味着蓄意清除政治对手，更意味着通过将捷克文化从记忆中抹去而消灭它。1979 年 1 月 19 日，他在《世界报》上说道："试想，在法国，十年来人们再也听不到马尔罗、阿拉贡、列维-斯特劳斯、苏拉热、戈达尔和梅西安的名字……或者，把法国同胞关进监狱，因为他们秘密传播勒内·夏尔的诗歌或贝克特的剧本手抄稿。人们经常说，这只是一场重大政治冲突的次要和意外结果。让我们设想一种不同的解释：镇压'布拉格之春'，难道不是一个用来故意摧毁捷克文化的理想借口吗？"

---

1 《不能承受的生命之轻》。

第十章
一位法国的捷克语写作者

1968年8月之后，七万捷克人踏上流亡之路。其中有知识分子，如安东宁·J. 利姆，他先后在巴黎和美国任教；有作家，如约瑟夫·史克沃莱茨基，他定居于加拿大多伦多，在那里创办了一家出版社，专门出版被禁的捷克作品；也包括一些科学家、医生和研究人员……相反，米兰·昆德拉选择留在捷克斯洛伐克。这或许因为他对政治形势的看法不太"悲观"，但更重要的原因在于他对自己国家发自内心深处的眷念，甚至，在别处生活的念头对他来说都无法想象。

那时，昆德拉与妻子薇拉·赫拉班科娃一起生活，他在1967年9月迎娶了这位以前的电视主持人。他们住在巴托洛缪大街一幢楼房五楼的单间公寓里。真是命运的讽刺，就在布拉格中心的这条街，类似于"克格勃"的捷克国家安全局在某幢属于耶稣会士的楼房地下层设置了一个监狱，囚禁了瓦茨拉夫·哈维尔等一大批持不同政见者。昆德拉没有受到任何胁迫，他只是从公共生活中消失了。他是文化界的重要人物、多部书的作者，也定期为多份杂志撰写文章，可朝夕之间，回到了默默无闻的状态。布拉格是座小城，这种默默无闻是相对而言的，无论在街上还是咖啡馆里，即便没人上前与他交谈，作家都曾被认出来。《不能承受的生命之轻》中许多模糊的回忆都源自这样的经历，尤其当著名的外科医生托马斯变成玻璃清洗工后，他在从事新职业的过程中常常被以前的病人认出，还受到他们的香槟或烧酒招待。"那个时期，人们还在某种团结一致的欢欣中经历着对捷克知识分子的迫害……俄国军官的家人已经开始在这个国家定居，内政部官员取代被解雇的记者，在广播电台发表恐吓性的讲话。而托马斯摇摇晃晃地走在布拉格的大街小巷，从一家喝到另一家，仿佛过了一个又一个节日。这真是给他放了大假。"

最初几个月的欢欣过后，尽管被放逐的人之间经常互相帮助，但昆德拉感到越来越孤独。令人惊奇的是，他带着某种兴致经历着这一切。就像弗朗索瓦·里卡尔所解释的那样："他猛然间又回到了一个被禁作家的处境，这使他一下子失去了读者，但也让他摆脱了公众通常施加在作家（尤其是一个已经成名的作家）身上的压力，同时突然奇迹般地带给他一种彻底自由的感觉，不仅躲避了政治权力和文学批评，也躲避了他的读者。他看不到自己和国家的任何未来，再也感受不到任何职责、任何应尽的义务，他也无须对任何人、任何事做出解释，除了他自己和他的艺术。"[1]

昆德拉成为在自己国家没有读者的作家，但他并未因此停止文学实践活动。在离开捷克斯洛伐克前的五年中，他写了两部小说和一部剧本。这些作品与政治现实没有直接关联。诚然，1969年6月完成的《生活在别处》具有隐含的政治意义，但他对"布拉格之春"丝毫不感兴趣，而是通过回忆1948至1950年间捷克斯洛伐克政党权力变更的最初几年，聚焦于一种存在的典型，即抒情诗人的存在

---

[1] 弗朗索瓦·里卡尔，《米兰·昆德拉作品集》序，同前。

状态。1972年完成的《告别圆舞曲》更加远离政治领域，又重新回到《好笑的爱》所开启的放纵游戏。至于剧作《雅克和他的主人》，则是狄德罗的《宿命论者雅克》的变奏，该剧本第一次凸显出昆德拉与法国文学，尤其是18世纪法国文学的密切关系。

这三部作品按理说没有任何理由遭到审查的严惩，可仍然无法在捷克斯洛伐克出版，于是，它们很快接触到一批新的读者：法国读者。实际上，"正常化"年代把昆德拉从没有作品在国外翻译出版的捷克作者，变成作品无法以母语出版，却被译为法语的作家。从此以后，法国便是第一个出版昆德拉作品的国家。就像他喜欢开玩笑说的那样，这令他成为"一个法国的捷克语写作者"。

在一些来布拉格旅行的"帮人偷渡者"协助下，昆德拉把自己的手稿送往法国，让作品在那里被翻译并出版。在国内隐居期间，小说家接待了许多属于文学界的外国来访者——其他国家的小说家，如墨西哥人卡洛斯·富恩特斯、阿根廷人胡里奥·科塔萨尔、哥伦比亚人加夫列尔·加西亚·马尔克斯、美国人菲利普·罗斯等，他从不掩饰对这些作家的赞赏。还有加斯东·伽利玛的儿子克洛德，1968年第一次去巴黎时，昆德拉便与他结下了友谊。后来，克洛德的儿子安托万接替了父亲，于是昆德拉在法国出版的书全部由伽利玛出版社出版。

1970年末，《好笑的爱》成为昆德拉在法国出版的第二部书，第一部是两年多前出版的《玩笑》，尽管该书是在《好笑的爱》之后写成的。评论界向作家表示了崇高的敬意，却对短篇小说中远离政治批判的笔调感到困惑，因为《玩笑》中的政治批判曾令它十分欣赏。唯一的例外是，1970年12月25日的《世界报》图书周刊《书的世界》（*Le Monde des livres*）中，克洛德·鲁瓦以惊人的洞察力首先注意到，在昆德拉与启蒙运动时期的法国文学之间存在某种演变关系："他属于表象游戏的伟大穿透者和令人钦佩的叙述者-揭穿骗局者的家族，属于写短篇小说的狄德罗那样的作家，属于18世纪创作'道德故事'的伟大作家那样灿若明星的人。拉克洛、小克雷比永、写故事的萨德、《没有明天》(*Point de lendemain*)的作者维旺·德农。是的，这种变幻莫测的风格，这种反讽，优美的叙述，残酷揭示真相的洞察力，尖锐的犬儒主义——宽宏大量的武器——以及写作中漫不经心的优雅：在一个堪称黑暗的时代，米兰·昆德拉重新找到了启蒙运动时代的作家-道德家的幸福。"

《好笑的爱》的译者名叫弗朗索瓦·凯雷尔。凯雷尔生于1926年，正是他将昆德拉所有的捷克语小说[1]译为法语，除了《玩笑》(1968)和《不朽》(1990)。他和捷克语的故事要追溯到二战刚结束时。1947年秋，完成了在法国国立东方语言文化学院的俄语学习后，他获得前往布拉格留学的奖学金。他在首都待了一年，正好经历了捷克政权变更的时刻。20世纪50年代中期，他开始翻译几位捷克语作家的作品，特别是共产主义小说家扬·奥特岑纳舍科[《公民布里施》(*Citoyen Brysh*)和《黑暗中的罗密欧与朱丽叶》(*Roméo et Juliette dans les ténèbres*)]。与维捷斯拉夫·奈兹瓦尔一起讨论如何将后者的诗《爱迪生》(*Edison*)改写为法语时，他结识了当时还是诗人的米兰·昆德拉："他已经形成了自己的风格：充满幽默和讽刺。"[2]

1　弗朗索瓦·凯雷尔同时也是《钥匙的主人们》的译者，该书1969年由伽利玛出版社出版。
2　与本书作者的谈话，2018年2月。

1963年,两人再次相见。当时,放弃了诗歌创作的昆德拉刚刚出版《好笑的爱》第一册。凯雷尔对这部书赞赏不已,把它带回法国,翻译了其中几个短篇,并力图促使译文发表,但没能成功。1968年,当《玩笑》要译成法语时,昆德拉想到了凯雷尔,然而无法找到他。后者离开法国,去了纽约,在那里,他作为译员任职于联合国。捷克语译者很少,人们不得已选择了布拉格法兰西学院前院长马塞尔·艾莫南,由于译文不忠实,二十年后,他的翻译工作遭到了昆德拉的指责。

此外,把《玩笑》这部十足的反斯大林主义的书交由艾莫南翻译,这很可笑,20世纪50年代初,艾莫南曾陷入一起荒诞事件的中心。1951年,在斯大林主义的极度恐怖中,艾莫南向捷克斯洛伐克请求政治避难,捷克同意了这一请求。于是,他在一封致法国大使馆的公开信中对自己的做法进行了解释,并指控法兰西学院是一个为法国利益服务的间谍中心。[1]

《玩笑》获得成功后,阅读了该书捷克语版本的弗朗索瓦·凯雷尔重新与昆德拉取得联系,并向他提议翻译《好笑的爱》中剩下的短篇小说。这一合作持续了十五年有余。译者回忆道:"我在纽约完成了整个翻译工作,而昆德拉在捷克斯洛伐克,我们仅仅通过信件联系。对这部书的翻译,我很少求助于他。译文出版后他才读到成品。在后来的版本中,他进行了一些修改,或许他想更改作品中的某些内容,但也可能是因为翻译的问题。在随后才译出的《生活在别处》第一版中,我犯了一个可怕的错误,意思完全弄反了,昆德拉指出了这个错误。我非常不好意思,甚至考虑是否继续翻译捷

---

[1] 艾莫南被法国政府缺席审判,20世纪60年代得到赦免,最终以南泰尔学院捷克语教师的身份结束了职业生涯。

克语作品。"[1]

1973年,由克洛德·伽利玛装在行李箱里从布拉格带走的《生活在别处》在法国出版。这第二部小说获得了美第奇外国作品奖(Prix Médicis étranger),秋天,作者借此机会再次来到巴黎。小说的成功突如其来,那时,无论就个人方面还是文学方面而言,作者都正经历一个非常艰难的时期。1971年春,他的父亲去世,享年七十九岁。失去父亲的哀伤在他的作品中留下了深刻印记。昆德拉一向谨慎且不愿透露自己的精神状态,却在《笑忘录》中提及这位亲爱的父亲患病及临终的情景。那一幕发生在1971年5月,他把某种隐秘的看法掺入当时的政治氛围中。卢德维克·昆德拉的房间朝向花园,透过房间的窗户,可以听见一个官方仪式的转播。戴着红领巾的捷共最高领导人古斯塔夫·胡萨克,正在接受荣誉少先队员的称号。父亲似乎神志不清。然而,医生刚离开,米兰就设法让父亲从昏沉中清醒过来。他们俩一起,边听政府官员的演讲边发笑:

"胡萨克的声音穿过苹果树传到我们耳边:'我的孩子们!你们是未来!'

"过了一会儿,又听到:'我的孩子们,永远不要往后看!'

"'我去关上窗户,我们就听不见他说话了!'

"我向爸爸递了个眼色,他带着美妙的微笑看了看我,点头表示同意。

"几个小时后,热度又突然升高。他骑上马,疾驰了几天。以后,他再也没有见到我。"

---

1 与本书作者的谈话。

自卢德维克·昆德拉去世前那段时间开始,"正常化"运动就已进入高潮,米兰意识到重新在捷克斯洛伐克出版作品的希望越来越渺茫。然而,必须生存下去。一个导演朋友建议他匿名将陀思妥耶夫斯基的《白痴》改编为剧本,以便赚点小钱。昆德拉重新阅读了这部小说,明白自己并没有准备好从事这样的工作:"我对陀思妥耶夫斯基过敏。或许因为我的国家到处都是俄国人,而没有比陀思妥耶夫斯基更典型的俄国作家了。我知道他是位伟大的作家,但我无法做这件事[1]……那个充满极端的行为、黑暗的深渊和侵害人的温情的世界,令我厌恶。"[2]

很奇怪,对这位伟大的俄国人的拒绝,在昆德拉心里唤起了对他最欣赏的作家之一、法国人德尼·狄德罗的一种喜爱:"读陀思妥耶夫斯基的书让我感到非常不舒服,我迫切需要一剂解毒药来救治自己,于是我投身于狄德罗。况且,那是我生命中最阴暗的时期;是法国人帮助了我,救了我,我的法国朋友、我的法国读者、我的译者、我的出版者,以及我的法国同事们,在他们当中,狄德罗向我伸出了手。我永远不会忘记他。"[3]

昆德拉提出放弃陀思妥耶夫斯基的书,改编自己最喜欢的小说之一《宿命论者雅克》,但没抱多大希望。那位朋友礼貌地拒绝了这一提议,仍坚持选择他的俄国人。昆德拉却已经打定了主意。仅仅出于自己的乐趣,他将着手创作一部向狄德罗致敬的变奏曲,而不是改编狄德罗的小说,他始终不喜欢改编这种练习。1971年7月,也就是他父亲去世两个月后,他完成了这部名为《雅克和他的主

---

[1] 法国电视二台新闻,1981年9月24日。
[2] 《一种变奏的导言》,收录于《雅克和他的主人:一出向狄德罗致敬的三幕剧》。
[3] 《与诺尔芒·比龙的谈话》,同前。

人》的剧本。该剧用捷克语写成,并由昆德拉自己译为法语,1981年9月首次在法国上演。一次电视访谈中,他被问到为什么一个捷克作家如此喜欢启蒙运动时期这样特别属于法国的东西。作为回答,昆德拉简要表达了一个对他来说始终非常珍贵的想法:"那不是特别属于法国的,而是特别属于欧洲的。必须真正理解俄国入侵捷克斯洛伐克的深刻意义。那就在于,俄国人明确而突然地把一个西方小国从西方夺走,以便把它纳入俄国文明之中。而在那样的时刻,对西方的怀念是最自然不过的事。说到对**西方的怀念**,我可能会被误解。对你们而言,西方,是消费社会,是今天存在的体制。对我来说,西方,是西方历史、西方文化。对于我,我们被从中拔除的这种西方文化,正是由狄德罗这部杰出的小说所代表的,它在法国被大大低估了。"[1]

在法国,昆德拉惊奇地发现,《宿命论者雅克》被视为狄德罗的一部次要小说,与《拉摩的侄儿》相比总是黯然失色。对于昆德拉,这部书却极具魅力:"我总是为这部小说,为它表现出的自由、理性、嘲弄、讽刺、明晰、反抗的精神而疯狂。"[2]《宿命论者雅克》之所以带给他慰藉和狂喜,是因为,在被不幸、愚蠢和沉重压垮的后"布拉格之春"时期的捷克斯洛伐克,充满自由、智慧、生气、游戏和轻灵的狄德罗的小说代表着完全相反的一面。此外,作家狄德罗向他指出了道路,证明能够撇开严肃的精神来谈论严肃的事情。如何达到这样一种自由?1976年,当维维亚娜·福雷斯特就这一主题向他提问时,他回答道:"您越是掌握技巧,就越自由。要把技巧变为游戏。就拿狄德罗来说,他也许是我最喜欢的作家。《宿命论

---

[1] 法国电视二台新闻,1981年9月24日。
[2] 《与诺尔芒·比龙的谈话》,同前。

者雅克》的结构极其复杂:很多偏离主旨的话题,很多交错发展的故事。可这样的结构意味着技巧的高超,还是一种绝对自由的游戏的乐趣?我认为两者都有。"[1]

在狄德罗的启发下,昆德拉明白了在文学中,就如同在所有的艺术中一样,自由源于限制。正因为如此,他重视作曲和建筑,自童年时起,通过学习音乐,这两个概念对他而言便十分接近。多亏了父亲,他年幼时就沉浸在音乐里,因此他也是个精明的爵士乐行家,这使得他对即兴演奏的做法进行了思考。他知道,最伟大的即兴演奏者都是伟大的技术专家。在狄德罗那里,昆德拉重新找到了这种被上升为美学的巧妙辩证法,而这一美学对他自己的作品具有决定性影响:"这种绝妙的混乱来自精心策划的奇巧构思,还是来自情绪高涨的纯粹即兴发挥?毫无疑问,在这里是即兴发挥占上风;但我本能地向自己提出的问题让我明白,某种建筑上的不可思议的可能性包含在醉人的即兴创作中,那可能是一种复杂而丰富的结构,被完美设计、谨慎安排并预先策划,正如哪怕是大教堂一般最丰富的建筑奇想也必须事先细加考量。"[2]

当他写《雅克和他的主人》时,昆德拉坚信这部剧永远也不会上演。他错了。1975年12月,它首先在波希米亚北部小城拉贝河畔乌斯季(Ústí)以捷克语演出,署名作者是埃瓦尔德·朔尔姆,一位捷克新浪潮导演、编剧和演员。捷克当局始终没有觉察出其中的欺骗,为此,昆德拉说道:"狄德罗本人就是善于故弄玄虚的大师。这会令他感到高兴。"[3] 直到1981年9月,该剧才最终在马蒂兰剧院

---

[1] 与维维亚娜·福雷斯特的电视谈话,同前。
[2] 《被背叛的遗嘱》。
[3] 弗朗索瓦·里卡尔引用,同前。

(Théâtre des Mathurins)与巴黎公众见面。演出和剧本出版相隔的时间惊人地漫长：早在1973年，伽利玛出版社就出版了《雅克和他的主人》。那一年，二十五岁不知名的法国年轻导演乔治·沃勒打算在法国排演《钥匙的主人们》，于是他前往布拉格，想与该剧的作者会面："我想和他谈谈剧本的政治特征。我与他联系，因为剧本中有些内容我无法理解，希望他能给我解释一下。我们说好了，他来机场接我。我的第一印象是他非常和蔼可亲。他热情地接待我，仿佛我是来自别处、对他有好处的一阵微风。"[1] 乔治·沃勒在布拉格逗留的几日里，昆德拉陪同他参观了城市。"他指给我看炼金术士街，卡夫卡曾住在那里。闲逛时，他给我讲了很多布拉格人的幽默故事。我们从议会前经过，楼房的墙壁上随可见被子弹穿透的痕迹。他告诉我，1968年8月之后，布拉格居民给他们的议会起了个绰号，叫'格列奇科的壁画'，因为指挥军队入侵布拉格的苏联军官是位名叫格列奇科的元帅。这就好像是向格列奇科瞥了一眼。"[2]

最令法国年轻人感到惊奇的，是他的东道主在外出及出现在公众中时表现出的极度谨慎："我们从来没有在他家里见面，而是在其他人的公寓里。在中立区域。一天，他邀请我在一家餐厅与奥托玛尔·柯莱伊察共进午餐，我非常吃惊地看到，每当服务生走近我们的餐桌时，他便沉默不语。就像是一种不由自主的行为，即使一句话说到一半也同样如此，哪怕我们的交谈是用法语进行的。这仿佛是一种本能反应。我问他为什么这样，因为这显得很奇怪。他对我说：'他们都是用心不良的举报者。'在我返回法国前，他把《雅克和他的主人》的手稿交给我。我把手稿装进行李箱中。他为我提心吊

---

[1] 与本书作者的谈话，2017年9月。
[2] 同上。

胆。我完全没有意识到危险。我的任务是把手稿送交给在伽利玛出版社身居要职的剧作家西蒙娜·本穆萨。到达巴黎后，我顺利完成了任务。"

临近1971年，在撰写自己的最后一部戏剧作品《雅克和他的兄弟》时，昆德拉几乎同时着手创作一部新的小说，他认为这将是自己的最后一部小说，于是将它暂时命名为《尾声》(*Épilogue*)。尽管变成一个在自己国家没有读者的作家后，他起初有些飘飘然，但他明白，文化联系已经被切断，不可能再继续写作了。而捷克之外的读者对他来说，仍然是某种抽象的概念。与曾被修改了多处的《雅克和他的主人》一样，这第三部小说——在弗朗索瓦·凯雷尔的建议下，取名为《告别圆舞曲》——也是在当时的情况下继续生存的一种绝望的尝试，"布拉格之春"失败后一切希望都被摧毁了。昆德拉对政治感到厌倦，并拒绝走持不同政见者之路，他唯一的指南针就是创作的乐趣，于是他写了一部狄德罗式的放纵滑稽剧。弗朗索瓦·里卡尔在序言中写道："这部小说的挑战在于：将悲剧置于最自由、最有趣的浪漫游戏中以减轻悲剧性，同时赋予喜剧一种不同寻常的严肃……"

重新回到《好笑的爱》的主题——尤其是短篇小说《座谈会》的主题——《告别圆舞曲》是一种爱情游戏的变奏曲。书中，情节并非在医院的某个夜晚，而是在某个温泉疗养小城的连续五天中展开。表面来看，主人公是通俗喜剧中的惯常人物：不忠诚的丈夫让一夜情的情妇怀孕了，情妇拒绝堕胎，被欺骗、心怀嫉妒的妻子想出其不意地抓住犯错的丈夫，却在饭店里被"三个气味相投的家伙"所引诱。然而，渐渐地，几个暧昧人物的闯入破坏了滑稽剧的运行机制：专治不育症的妇科医生斯克雷塔大夫，他治疗的患有不育症的女病人最终都生下与他相像的宝宝；患病的神秘美国老人伯特莱夫，他道貌岸然，却风流浪荡；曾被监禁的退伍军人雅库布，他监护的未成年孤儿，那个被捷克当局处决的他最好的朋友的女儿，却爱上了他。在不可抗拒的情势发展中，突发奇想胜过真实性，讽刺胜过辩证的意图，这些在残酷与温情的混杂中被展现的人物，无穷无尽地谈论着各种哲学主题：生下孩子或不生育的道理、圣洁、责任、人类毫不迟疑地致死他人的倾向、猥亵与欲望、美丽与纯洁、爱情与友谊。其中始终不变的一点是：男性与女性观点的不可调和性。

如同一部经典的保留剧目，与前两部小说相反，《告别圆舞曲》遵循时间和地点的一致性。在这种形式上的限制之外，昆德拉仍然通过运用借鉴于音乐作品的方法，即变奏法，打开了一个缺口。"我始终力图以音乐原则来充实史诗原则。以《告别圆舞曲》为例，在小说结构的底层，一个带有悬念的史诗般的故事逐步展开。在第二层，是一种音乐构思：某些动机不断重复，变化，改变，回转，几乎每句话都能在小说的另一个地方找到它的反射、变体、复制和回应。"[1]

《告别圆舞曲》的手稿经由克洛德·伽利玛转交给弗朗索瓦·凯雷尔，并由他负责翻译。正巧，译者由于工作缘故要去维也纳待一个月："我利用这个机会，乘车去与昆德拉见面。当时，他居住在布尔诺，住的是老家的房子。那是一幢豪华别墅。我想，他因政治局势而离开了布拉格。我和他一起待了二十四小时。我们就翻译谈了很多，因为我已经译完了整部作品。我们喝了不少酒，还讨

---

[1] 《与诺尔芒·比龙的谈话》，同前。

论了书名。他非常眷念自己的城市，我相信在那里，他仍有很多朋友。"[1]

《告别圆舞曲》是昆德拉用捷克语所写、故事情节完全发生在捷克斯洛伐克的最后一部作品。1976年，当作者离开自己国家并定居在布列塔尼不久之后，这部献给弗朗索瓦·凯雷尔的小说在法国出版。同年，该书在美国出版，名为《告别聚会》(*The Farewell Party*)，这个书名中对音乐的借鉴消失了，更多被展现的是断裂，而非放纵。这种意义上的差异当时并没有给作者造成困扰。然而，随着书被翻译成越来越多的语言，昆德拉这位法国的捷克语写作者面临着日益尖锐的翻译问题。

昆德拉是1980年开始意识到翻译问题的，随后几年里他都非常关注于此，当时，阿兰·芬基尔克劳在一次访谈中问他，为什么《玩笑》中"绚丽而怪异"的风格变成了后来的小说中"朴实而明朗"的风格。昆德拉非常惊讶，于是开始阅读马塞尔·艾莫南的译本——直到那时，他还从未读过。昆德拉自青年时期起就会说法语[2]，在法国定居五年来，他的法语水平显著提高，因而更有能力评价翻译的价值。读完后，他非常吃惊，这个最初的译本与他所写的内容实在相距太远："尤其从第二个四分之一处开始，译者（哦，不是弗朗索瓦·凯雷尔，他负责翻译我后来的书！）不是在翻译小说，而是在重写。"[3]艾莫南负责翻译不知名的年轻捷克作家的第一部小说，他认为应该对文本进行改写，以便使它更符合"法式优美风格"的标准。因此，他在翻译中过度使用了被昆德拉称为"美化的

---

[1] 与本书作者的谈话。
[2] 昆德拉告诉弗朗索瓦·凯雷尔，他是在读肖德洛·德·拉克洛的《危险关系》时学习法语的。
[3] 1985年版的作者注。

隐喻"的描写：于是，原文中一句"树是彩色的"在艾莫南的笔下变为"充满多种色调的树"。更为严重的是，昆德拉指责译者随意改变了主要人物的性格："路德维克是小说三分之二内容的叙述者，在我这里，他用一种朴实而清晰的语言进行表达；在译文里，他变成一个做作的哗众取宠之人，把隐语、故作风雅和古语混杂在一起，目的是不惜一切代价地让他说的话变得有趣（在我这里，女人是裸体的，在他那里，她们穿着夏娃的衣服）。"[1]

作家克洛德·库尔托曾与超现实主义关系密切，也是安德烈·布勒东过去的朋友，在他的帮助下，昆德拉自1980年起致力于一项漫长而细致的工作：对1968年的首次翻译进行彻底修订。对他而言，这是把小说重新变为自己的作品。从简单的重新表达到删去某些对法国读者来说不够恰当的句子，他顺便还对捷克语原文进行了修改。于是，在涉及摩拉维亚传统音乐的小说第四部分中，至少一百四十句话被删去。1985年再版之际，《玩笑》又被多处修改，书的扉页上标明："由克洛德·库尔托和作者修订全文，此为最终版本。"

《好笑的爱》和《玩笑》用捷克语写作并出版。后来的作品便有所不同。1973年起，昆德拉陷入一个写作者的某种奇怪的境况，他写作用的语言并非他最初的读者的语言。于是，从此以后，他非常重视翻译，如今译本已成为他作品中不可或缺的部分。这一完全新颖的作品形式，对他的写作方式也产生了影响。正如弗朗索瓦·里卡尔所指出的，自那以后，昆德拉写作时不是想着他的读者，而是想着他的译者，在这一点上，最理想的是与译者进行合作。在这种

---

[1] 1985年版的作者注。

情况下，弗朗索瓦·凯雷尔与昆德拉合作翻译了他在法国创作的前两部小说：《笑忘录》（1979）和《不能承受的生命之轻》（1984）。

凯雷尔回忆道："米兰定居法国后，我们更频繁地交流翻译问题。我们经常通过电话进行沟通。无论用捷克语还是法语，我们的交谈都十分顺畅。我们交替使用两种语言。通常，如果他跟我说捷克语，就表明他不太高兴。翻译《不能承受的生命之轻》时，我们几乎每天都一起工作。有时，我们一天打两三次电话。我把译稿和电话一起放在钢琴上。我记下米兰所有的反对意见、修改与更正处。有些针对翻译，也有些针对他自己的文本。我们也通信。我每次寄给他四五页翻译稿。他把修改后的稿子再寄回给我。有时，我们意见不一致。就某些内容，我们协商解决。他总是很满意我的翻译，但也会发现其中一些笨拙或错误的地方。我翻译得非常贴近原文。包括断句方式，我都尽可能保留。一天，他对我说：'在你的翻译中，我能辨认出自己写的句子，它们进入原文，就像套进手套的一个手指里那么妥帖。'"[1]

---

[1] 与本书作者的谈话。

第十一章
远居他乡

《告别圆舞曲》的写作于1972年完成。在小说的某个场景中，雅库布来告知自己监护的未成年孤儿奥尔佳，第二天他将最终离开这个国家。这次出行没有丝毫隐秘之处，因受到国外一所大学的邀请，他被当局准许离开。这个插曲与昆德拉本人1975年的经历完全一样，于是某些读者恨不得把它视为本书是昆德拉自传的一个依据。对此，作者始终坚决否认："人们经常以为，通过雅库布这个人物，我讲的是自己和计划好的移居国外这件事。可是，写这部小说时，我根本没有移居国外的想法，并且我深信自己属于离开祖国就无法生活的那些人。"[1]

经过四年时间，《告别圆舞曲》才得以出版。在昆德拉看来，这部小说将结束他的作家生涯。因为，在人没有自己的存在，也没人能读到你的书的国家，继续写作还有什么意义呢？他说："那是我生命中最悲哀的一段时期。"那时，尽管无须向任何人汇报给他带来了最初的快乐，可似乎只有法国人还没忘记他，特别是经常来布拉格拜访他的克洛德·伽利玛。出版商自有衡量，一个重要作家放弃文

---

[1] 《告别圆舞曲》捷克语版的作者注。

学将是多么大的浪费。1973年,昆德拉前往巴黎接受《生活在别处》所获的美第奇外国作品奖。他受到了热情接待,许多法国朋友询问他正在写什么书。克洛德·伽利玛很清楚他在捷克斯洛伐克的处境,建议他来法国继续进行创作,况且他当时的读者首先是法国人。出版商没有使用语义过于明确的"移居国外"一词,但仍然希望他考虑一下。伽利玛知道自己的朋友还没有做好破釜沉舟的准备。返回布拉格后,昆德拉发现知识分子和作家的处境不断恶化。一些人不再抵抗,而是开始通过地下出版社秘密传播自己的作品。他应该效仿他们吗?有一刻他曾经这么想过,可害怕由此陷入持不同政见者的身份。

米兰和薇拉终于下决心离开。但他们并非像《告别圆舞曲》中雅库布所做的那样,决定移居国外。当时,他们只不过想抓住出现在眼前的机会,让自己呼吸一点新鲜空气。1975年夏,上布列塔尼省的雷恩第二大学给作家提供了一个总体文学与比较文学副教授的职位,聘期两年。也就是说,只是一段时间。他毫不犹豫地接受了。这个合乎规定的邀请使得昆德拉夫妇完全合法地离开了自己的国家,捷克斯洛伐克当局给他们发放了离境签证。正因为如此,抵达法国不到一年的时候,昆德拉才会向一位德国记者声明:"我有权返回捷克斯洛伐克。这对我来说非常重要。永久移民的生活将使我沮丧。另一方面,我只能待在我可以写作的地方。而此刻,写作在法国比在捷克斯洛伐克更有可能。"[1]

1975年7月20日,周日,在薇拉的陪伴下,他登上一辆雷诺5型轿车,向西方驶去。他是否知道自己再也无法返回这个国家生

---

[1] 《与安德雷亚斯·W.米策的谈话》,《欧洲观念》第20期,1976年6月。(Entretien avec Andreas W. Mytze, *Europäische Ideen*, n° 20.)

活?在这里,他度过了人生的前四十六年。也许不知道。"我妻子和我,我们乘车出发了,带着四箱行李和几箱书。我们带走的就这么多东西。"实际上,假如离开几个月,这些东西已经够多了,倘若确信再也不会回来,则太少。

8月初,昆德拉一家到达雷恩。1983年,他向作家达尼埃尔·龙多叙述道:"我们刚刚经过了一些非常美丽的法国城市,那里的大教堂十分宏伟壮丽,接着我们进入旅程中第一个难看的城市,它真的很丑陋。就是雷恩。"[1]第一印象太糟糕,以至他们决定去圣马洛过夜。失望过去后,他们搬入广景大厦第三十一层,那是位于布尔格-莱韦克区的一幢摩天大楼,由建筑师乔治·马约尔于五年前设计建造。"第二天早晨,当阳光把我叫醒时,我明白这些宽敞的窗户朝向东方,布拉格的方向。"昆德拉通过《笑忘录》中某个句子转弯抹角所说的心里话,表露出这个远居他乡之人内心特别的忧郁。在他看来,这种情感会很快变得淡薄,并最终消失。因此,他在1984年回忆道:"在雷恩度过的那些年非常幸福;通过外省,更容易了解法国。我们能更快地学习语言和习俗。"[2]在1994年5月5日写给法国文学教授、过去的同事贝尔纳·于的一封信中,他甚至断言:"我经常察觉到,我一生中真正的怀念,更多在于雷恩,而不是布拉格。对此,我自己也感到吃惊。"[3]

在雷恩,昆德拉又回到他最初的教师职业,主讲一门关于"卡

---

[1] 《解放报》,1983年4月。再次发表于《欧洲快车》,题为《昆德拉,一个在巴黎的欧洲人》。(*Libération*, avril 1983. Repris dans *Trans-Europ Express*, Seuil, 1984, sous le titre « Kundera, un Européen à Paris ».)

[2] 《与安托万·德·戈德马尔的谈话》,《读书》1984年2月。(Entretien avec Antoine de Gaudemar, *Lire*, février 1984.)

[3] 参见贝尔纳·于和马克·贡塔尔,《书写布列塔尼》。(Bernard Hue et Marc Gontard, *Écrire la Bretagne*, Presses universitaires de Rennes, 1995.)

夫卡与中欧文化传统"的研讨班课程。他的所有学生都回忆说昆德拉是位出色的老师，总是用心设计每一堂课。由于对法语的掌握还不算完美，备课工作占据了他大量的时间。1975年10月，大学开学后，他接受《法国西部报》(Ouest-France)一位记者的采访，并十分简洁地表示："雷恩是一座让人可以集中精力工作的城市。"[1]而在同事们的记忆中，他是一个彬彬有礼的人，但更确切地说有些冷淡。贝尔纳·于回忆道："米兰是非常谨慎的人。他不会主动跟别人来往。"[2]西班牙文学教授阿尔贝·邦苏桑也确认："让这个痛苦的流亡者露出笑容并不容易。"

再次成为纯粹的教师后，昆德拉觉得自己，至少作为"实践者"，已经与文学分道扬镳。他专心教课，又忙于发现一个他还不了解的国家，忙于享受一种自己不再被政治对手视为目标的生活，除了偶尔做些笔记之外，他似乎已经放弃了写作。然而，克洛德·伽利玛坚信，从此以后把捷克作家和他的国家分开的距离将是成功的关键，于是执着地鼓励他重新拿起笔。

1976年夏，昆德拉和妻子在莫尔比昂省公海的美丽岛度过他们在法国的第一个假期。在这个奢华的环境里，他重新投入写作，每天写好几个小时。他已经四年没有进行任何文学创作，仿佛一切又从零开始，于是他选择了把自己引向小说的短篇作品。写出《好笑的爱》十五年多之后，为了开启在法国的写作历程，他回到短篇小说这一形式，在他看来，唯一的目的就是自娱自乐。

在雷恩的两年执教期即将结束，是否回国的问题出现了。1977年以来，随着《七七宪章》的发表，对古斯塔夫·胡萨克政府的反

---

1 《法国西部报》，1975年10月28日。
2 与本书作者的谈话。

抗出现了新的形势,《七七宪章》是一份由两百多名捷克斯洛伐克知识分子签名的请愿书,签名者包括作家瓦茨拉夫·哈维尔、帕维尔·科胡特、雅罗斯拉夫·塞弗尔特、路德维克·瓦楚里克、伊日·科拉尔、扬·特雷夫尔卡及哲学家扬·帕托契卡。该宪章催促捷共当局遵守两年前在赫尔辛基召开的人权大会所制定的原则,捷克当时也签署了《赫尔辛基协定》。签名者要求恢复公民权,尤其是表达、思想传播、结社和示威游行的自由。此外,他们还揭露了秘密警察对民众的监视及其导致的令人窒息的气氛。某些外国观察者认为应将这一事件看作"布拉格之春"的再现。然而,与1968年的情况相反,捷克政府根本没打算缓和其政策。对于这种自由化要求,它以越来越严酷的镇压作为回应,把《七七宪章》运动的十位领导人投入监狱,包括瓦茨拉夫·哈维尔,罪名是意图颠覆国家。

这一局势令移居国外的昆德拉相信,返回祖国的时刻对他而言仍未到来。他知道过去的朋友纷纷被威胁或投入监狱,猜想如果回国的话,自己也将遭遇危险。尤其是,他明白这种敌对环境将阻碍他的创作自由。因此,捷克斯洛伐克发生的种种事件使他延长了在法国的逗留时间。虽然受到了美国大学的邀请,但他更愿意留在布列塔尼,并获准将雷恩第二大学的教职再保留一年。同时,他继续自己的文学活动。他再次阅读了近几个月所写的短篇小说,发现它们被重新编排后可以构成一部长篇小说的各章。

《笑忘录》是昆德拉在法国所写的第一部书,它涉及两个国家(故事情节发生在捷克斯洛伐克和法国),首次展现了流亡者的形象,通过虚构的人物,但有时也通过作者本人。刚刚入住雷恩的公寓时,即便认为只是临时逗留,昆德拉仍体会到分离,体会到因分离而产生的痛苦。想到远方的朋友,他不免感到悲伤:"我的眼里含着泪水，它就像望远镜的镜片，让我更清晰地看见他们的脸庞。"分离把人与物都变得遥远，甚至无法触及，这个纯粹的空间概念同时也改变着时间关系。为保存对往昔的记忆，远居他乡的人必须经常回想过去，否则它就可能被遗忘。

在《告别圆舞曲》中，雅库布移居国外之前，竭力想保存某些记忆，通过这个人物，昆德拉已经提到那种对过去进行心理重构的练习："他试图对离开这个国家的想法深信不疑。他努力回想自己过去的生活，努力把它看作广阔的风景，他带着怀念转身看这片风景，一片极其遥远的景致。可是，他无法做到。"《笑忘录》中，昆德拉创造了塔米娜这一人物，她是布拉格人，后来移居到"欧洲西部的一个外省城市"，可能就是雷恩，在那里她找到了一份女招待的工作。这个女人经历了双重离别：她失去了自己的国家，丈夫也去世了。尽管移居国外的人能期盼有朝一日回到祖国，而寡妇知道失去丈夫是无法挽回的，但这两种离别具有同样的结果。随着时间的流逝，失去的人或地方的形象变得模糊，并最终在记忆里消失。根据弗洛伊德的观点，这种"哀悼作用"使人在失去心爱之物后继续生存并因此能够重新去爱。

然而，塔米娜的寻找正相反，她拒绝过去时光的消逝。她的斗争是对抗遗忘的斗争。为保存丈夫的鲜活形象，她发明了回忆的技巧：画影图形的技巧，就是当她面对一个男人时，在心里重新塑造那个人的脸，再通过不断地修饰重建已逝者的特征；或者编年的方法，这必须以清查某个既定时期的所有事件为条件，而最困难的就是把漏洞填满。为此，塔米娜买了十一个小记事本，每本分别属于她与丈夫共同度过的一年，在这些记事本里，她将记录夫妻生活中的每一"分钟"。昆德拉写道："她首先试图找回可以在流逝的时间中作为参照点,并能够在重构的往昔中成为主要结构的那些记忆。比如他们的假期。应该有十一次假期,可她只能想起九次。其中两次永远地消失了。"

塔米娜在与遗忘的抗争中采用的细致方法表明,这一斗争要求发挥记忆的作用。它远不是纯粹的个人练习,这种对于保存过去而言必不可少的精神操练通常是一项集体实践。昆德拉尤其在那些离开自己国家的人身上发现了这一点:"为了能很好地运行,记忆需要被不断训练:如果在朋友之间的交谈中,往事不被提起,久而久之,它们就会消失。移居国外的人与同胞们聚集在一起,互相讲述同样的故事,一直讲到令人厌烦,于是,那些故事便永远难忘。"[1]

人们很想把昆德拉作品中经常出现的遗忘主题,与他自己作为远居他乡之人的处境联系在一起。而这种归于传记角度的理解令小说家厌烦至极。因为早在离开捷克斯洛伐克前撰写的《玩笑》中,这个主题就已经出现。小说开头,路德维克走进一家理发店,他十五年前曾爱过的露茜在那里工作。过去突然涌现,令他激动,可随即这份激动便与不确定性混合在一起:"我观察她,尽管前一刻刚刚惊奇地认出了她,可这个被辨认出的身份慢慢分裂,直至消失。"

若把个体与时间流逝之间的关系限制在单纯的精神领域,这是不对的。在昆德拉那里,遗忘的真正维度是形而上的,正如他向菲利普·罗斯所坦言的那样:"人遭遇这个重大的私人问题:作为失去'自我'的死亡。可'自我'是什么?是我们能记起的一切的总和。死亡令我们恐惧之处,不是失去未来,而是失去过去。遗忘,是人生中始终存在的一种死亡。"[2] 为了驯服这种存在的焦虑,人一生中

---

[1] 《无知》。
[2] 菲利普·罗斯,《与米兰·昆德拉在伦敦及康涅狄格州的交谈》,同前。

都在追寻他的记忆。昆德拉告诉我们,这是最徒劳的尝试,在他看来,记忆和想象都无法重构过去。因此,《被背叛的遗嘱》中的这个结论既绝望又令人绝望:"面临死亡时,人们却不知道曾经历过什么。"

米兰·昆德拉已在法国生活了三年。这并不妨碍捷克斯洛伐克政党或其同人利用一切可能的机会纠缠他。因为,尽管小说家还没有正式移居国外,但他居住在一个"资本主义"国家这个简单的事实就足以将他置于背叛者行列。以此身份,他无法避免某些心胸狭窄的欺压。蒙德罗国际文学奖(Prix Mondello)授奖之际,就发生了这样的事情,该奖项三年前由西西里知识分子设立,1978年颁发给昆德拉的《告别圆舞曲》。到达巴勒莫参加授奖仪式时,昆德拉无比惊诧地发现,由诗人叶夫根尼·叶夫图申科率领的强大的苏联代表团策划了一起针对他的阴谋。苏联人——包括叶夫图申科,而在西方他被认为是解冻期的作家——看到要给一个"人民的敌人"授予荣誉,大受刺激,便对评委会施加压力,试图让尤利·特里丰诺夫获奖。意大利作家、记者列昂纳多·夏夏不得不介入,才使该奖仍旧被授予捷克人。

1978年年中,昆德拉结束了《笑忘录》的写作,那是他直到当时所写的最具政治性的小说。因为那时他行动完全自由,还是可以看作他与同胞们团结一致的征兆?如果说《玩笑》和《生活在别处》再现了一个业已结束的时期,即斯大林主义时期,那么《笑忘录》则相反,它也触及当代捷克斯洛伐克。小说家的主要目标是国家一号人物古斯塔夫·胡萨克,他被描绘为"遗忘的总统"、捷克文化的清算人。昆德拉写道:"1969年,苏联人让他执掌政权。自

1621年起，捷克人民的历史从未经历过此等对文化和知识分子的毁坏……就这一点而言，我认为，胡萨克命令大学和科学院开除了一百四十五名捷克历史学家，具有不同寻常的意义……"

10月，由让·达尼埃尔领导的《新观察家》发表了小说的部分内容，几个月后，1979年春，《笑忘录》出版。夏末，昆德拉收到来自布拉格当局的一封信，告知他8月24日通过了一项针对他的决议。该决议取消了他的捷克斯洛伐克公民身份，这实际上是阻止他返回自己的国家。理由：损害了捷克斯洛伐克在其与苏维埃联盟关系中的利益。此外，他还因几个月前在《世界报》图书周刊《书的世界》上发表的言论而受到指责。那次采访中，昆德拉将"遗忘"的概念用在历史中，揭露了苏联想消灭捷克文化的意图，在他看来，这完全是俄国帝国主义的一种变形："人民在体制改变后继续生存下来。然而，让一个民族失去它的文化，也就是失去它的记忆与独特性，这意味着判处它死刑。这是一个长期的过程，但丝毫没有减弱……捷克文化的历史中，只剩下俄国极权制思想能够容忍并接受的东西。因此，所有（扎根于17世纪伟大的巴洛克时期的）天主教传统都被清除，而欧洲无神论精神（及其所包含的一切放纵、不可知论、怀疑论、非道德主义的东西）也同样被消灭，'西方的腐朽之物'（卡夫卡的作品、超现实主义、精神分析、解构主义等）及所有构成现代民族意识的东西都遭到查禁；1918年捷克斯洛伐克共和国的缔造者、伟人马萨里克及其哲学、社会学著作也一并从历史中消失了。"[1]

令人吃惊的是，在这番话里，就像他在《笑忘录》中所描绘的

---

1 《世界报》图书周刊《书的世界》，1979年1月9日。

古斯塔夫·胡萨克的残暴形象里一样,他对捷克斯洛伐克的政治制度进行批评时并没有使用谨慎的措辞。当作家还生活在自己的国家时,这根本无法想象,这种语调的自由表明,昆德拉并不是出于天真而直截了当地说出自己的观点,相反,他非常清楚这么做会给自己带来的后果。昆德拉失去国籍一事在报纸上引发了普遍反响,促使法国机构特别出于某些政治原因,对被驱逐的作家倍加关切。1979年9月,与雷恩第二大学的合约到期时,他被享有盛名的法国社会科学高等研究院(EHESS)聘用,该研究院坐落于巴黎的拉斯帕伊大道。昆德拉一家离开布列塔尼前往首都,搬入蒙帕纳斯区,他们将居住在那里多年。1981年7月1日,在文化部长贾克·朗的建议下,米兰·昆德拉被刚刚当选共和国总统的弗朗索瓦·密特朗授予法国国籍。按照惯例表达了感谢之后,他表示:"法国已经成为我的书的祖国。因此,在某种意义上,我追随了我的书的道路。"

与长期不为法国人所了解的其他中欧作家——波兰人维托尔德·贡布罗维奇或罗马尼亚人埃米尔·齐奥朗——相反,米兰·昆德拉在法国受到了热情迎接。在他的朋友阿兰·芬基尔克劳看来,"由于《玩笑》的成功及捷克人民经受的磨难,他一来便受到瞩目。法国读者的眼睛瞄准布拉格,当时,那里是痛苦之都。他来到法国时已经名声赫赫。人们没有为他铺红地毯,却为他在雷恩的大学谋了一个职位。法国人很好地接待了他,这确定无疑。这种境况使他就远居他乡一事说了一些自相矛盾的话。由于始终被**媚俗**所困扰,与某种对流亡的伤感描写相反,他说这对他而言是一个机会。这完全不是故作姿态,但对不出名的流亡者来说,并不适用。我父亲在20世纪30年代初离开波兰,他向我叙述说,在巴黎生活的最初几年里,他非常痛苦,常常夜晚坐在床上流泪。"[1]

昆德拉拒绝被视作受害者,他不停地强调移居法国给他的作品及他本人带来的益处。"有某种关于我的成见,所有人都在重复,认为我是个几乎被自己国家驱逐的人。这一处境被认为是悲剧性的。它是悲剧性的,不过幸好,人类的一切境遇都自相矛盾。总是悖论拯救一切。我的处境中的悖论在于,我失去了我的第一个祖国,可我在法国非常非常幸福。对我作为小说家的工作而言,这是一种极大的丰富。甚至就语言来说也同样,通过您的语言与您不停被翻译成的语言之间的对照,就好像两种语言在镜子中看见自己。正因为如此,您使用的每个词,您都以语义上最准确的方式使用它。在这里我觉得自己丝毫没有变贫乏,而是变丰富了。"[2]

昆德拉拥有了新的祖国,一个问题越来越剧烈地折磨着他,就是语言问题。几年来,他对法语的掌握程度不断提升,于是问题从一个新的角度被提了出来。他是否应像埃米尔·齐奥朗那样,放弃母语而直接用法语写作?1980年,小说家弗朗索瓦·努里西耶建议他这么做。当事人最终的反应是:"我无法想象自己用另一种语言写作。我年纪太大了。随笔,可以,但小说不行。"[3] 1987年,在美国的《集萃》杂志(*Salmagundi*)上,昆德拉再次谈到随笔作者的语言和小说作者的语言之间的区别:"我完全能用法语进行思考;今天,我甚至更喜欢用这种语言而不是捷克语来思考。假如我要写一部随笔,并且可以自由选择使用何种语言,那我会选择法语。在采访中,如果我可以在母语和寄居国的语言之间进行选择,那么我

---

1 与本书作者的谈话。
2 《阿波斯托夫》,同前。
3 《昆德拉闲谈录》,让-保罗·鲁的纪录片,法国电视一台,1980年。(« Milan Kundera à bâtons rompus », documentaire de Jean-Paul Roux, TF1, 1980.)

宁愿使用后一种。但我无法用法语来叙述任何笑话；本该有趣的故事会变得笨拙，甚至完全失败。因为，思考和叙述是两种不同的活动。我知道自己想用法语来写下一部小说，但我不认为自己有能力这么做。"[1]

流亡者就像杂技演员一般，走在两种语言之间拉紧的绳索上，对他而言，重要的是身份。什么时候他最是他自己？当他用自己最初所讲的语言，还是用他的东道主的语言进行自我表达时？原籍保加利亚的法国心理学家、作家茱莉亚·克里斯蒂娃表述了某种左右为难的窘境："不讲自己的母语。周围的音调和各种必然联系，已经断了记忆……断了儿时酸甜参半的睡梦……这种语言正在枯萎，但永不会离您而去。您不断磨炼使用另一种工具的能力……您可以变成掌握这项新技能的高手……您感到新的语言是您的新生，然而，当您听见自己说话……当您声音的旋律对您来说变得奇怪时，幻想被撕裂了。"[2]

被克里斯蒂娃描绘为痛苦和异化的东西——"异化"在词源学上的意义是"成为他者"，即对自我而言是陌生的——昆德拉宁愿用爱的语言来谈论，他把法语比作要征服的女人，征服行动令人兴奋，却注定失败。"当我讲法语时，一切都不简单，没有任何言语的自动反应来帮助我。每句话都是征服、成就、思考、创造、历险、发现与惊奇，每一种表达都要求我机智行事。法语永远不会取代我的母语；它是我热爱的语言。我想象着自己与它的关系，就像一个

---

[1] 乔丹·埃尔格拉布里，《与昆德拉的交谈》，《集萃》第73期，1987年冬。（Jordan Elgrably, « Conversations with Milan Kundera », *Salmagundi*, Saratoga Springs, n° 73.）

[2] 茱莉亚·克里斯蒂娃，《陌生的自我》。参见阿纳·玛丽亚·阿尔韦，《米兰·昆德拉对流亡的定义》，《葡萄牙法语研究协会手册》。（Julia Kristeva, *Étrangers à nous-mêmes*, Gallimard, 1998. Cité par Ana Maria Alves dans « Pour une définition de l'exil d'après Milan Kundera », *Carnets de l'APEF*, 2017.）

十四岁的男孩,绝望地爱着葛丽泰·嘉宝。她被逗乐了,看着可怜的小孩,大笑起来。而他,用颤抖的声音说道:'我想和您睡觉,不跟其他任何人。您不能对我有欲望吗,就一点点?'葛丽泰·嘉宝无法停止狂笑:'你?啊!不,不,不,真的不能。'然而,拒绝让爱更强烈。法语越不喜欢我,它就越让我心醉。"[1]

在昆德拉的两种语言,他的母语和他热爱的语言之间,出现了一条纽带:翻译,他在翻译上耗费了自己的大部分时间。1985年起,他着手修订所有小说的法语版,这项任务持续了两年多。他希望法语文本具有"与捷克语文本同样的真实价值",以便他的著作在其他语言中的翻译可以选择基于法语版或捷克语版来完成。达到这种完美的对等,要求原文没有任何模棱两可之处,没有任何无法被搬移至另一种语言的地方特质与形式特色。正因为如此,在塞利纳或普鲁斯特的意义上谈论昆德拉的风格十分困难。前者,就自己的写作谈到他的"小音乐";后者,把作家定义为在自己的语言中创造一种外语的人[2]。

昆德拉并不追求这样的独特性。不是因为他不关注形式,他很关注,但在他看来,形式应首先服务于意义。这一要求非但不会损害形式之美,反而有助于它。正如昆德拉作品最好的评注者之一克维托斯拉夫·赫瓦吉克所强调指出的:"我所了解的作家中,没有其他任何一个如此彻底地执着于每个词的精确、节奏的严密,以及句

---

[1] 致安德烈·克拉瓦尔的信,引自《日内瓦日报》(*Journal de Genève*),1998年1月17日至18日。

[2] "美好的书都是用某种外语写成的。在每个词之下,我们每个人赋予自己的见解,或至少是自己的意象,这种见解或意象往往是一种曲解。但在美好的书里,所有人们做出的曲解都是美好的。"(马塞尔·普鲁斯特,《驳圣伯夫》。)

子的语调和节奏,也没有其他任何一个如此敏感于令人不舒服的隐含意义……他要求表达清晰,在语义上绝对只有一种可能,这就排除了语言的晦涩、模糊与含混不清(这丝毫不意味着必须断定文本在整体上具有单义性)。"[1] 沿着同一思路,弗朗索瓦·里卡尔将昆德拉的文笔形容为"朴实而清晰的,没有单纯追求修辞效果的修饰,完全服从于明晰、简洁和语义精确的要求"[2]。

在阿兰·芬基尔克劳看来,昆德拉写作的优点"在于极度的朴实。或许因为他不想显得很现代"。这种朴实,这种他在《被背叛的遗嘱》中所写的"作为审美意图的简练",正是昆德拉的要求:"我的言语要朴实、准确,仿佛透明一般,并且它希望在所有语言中都如此。"[3] 追求明确的执着愿望,有时导致小说家要花很长时间寻找恰当的词。当昆德拉修订《好笑的爱》的短篇小说之一《爱德华与上帝》时,他读到一个让他为难的句子:"他的身体停止了被动的抵抗;爱德华很激动!""我上百次停在'激动'这个词上,很不满意。在捷克语中,爱德华'很兴奋'。无论'激动'还是'兴奋',都无法令我满意。后来,突然,我找到了;应该说:'爱德华勃起了!'这么简单的主意,我为什么没有早点想到呢?因为这个词在捷克语中不存在……代替'勃起',捷克人只能说'他的阴茎竖了起来'。"[4] 就用"勃起",这是与弗朗索瓦·凯雷尔进行了长时间讨论之后做出的修改:"我们为此交谈了好几个小时。我不同意他的想法。他坚持用

---

1 克维托斯拉夫·赫瓦吉克,《米兰·昆德拉的小说世界》。(Květoslav Chvatík, *Le Monde romanesque de Milan Kundera*, Gallimard,1995.)
2 弗朗索瓦·里卡尔,《米兰·昆德拉作品集》第一卷序,同前。
3 居伊·斯卡尔佩塔的采访,《看不见的边界》,《新观察家》1998年1月15日。(Guy Scarpetta, « La Frontière invisible », *Le Nouvel Observateur*,15 janvier 1998.)
4 《小说的艺术》。

'勃起',但我认为不合适,因为昆德拉的语言非常精练,没有任何口头用语。"[1]

1990年,《不朽》出版,这是昆德拉用捷克语写的最后一部小说,也是第一部与捷克斯洛伐克无关的小说。尽管受到伽利玛出版社的邀请,但弗朗索瓦·凯雷尔由于时间安排太满,没能承担翻译工作。在书的标题页上,"由埃娃·布洛克译自捷克语"这一说明令人困惑。人们都在思忖译者的身份:这个任何人都没听说过的埃娃·布洛克是谁?似乎她此前从未翻译过任何书。有人想到这可能是化名。那么,谁隐藏在后面呢?弗朗索瓦·凯雷尔提供了一个线索:"我非常怀疑埃娃·布洛克就是米兰本人。"如果知道作者喜欢故弄玄虚的话,那么这个假设完全可以成立。

20世纪80年代初,昆德拉开始直接用法语写作,特别是发表在《辩论》杂志上的那些文章(《布拉格,正在消失的诗》,1980;《被劫持的西方或中欧的悲剧》,1983)。随后是两部随笔集《小说的艺术》(1986)和《被背叛的遗嘱》(1993),书中辑录了数篇已经分别发表过的文章。紧接着《被背叛的遗嘱》,他开始用法语撰写另一部随笔,这次是关于两位启蒙运动时期的作家:肖德洛·德·拉克洛和维旺·德农。他对自己的出版商安托万·伽利玛说道:"写了几页后,我觉得自己厌烦得透不过气来……为了解放自己,也为了自娱自乐,我把随笔变成了一个大大的笑话。于是,1995年,我最轻松的一部小说《慢》诞生了,书中'没有一个词是严肃的'。那是我的第一部法语小说。"[2]

---

[1] 与本书作者的谈话。
[2] (与安托万·伽利玛的)谈话,《伽利玛出版简报》2003年3—4月。弗朗索瓦·里卡尔引用,同前。[« Entretien (avec Antoine Gallimard) », *Bulletin Gallimard*, mars-avril 2003. Cité par François Ricard.]

为了让自己最终成为法国的"法语"小说家，昆德拉必须越过文学体裁之间的界限。《慢》确实是一部小说——有故事情节和人物——但其中夹杂着大段对《没有明天》的思考，昆德拉认为维旺·德农的这个放荡故事是法国文学中最优秀的作品之一。此外，人们还注意到，昆德拉文学生涯中两次最重要的选择都源于同样的娱乐尝试，也就是说寻找一种消遣活动来摆脱烦恼。首先是20世纪60年代初，他放弃诗歌而选择小说；接着是三十五年后，他选择完全用法语来写小说。在以法语作为唯一写作语言的这种转变中，弗朗索瓦·凯雷尔看到了另一个对原籍捷克的法国作家来说非常重要的好处：翻译的问题最终得以解决。

第十二章
对存在的思考

转眼间便从共产主义的东欧来到资本主义的西欧,从意识形态的统一转入市场的专制,从一种语言转向另一种语言,这将导致经历了动荡的那个人对自己的身份提出疑问。而当其他人也参与其中时,这种疑问就更加凸显。于是,移居国外的捷克斯洛伐克人米兰·昆德拉学会如何封住那些人的嘴,他们不厌其烦地要求他选择自己的阵营:

"您是共产主义者吗,昆德拉先生?"

"不,我是小说家。"

"您是持不同政见者吗?"

"不,我是小说家。"

"您是左翼还是右翼?"

"不是左翼也不是右翼。我是小说家。"[1]

令人吃惊的对话,只有把它重新置于20世纪70年代末的那个时期,才能品出个中滋味。作家刚刚离开一个意识形态无处不在的国家,可一到法国——处于1968年"五月风暴"后十年的法国——

---

1 《被背叛的遗嘱》。

就发现，个人，尤其是有名的人，无法摆脱左翼／右翼的政治二元对立，假如有人胆敢自称是"不参与政治的"，那么很快就会被视为可怕的反动分子。这种把一切都政治化的倾向令他难以忍受："我所知道的最愚蠢的一句话就是：'一切都是政治的。'这是极权制的语句。"[1]

这一简略的表达以其激进性让某些法国评论者有些怀疑，他们始终把昆德拉看作一个持不同政见者。然而，作家坚持自己的观点。1979年1月19日，在《世界报》的一次采访中，他再次对这一政治观加以指责，并尖锐地指出，一个名副其实的艺术家不能让他的艺术服务于任何一种政治目的："所谓介入的（即服从某种政治纲领的）艺术并不抨击现实，而是将现实隐藏在事先准备好的解释之下。它属于一种强大而有害的倾向（西方都未能幸免），这种倾向想为了抽象的体制而掩盖具体的生活，把人局限于唯一的社会职责，令艺术丧失其不可预见性。无论表态拥护这些人还是那些人，为某种政治目的服务的艺术都必然具有这种普遍的愚昧。"

昆德拉从来没有摒弃他对介入艺术与介入文学的憎恶，哪怕在这过程中会粗暴地对待几位伟大的作家。1984年，贝尔纳·皮沃询问他对乔治·奥威尔的看法，他几乎用尖刻的言语去刺伤《1984》的作者。无论如何，他认为有必要明确表达自己的观点，并揭示这种一贯看法的深刻原因："我厌恶那种教导我们、阐明某些主题的政治性、主题性和说教性文学。很早以前，我就对奥威尔过敏。后来，我欣赏他在随笔中显现出的特别的清晰，他的小说里也能找到这种清晰，但我不太喜欢他的那些小说。我在布拉格时，过敏就出现了，

---

[1]《昆德拉闲谈录》，同前。

那里,一切都被政治化,文学总是必须服务于某样东西。艺术具有宣传的特征。于是,人们甚至开始憎恶文学,因为它充当着完全正确的思想。简单来说,人们讨厌文学必须有用的观点。人们希望文学是独立的。"[1]

当被问到政治取向或国籍时,昆德拉之所以总是向旁边跨一步,随口说出相同的简练回答——"我是小说家",是因为从此以后,这就将成为他的身份。小说家为自己谋求的"治外法权"使他既摆脱了人们想把他禁锢在其中的那些类别,但同时也自相矛盾地确定了他在文学时空中的位置。昆德拉认为,小说——纯粹的欧洲发明——的历史归结为一系列的发现。在《小说的艺术》中,每一种发现都被赋予一位先驱者:塞万提斯与冒险;萨米埃尔·里夏尔松与秘密感情生活;巴尔扎克与人在历史中的扎根;福楼拜与日常生活的未知领域;托尔斯泰与人类行为的荒谬;普鲁斯特与无法抓住的往昔;乔伊斯与无法抓住的现在;托马斯·曼与神话的作用;卡夫卡与人在已成为陷阱的世界里的种种可能;等等。

在小说的这部编年史中,昆德拉区分了两个主要时期:第一个时期以构思与想象的极度自由为特征,代表性作家是塞万提斯、狄德罗和拉伯雷,对于拉伯雷,他有一种特别的喜爱。关于《巨人传》,他在《被背叛的遗嘱》中写道:"一切全都在此:可能的事与不可能的事、寓意、讽刺、趣闻、真实和幻想的游历、博学的辩论、纯粹言语技巧的离题话。"第二个时期诞生于19世纪初,是编码阶段,那时,巴尔扎克式的小说获得崇高声誉,它必须遵守严格的规则,

---

[1]《阿波斯托夫》,同前。

包括情节和人物的心理现实主义，情节、人物及它们演变的场所都被细致地加以描绘。

在昆德拉看来，现代小说的出现开启了第三个时期。小说一方面融入当代世界的演变，另一方面却重新恢复某种形式的自由，找回第一阶段的游戏乐趣："当今的小说家是19世纪的继承者，对早期小说家所处的无比怪诞的世界，对他们在那个世界中所拥有的欢快的自由，心存一种羡慕不已的怀念。"[1] 显然，这也是他自己的怀念。昆德拉把现代小说家与其伟大祖先之间的关系展现为一种重新的获取，一种对被遗忘的美学原则的重新发现，尤其是离题、在叙述中引入哲学思考及拒绝严肃精神等种种权利。最后，在他眼中，这些小说家的主要功绩在于："反对承担为读者提供对现实的幻想的职责，这种职责统治了小说的整个第二时期。"[2]

在按年代的划分之上，昆德拉又加上"小背景"与"大背景"的区别。小背景，即限于某个狭小的地理、文化与语言空间，是捷克斯洛伐克这种小国的特征；大背景则包含世界文学（歌德想象出的概念）。小背景使人低估甚至忽视某些艺术家，如果属于某些"大"文化（法国的、俄罗斯的、德国的），他们就会占据首要地位。这种不利条件由它带来的看待世界的独特性所补偿，因为独特性可以丰富世界文化。于是，捷克文化处于一种进退两难的困境，在1966年与安东宁·J. 利姆的谈话中，昆德拉就此说道："现在，问题是必须知道我们应满足于挽回世界剩余的部分……还是要努力发现新的东西，通过我们自己来表达自身。"[3]

---

[1] 将此视为对他自己小说的一种描写倾向，也并非异想天开。
[2] 《被背叛的遗嘱》。
[3] 安东宁·J. 利姆，《米兰·昆德拉》，同前。

在这个空间-时间轴上,昆德拉位于何处?从地理观点来看,他的旅程令人瞩目,因为世界似乎总是越来越向他敞开。从出生于布尔诺、移居布拉格的外省作家,他成为全国性作家,后来又在法国赢得了世界声誉。在历史层面,如果说起初的抒情浪漫主义把他与小说的第二个时期联系在一起,那么对现代艺术的爱好则将他归于第三个时期,这一阶段意味着投向起源的某种目光。对这种持续性,他如此总结:"作为小说家,我始终觉得自己处于(小说的)历史之中,也就是在一条道路上,与先行者,甚至有可能也(较少)与后来之人进行对话。"[1]

昆德拉很早就勾勒出主题小说和心理小说的范围。他有更为远大的文学抱负:他认为,当小说家并不在于实践某种文学体裁,也不在于专攻对社会各部分或对错综复杂的灵魂的分析,而是要对生存进行探索。当时代被极度政治化,且介入文学成为规范时,这种小说的存在观念显得十分过时,或者就像是一份无力的供词。面对这些批评,昆德拉反而显示出其方法的颠覆性力量:"假如小说拒绝遵循我们这个时代的某种政治意识形态,拒绝参与越来越明显的意识形态简单化,这不是中立,而是一种挑战。因为,小说以这种方式推翻已被接受的价值秩序,推翻已被接受的对正常状态、体制和固有观念的理解。"[2]

与其他那些满足于写书并将书任由它们的评注者去评论的小说家相反,昆德拉始终感到需要对自己的作品进行解释,无论是在谈话中(尤其是与他在法国社会科学高等研究院的助手克里斯蒂安·萨尔蒙的谈话),还是在随笔中(《小说的艺术》和《被背叛

---

[1] 《被背叛的遗嘱》。
[2] 《与诺尔芒·比龙的谈话》,同前。

的遗嘱》)。他很少自我陶醉，为阐明自己的作品，他不停地将它们与自己最感激的那些小说家的作品进行比较：弗朗茨·卡夫卡、罗伯特·穆齐尔和赫尔曼·布洛赫。作为小说艺术家，昆德拉非常热衷于把自己的智力活动解释清楚，尽管身份是"教师-研究者"，但他从来没有用大学的冷漠来对待小说。

除了对小说的这份热爱，他关于艺术与文学的丰富思考似乎无法摆脱同样一种纠缠：误解。误解，意味着其他人可能以错误的方式感知或理解他的书。误解，出现在他的小说的人物之间，但有时也荒诞地主宰他们的命运。因此，昆德拉不仅是误解的受害者，而且是误解的制造者。在随笔和谈话中，他声称最不擅长分析自己的作品，同时却不停地对错误和误解穷追不舍，专注于澄清事实，竭力说明自己对某些人物与某些境况的意图。他认为，误解的根源在语言本身，并居于那些需要不断重新定义的词语之中。于是，他求助于词汇编，无论是在随笔（《小说的艺术》的"七十三个词"）中，还是在小说（《不能承受的生命之轻》的"不解之词"）中，都是如此。在《不能承受的生命之轻》里，为了表明情人之间无法进行交流，一份用语汇编列举出**女人**、**忠诚**、**背叛**、**音乐**、**光明**、**黑暗**等词对萨比娜和弗朗茨而言具有的不同意义。

《玩笑》是一个具有多面性的故事，它将误解作为人与人之间关系的基础突显而出。当路德维克和埃莱娜同床时就是如此。对她而言，这种性关系属于一段爱的伟大历史，但对他来说，这只是报复的手段，因为埃莱娜的丈夫二十年前曾导致他被共产党开除。误解由埃莱娜的自杀（未遂）而具体化。此外，小说的四个主要人物分别向我们提供了共产主义的有关情况，每个人都将体制与自己的个人世界联系起来：雅洛斯拉夫醉心于摩拉维亚民间传统，将之视为对古朴的过去保持怀念的一种方法,科斯特卡则是基督教的狂热信仰者……

昆德拉有时说,小说家"勾画出存在地图"。他究竟如何理解"存在"一词?昆德拉从不会轻率地使用词语,他提出这个确切定义:"存在,就是'在世界之中'。世界构成人的一部分,它是人的维度。存在,并非已发生之事,存在是人类可能性的场域,一切人可能成为的,一切他能够做到的。"[1] "在世界之中"这一表达参考了海德格尔的概念"In-der-Welt-sein",它是"此在"(Dasein)的模态之一,是《存在与时间》的关键,捷克小说家从不否认这个概念对自己作品的影响。即使马丁·海德格尔好像几乎没有关注过小说,昆德拉仍然发觉某种一致性,甚至是这位哲学家的方法与所有伟大小说家的方法之间的趋同:"所有海德格尔在《存在与时间》中分析的伟大的存在主题,在四个世纪的欧洲小说中都曾被揭示、表现与阐明,而先前的整个欧洲哲学却认为它们已经被抛弃。"[2] 与海德格尔及在他之前的他的老师、现象学之父埃德蒙德·胡塞尔一样,昆德拉把世界作为一个需要解决的问题来探讨。他重新思考海德格尔对形而上学的指责,对"存在的遗忘"的指责。对德国哲学家而言,真理被遮蔽,需要艺术来揭示它——科学与技术再也无法做到。

尽管他的书具有显著的哲学意义,但昆德拉不愿因此自认为哲学家,甚至也不愿自认为哲理小说的作者。作为纯粹的小说家,他只是追随本体揭示的**文学**传统,这一传统独立于哲学追寻而展开,从这个观点来看,塞万提斯是最早"对被遗忘的存在进行探索的

---

[1] 《小说的艺术》。
[2] 同上。

人"之一。同样，当克里斯蒂安·萨尔蒙向昆德拉指出他的小说具有"现象学"特征时，他表示反对："这个形容词并不差，但我禁止自己使用它。我太害怕那些教授了，对他们而言，艺术只是哲学与理论思潮的衍生物。小说在弗洛伊德之前就知道无意识，在马克思之前就知道阶级斗争，它在现象学家之前就开始实践现象学（对人类处境的本质的研究）。普鲁斯特并不认识任何一位现象学家，可他的'现象学描写'多么精妙！"[1]

昆德拉认为，小说拒绝任何刻板的思想，在对存在的探索上胜过哲学："哲学家做出断言，而小说家提出假设……《宿命论者雅克》在思想的语言中无法被翻译……但愿人们能理解我：我不愿用哲学家的方式，而想用小说家的方式探讨哲学。而且，我不太喜欢'哲理小说'这个用语。这是一种危险的表达，因为它预先假定论题、成见和论证的意愿。我什么都不想证实，我只是考察问题：什么是存在？什么是嫉妒、轻率、眩晕、软弱、爱的冲动？"[2]

小说的智慧首先在于将世界作为一个复杂而含混的实体来思考，永远不提供决定性的回答。因此，这是一种不确定性的智慧，一种相对真理的智慧，与只看见唯一真理的世界无法相容。这种精神禀性与哲学倾向难以相容，后者把现实归结为体系化的抽象概念。一种安排的欲望，它本将导致形而上学的失败并造成"对存在的遗忘"。昆德拉是海德格尔的仰慕者，但对后者不知道小说历史中"存在智慧的宝藏"感到惋惜。与哲学思想相反，小说思想总是"非系统性、无纪律和实验性的"。这三个特征在尼采那里也能找到，昆德拉认为，所有哲学家中，只有尼采理解了处于多样性与矛

---

[1]《小说的艺术》。
[2]《与安托万·德·戈德马尔的谈话》，同前。

盾之中的存在："尼采对系统性思想的拒绝还有另一种结果：主题的无限拓展；阻碍人们看到现实世界全部疆域的不同哲学分支之间的隔阂消失了，从此以后，任何人类之物都能成为哲学家的思考对象。这使哲学接近于小说：第一次，哲学所思考的不是认识论、美学、精神现象学和理性批评等等，而是**与人相关的一切**。"[1]

与哲学家一样，小说家也探测存在的奥秘。但他采取的方法不同。在此，我们想到吉尔·德勒兹，在他看来，思想"穿越所有创造性活动"，但方式各有不同。每个人都从自己那方面，在自己的领域里，锻造各自捕捉现实的武器。哲学家发明**概念**（海德格尔的**此在**），音乐家运用**情感**——"超出经历生成之人的生成"，而小说家则创造"感知物"[2]，"在感知与感觉的体验者之后继续存在的感知与感觉的总和"[3]。但区别并非必然意味着隔绝。正因为如此，德勒兹注重强调存在于"可理解""可见"与"可闻"之间的纽带和对应。于是，他毫不犹豫地把某些小说人物——如赫尔曼·梅尔维尔所创造的巴特比和亚哈船长——视为特殊的伟大哲学家。

昆德拉用掌握一部分相对真理的小说人物对抗抽象的哲学思想。他写道，小说思想"在包围我们的思想体系中打开缺口；它（尤其以人物为中介）考察所有的思索路径，并试图走到每一条路的尽头"[4]。什么是人物？小说家自问。对某个有生命之人的模拟，甚至是

---

[1] 《被背叛的遗嘱》。

[2] 吉尔·德勒兹创造的新词。

[3] 参见吉尔·德勒兹的《识字读本》（字母I），数字视频光盘。[Gilles Deleuze, *L'Abécédaire* (lettre « I », comme Idées), DVD de Pierre-André Boutang (avec Claire Parnet), Éditions Montparnasse, 1989.]

[4] 《被背叛的遗嘱》。

作者的复制品？都不可能，昆德拉回答。人物是一种想象的构建，一个以其行动与思想承载一小部分存在的"实验的自我"。"小说因此与它的初始阶段重新建立联系。堂吉诃德几乎无法被想象为一个有生命的人。然而，在我们的记忆中，哪个人物比他更鲜活呢？"[1]

昆德拉认为，自小说存在以来，任何小说都追求唯一的目标：解答"我之谜"。这个"我"——在作者那里，"我"经常与"自我"，甚至与"存在"混同起来——只有在其与世界关系的特殊性中才能被理解，从这一前提出发，昆德拉使用他的人物时把他们当作对现实的各种不同看法。现实只有经由每个人的感知，亦即通过主观途径，才得以最终形成并具体化。尼采让查拉图斯特拉对太阳说，"哦，伟大的星球！假如没有你所照亮的那些人，你的幸福将是什么？十年来，你每天来到我的洞穴，如果没有我，没有我的鹰和蛇，你就会对你的光明和轨道感到厌倦"[2]，就像在他那里，以及后来在萨特等存在主义思想家那里一样，昆德拉也认为存在始终先于本质。并且，这一确信本身就阐明他在作品中不断展开的"对存在的思考"。因此，在他的书中寻找任何客观性，寻找一种勉强算是的现实主义，或者像在存在主义作家的作品里那样寻找某种唯一的真理，都是徒劳。在昆德拉那里，相反，小说希望成为一系列往往相互矛盾的假设。

从这个角度来看，"实验的自我"这一机制对昆德拉而言所具有的优势在于，与心理描写相比，它可以提供大量的观点。然而，随着小说创作的推进，他对人物的运用将经历某些变化。在《玩笑》中，昆德拉选择了一种多声部的结构，就像在黑泽明的电影《罗生

---

[1] 《小说的艺术》。
[2] 弗里德里希·尼采，《查拉图斯特拉如是说》序诗。

门》(*Rashômon*)里看到的那样,该片里,六个不同人物分别叙述了女子遭强奸一事,每个人都对事情经过提供了自己的说法。在昆德拉唯一一部以第一人称单数撰写的小说《玩笑》中,四个人物各自以自己的名义讲话,对某个确切事件,对他认识的某个人,或更宽泛地对时代政治背景表达不同的观点。昆德拉小说的力量在于,表达各种观点和诸多矛盾假设,却并不赋其中任何一个特权。这一观念与主题小说背道而驰,主题小说的意图是论证某些先验确定的真理。相反,昆德拉认为:"小说是一个道德评判被悬置的领域:在那里,唯有小说人物能充分发展,也就是说,那些个体的设定不是根据某种预先存在的真理,他们没有被当作善与恶的样板,也没有被当作相互对立的客观法则的表现,而是被当作建立于自身道德、自身法则之上的独立生命。"[1]

所有这些其自主性得到昆德拉称赞的人物,都是一种**无中生有的创造**吗?他们在何种程度上是作者个人经验的流露?被问及这一主题时,昆德拉描述了小说家如何成功地逃离自传的陷阱:"当然,您所写的一切都与您的生活有关。小说诞生于您个人的情感,但只有当您截断与生活相连的脐带,并开始探询生活本身,而非您的生活时,它才能真正获得长足发展。一位描写嫉妒的小说家应把嫉妒当作存在的问题,而不是个人的问题来理解,哪怕他生活在嫉妒之中。为了写作,我需要想象自己没有经历过的境况,求助于各种人物,对我而言,他们是各自不同的实验的自我。正因为如此,一部小说,哪怕它完全不是自传性的,也总是极具个人色彩:您在人物

---

[1] 《被背叛的遗嘱》。

身上看到自己的可能性,看到您本该是或可能成为的那些人。这既涉及女性人物,也涉及男性人物,但与自传毫不相关。"[1]

仿佛为了更加显示其人物的自主性,昆德拉给他们当中的每一个都赋予一种他所称的"存在密码",其中包含着人物与世界关系的本质。正如他在《小说的艺术》中所解释的那样,这一密码由几个关键词组成。于是,在《不能承受的生命之轻》里,特蕾莎的存在密码的核心在**身体**、**灵魂**、**眩晕**、**软弱**、**牧歌**、**天堂**等词里,而托马斯的存在密码则围绕着**轻/重**的对立。生存密码也可以指向一对情人。萨比娜和弗朗茨这一对的存在密码由一些词(概念)构成,这些词(概念)限定了两人情侣生活的界限:**女人**、**忠诚**、**背叛**、**音乐**、**黑暗**、**光明**、**队列**、**美**、**祖国**、**墓地**、**力量**。这种情况下的困难是,所有这些词都在另一个人的生存密码中具有不同的意义。就这样,昆德拉再次上溯到误解之源。

从第二部小说《生活在别处》开始,昆德拉放弃了每个人物以第一人称进行讲述的复调叙述方式,转向对第三人称的系统性使用。这种从"**我**"向"**他**"的转变对他的小说美学具有重要影响,即为他准备了一个空间,在那里他能够以作者身份对自己的读者讲话。于是,他可以评论人物的活动或行为,有时甚至可以考虑赋予小说其他可能的进展。第六部分的开头极好地表明了这一点:"每个人都感到遗憾,除了自己唯一的一种生存之外,无法经历其他的人生;您也一样,您希望经历所有未实现的潜在性,所有您可能拥有的生活……我们的小说就像您。它也想成为其他小说,那些它本可以成为,却没能成为的小说。正因为如此,我们始终梦想着其

---

[1]《与安托万·德·戈德马尔的谈话》,同前。

他可能的、尚未建成的观察台。假设一下，比如我们把观察台设在画家的生活里，设在看门人儿子的生活里，或者设在红发姑娘的生活里……"

小说家启发读者想象其他的可能性，其他的存在可能，而任何可能都无法抵达一种绝对的真理。在与英国小说家伊恩·麦克尤恩的一次讨论中，昆德拉解释了这种方法，并由此明确他赋予自己在小说中的作用，以及他与人物之间保持的关系："我需要听见一种在小说里进行思考的声音，但不是哲学家的声音。小说家的方法是在问题中心越走越远，却不提供解答……我不会硬说自己了解人物的一切，就像我无法断言自己了解朋友的一切。我在假设的层面上写作。与朋友之间的相处也同样如此。即使我们谈论最亲密的朋友——尽管我们能说出关于他的很多事情，观察始终是一种假设。"[1]

前两部小说帮助昆德拉对他的小说设置进行了精心准备。从第三部小说开始，作者越来越多地介入叙述。在《告别圆舞曲》中正是这样的情况，他以卡桑德拉[2]的方式，粗鲁地招呼露辛娜的情人弗朗齐歇克，向他预言最可怕的灾难，灾难的原因不是厄运降临，而像通常一样，在于最初的误解："我可怜的弗朗齐歇克，你一生都稀里糊涂，什么也不明白，你只知道你的爱杀死了你所爱的女人，你对此深信不疑，把它当作一个秘密的恐怖标记。你就像麻风患者一样四处游荡，把无法解释的灾难带给自己所爱之人，你仿佛不幸的制造者一般，整个一生都在游荡。"

五年后，在《笑忘录》中，昆德拉不断要求读者介入，把读者

---

[1] 伊恩·麦克尤恩，《对米兰·昆德拉的访谈》，《格兰塔杂志》1984 年 3 月。(Ian McEwan, « Interview with Milan Kundera », *Granta Magazine*, mars 1984.)

[2] 希腊、罗马神话中特洛伊的公主、预言家。——译注

变为一个完整的人物，让读者参与对"我之谜"的澄清。嵌入小说缝隙里的大量呼唤证明了这一点，呼唤的唯一目的似乎是表明在何种程度上现实既是相对的，又是复杂而含混的："请您理解我……"；"是的，确实如此，但我不认为这个解释令人信服"（第939页[1]）；"是的，是这样"（第941页）；"让我们换一种说法"（第961页）；"我想明确表达这一肯定"（第971页）；"是的，您已经注意到了……"（第999页）；"我还是别让您继续听关于写作史的课了"（第1010页）。这些不断对读者说出的话经常以命令式（第一和第二人称复数）写成，但也有直陈式，在这种情况下，作者再次以其本来用法使用了《玩笑》中的第一人称，以便表明自己的意图。他在《笑忘录》中写道："我计算过，在人世间，每秒钟就有两三个虚构的人物在受洗中获得名字。所以，我总是犹豫是否加入那些数不清的施洗者约翰之中。可怎么办呢？我必须给我的人物一个名字。"

尤其是，尽管昆德拉在别处总是断言小说家是某个"羞于谈论自己"（《小说的艺术》）的人，但在《笑忘录》中他首次让自己作为人物出现，特别向读者讲述了父亲临终前他与父亲之间关系的许多细节，以及他在20世纪70年代初进行的占星家的活动。可是，昆德拉一向拒绝展现自己的私人生活，人们无法想象他由于见风使舵或自我陶醉而违背自己的意愿。乍看起来好像是悖论的东西，也许其实不过是一种伪装或作者的一种计谋，他始终对文学告白的可靠性表现出鲜明的批判态度。他在与伊恩·麦克尤恩的交谈中说过的这些话就是证明："发生在政界上层的事情也会出现在私人生活里。乔治·奥威尔描写了一个由政治权力决定真理，决定应被遗忘之事

---

[1] "七星文库"《米兰·昆德拉作品集》第一卷的页码，后同。

的世界。而作为小说家,我却对其他东西感兴趣。我所感兴趣的是,我们中的每个人,有意识或无意识地,都在书写自己的历史。我们在不停地写自己的传记,常常赋予事物一种不同的意义,我们的意义,令我们满意的意义。我们选择并塑造使自己平静、令自己高兴的事物,同时抹去可能使我们受到轻视的一切。"[1]

不过,为了让人物能就存在中至今仍没有被探测的部分带来新的信息,还得将他们置身于某种有利的境况。昆德拉的朋友、同时代人菲利普·罗斯认为,现代小说的特性就是将人物放置在极端处境中,这些处境最能揭露人的存在:"我似乎有一种倾向,总是写处于某些极端境遇中的人物。不过,说这些,我只是描述什么是写作。难以想象,一本书的主人公或某个重要人物不处在某种极端处境中。为什么呢?这并非只与书有关。这在任何时候都会出现。每个人都会突然陷入对自己而言极端的处境,在这种极端处境中,我们看到他经历考验,他的轮廓就会清晰地呈现在我们眼前。我认为,这是20世纪文学十分常见的方面:极端处境成为永恒的主题。"[2]

昆德拉对历史的理解正是基于同样的观点,他为历史提出了这个定义:"这种敌对的、不人道的力量……从外部侵入我们的生活并把它摧毁。"[3] 在他看来,历史并非一系列引人注目的事件,而是人类存在的一个极端维度。正因为如此,他始终否认写过历史小说,把历史小说大致视为对某一历史时刻的纯粹阐明,而不是探索人类存在的工具。他决定让《生活在别处》中年轻的诗人雅罗

---

1 伊恩·麦克尤恩,《对米兰·昆德拉的访谈》,同前。
2 弗朗索瓦·比内尔、阿德里安·索朗,纪录片《菲利普·罗斯,一部作品的传记》。(François Busnel et Adrien Solan, *Philip Roth, biographie d'une œuvre*, 2018.)
3 《被背叛的遗嘱》。

米尔成长于刚刚由共产党掌权的捷克斯洛伐克,或者让《不能承受的生命之轻》的主人公生活在"布拉格之春"时期,这不是为了描写一个历史时期,而是因为这些特殊的形势为普遍存在提供了新视角。[1] 他写道:"对我们来说,描写哪个时代并不重要……之所以选择了那个时代,不是因为我们想描绘它,而仅仅因为在我们看来,它就像一个为兰波和莱蒙托夫设置的无与伦比的陷阱,一个为诗歌和青春设置的无与伦比的陷阱。那么,小说不正是为主人公设置的陷阱吗?时代的描写,见鬼去吧!"[2]

正如不愿将自己看作哲学家一样,昆德拉也不想成为历史学家。他不停地表明这一点:他是作为小说家涉及历史,所选择的常常是某个出乎意料的角度,当他将聚光灯对准一些被遗忘或悄然发生的事件时尤其如此。《告别圆舞曲》堪称这方面的典范,或许这部小说的历史影射最少,但也许只有在这部小说里,人们才会看见年迈的共产党人在温泉城宁静的街道上追捕流浪狗。昆德拉之所以采用这一幕,实际上并非无足轻重:"1968年俄国入侵捷克斯洛伐克之后的那些年,在对人民施加恐怖前,曾多次出现正式组织的屠狗行动。对于历史学家和政治学家,这一插曲完全被遗忘或毫不重要,但它具有极其重要的人类学意义!"[3]

作为教师和随笔作者,昆德拉是位知识分子;作为小说作者,他则是位艺术家。就他而言,这两种类别倾向于相互融合。无论

---

[1] 关于社会政治背景对人物之间关系的影响,欧仁·尤奈斯库写道:"在昆德拉那里,压抑作为个体关系、爱与色情的背景存在。这种压抑被反映在个体关系中,人的心理状态因此被新的社会超我所搅乱。"见《分歧、文学与真理,关于米兰·昆德拉》,《评论》第11期,1980年秋。(« Dissidence, littérature et vérité. À propos de Milan Kundera », *Commentaire*, n° 11.)

[2] 《生活在别处》。

[3] 《小说的艺术》。

在文章里,还是在特别评论或小说的章节中,其作品始终充斥着关于文学,尤其是关于小说艺术的观点——既是哲学的,也是历史、语言学、美学或人类学的,它们都证明作者对写作行为进行了深入而持续的思考。他对小说的理性观念,在何种程度上影响了他自己的创作呢?更具体地说,当昆德拉在《小说的艺术》或《被背叛的遗嘱》中分析自己对某些境况和某些人物的意图时,他是逆推地进行分析,还是他事先知道自己打算走向哪里?总之,在昆德拉那里,理性探索先于艺术活动吗?在《小说的艺术》的一段里,昆德拉迂回地给出了回答,该段中他回顾了自己最早的短篇小说之一《座谈会》中的"英雄"、诱惑者哈维尔:"在写《好笑的爱》里那个哈维尔的故事时,我无意谈论一个当代的唐璜,或论及行将结束的唐璜主义的冒险。我写了一个在我看来很有趣的故事。仅此而已。"

在游戏、想象的乐趣(昆德拉认为这应该是小说家的首要动力)与思考、理论的乐趣之间,昆德拉始终犹豫不决。昆德拉的挑战在于试图不停地将两者结合在一起,正如他对1976年来雷恩拜访他的维维亚娜·福雷斯特所说的那样:"实际上,我被两个完全相反的事物所吸引。我被放纵的、梦幻般的、不承担责任的幻想吸引,而另一方面,我又被它的对立物吸引:冷静的分析、对现实的残酷描写。要把无法相连的两者结合起来,这始终是个难题。这是炼金术士的活儿。我的每一部小说,都是为完成幻想与清醒的融合而进行的一种尝试。这种融合在文学中十分罕见。对我来说,每一部文学作品都非常严肃,是一种令人不快的对人的分析,但同时也是一场游戏。"[1]

---

[1] 与维维亚娜·福雷斯特的电视谈话,同前。

第十三章

性交选集

1980年末,《笑忘录》在美国出版不久,米兰·昆德拉与他的朋友菲利普·罗斯在《纽约时报·书评周刊》中交谈。《波特诺伊的怨诉》(*Portnoy et son complexe*)的作者询问捷克作家,性欲在其作品中扮演何种角色,而他本人曾多次被指责为性癖狂。他注意到:"几乎所有您的小说,而且说真的,小说的每个部分,结局都是重要的性交场景……对您这位小说家来说,性具有怎样的重要性?"[1] 与通常一样,昆德拉首先将这一主题置于小说史更为普遍的背景下:"现在,性欲不再是禁忌,纯粹的描写与性坦白使人无比厌烦。劳伦斯多么过时,甚至亨利·米勒的猥亵抒情诗也同样如此!相反,在巴塔耶那里,某些色情片段给我留下了持久的印象,或许因为它们是哲学的,而并非抒情的。"随后,他解释了性欲场景如何具有探索存在的性质,他在一本又一本书中不断追求的正是对存在的探索:"您说在我的作品里一切都以色情场景结束,您说得对。我觉得,性爱场景散发出一种非常强烈的光芒,它一下子便揭示出人物的本质,并对情势进行概括。"

---

1 菲利普·罗斯,《与米兰·昆德拉在伦敦及康涅狄格州的交谈》,同前。

于是，作家引用了《笑忘录》中的一段，在该段里，塔米娜一边与雨果做爱，一边努力回想她与去世的丈夫曾共同度过的假期，她的年轻情人则不停地在她身上努力着："正直的雨果已经在她身上剧烈扭动了一段时间，这时她发现他奇怪地支撑着前臂，上身朝着各个方向摆来摆去……她不愿看见他艰辛的努力，便把头转了过去。她试图控制自己的想法，让思绪重新转向她的记事本。"[1]在昆德拉看来，除了滑稽可笑的处境，这个例子说明对某种再次建立在误解基础上的性交的描绘，以何种方式启发读者对人物的理解："色情场景是所有主题汇聚的焦点，隐藏最深的秘密就在那里。"[2]

1984年1月，《不能承受的生命之轻》出版之际，贝尔纳·皮沃在当时法国收视率最高的文学节目《阿波斯托夫》(*Apostrophes*)中接待了米兰·昆德拉。主持人向法国-捷克作家指出，他的小说中一个不变的主题是色情和性欲："作为小说家，您似乎对肉体行为不太感兴趣，而更感兴趣的是之前或之后发生的事，离别，忧郁……"昆德拉对此表示否认，并回顾了性欲场景在他小说中的功能："对性欲和色情在文学中的大量入侵，我有所保留。这并不是令我着迷的东西。尽管如此，我常常被色情场景所吸引，但只是当这种色情场景对我说出另外的东西时，当它具有揭示性时。您说肉体行为不经常出现在我的小说里：这并不全对。我们甚至可以为小说中曾出现的性交做一部选集。那些性行为总是一种意想不到的揭露，比如揭露女人与男人之间的力量关系。在《不能承受的生命之轻》里，萨比娜和弗朗茨之间的一次性行为就是如此。做爱时，萨比娜看着他，忽然觉得这个身材高大、肌肉强健的男人实际上是她喂养

---

1 《笑忘录》。
2 菲利普·罗斯，《与米兰·昆德拉在伦敦及康涅狄格州的交谈》，同前。

的一只巨大幼犬。这个女权论者、女性爱慕者,在性行为中表现得极其没有男子气概,于是萨比娜忽然醒悟,明白自己不可能与他继续下去。"

虽然昆德拉的小说中充满性欲场景,但确切地说,它们从来都不是色情的。阿兰·芬基尔克劳指出:"在他的小说里,有的不是色情,而是一种对色情的思考,一种通过性经验对人的本质所进行的探问。正因为如此,他关心的并不是让读者勃起。在他那里,更确切地说,性具有揭示作用。"[1] 在这种情况下,性欲是一种享有特权的工具,用以展现人与同类之间关系的复杂性,它揭示出其中的根本性暧昧。此外,昆德拉认为,没有暧昧的性欲并不存在。他甚至在《无知》中断言:"暧昧越强烈,兴奋就越强烈。"甚至在孩子们自幼年时就开始玩的古老的**医生游戏**里,昆德拉也发现了这种暧昧。一个扮作医生的小男孩为一个小女孩听诊。在检查病情的借口下,他为小女孩脱去衣服,不是出于性好奇,而是为了发现可能存在的疾病。小女孩对此无可指责,任由他去做而不发一声怨言。昆德拉评论道:"这一境况所承载的色情是巨大而神秘的;两个人都喘不过气来。喘不过气来,更因为小男孩一刻不停地扮演着医生,并在脱下小女孩的短裤时用'您'称呼她。"

为了激起兴奋和欲望,成年人,首先是男人,在他们的性生活里一直延续着儿时起便学会的这些角色游戏。昆德拉指出,当男人想象着自己的性伙伴可以被其他男人,甚至被所有男人进入时,他的兴奋程度最高。就仿佛将她贬低至妓女的行列,可以让男性的性

---

[1] 与本书作者的谈话。

欲打破抑制性的母亲形象，从而最强烈地表现出来。这种邪恶而暧昧的游戏在哈罗德·品特的戏剧中经常出现，昆德拉自第一部虚构作品起，就把它搬上了舞台。在《好笑的爱》中的一个短篇小说《搭车游戏》里，一个故作正经、羞怯的年轻姑娘和她的情人出发去度假。途中，在加油站去了洗手间之后，她没有重新回到在车上等她的同伴身边，而假扮成一个想搭车的陌生女人。年轻人请求她搭自己的车之后，她便表现得像个挑逗者，用自己的魅力引诱他。这个变化，以及处境的暧昧，让年轻人产生了一种混杂着兴奋与厌恶的矛盾情感，兴奋中充满了厌恶。"他越来越生气地看到，他的女朋友多么**熟悉**轻佻女人的举止；他心想，既然她这么善于变成这一人物，就意味着她确实**是**这样的人……他看着她，心里的厌恶愈加强烈。但，这不仅仅是厌恶。她越在**心理**上让他感到陌生，他就越在**肉体**上对她充满欲望。"

这种混杂着天真与猥亵、诱惑与反感等矛盾情绪的色情场景，在《生活在别处》里再次出现。在医生游戏的变奏曲中，作为性交的序幕，人们看到那个仅被称作"红发姑娘"的雅罗米尔的情人，借口说靠近心脏的地方痛，希望在当时情况下变成医生的年轻诗人为自己检查乳房。就像在《搭车游戏》中一样，为了让交合更为激烈，两个情人各自扮演一个人物，通过这一人物，他们将越过超我的障碍。于是，年轻姑娘看起来几乎像个荡妇，而雅罗米尔脱下浪漫的华美外衣，把自己变为一个受辱的情人，在意识到自己伙伴的真正本性后，他又变成一个粗暴而野蛮的人。作为**欲望**的条件，这种侵犯性的角色游戏不可或缺。"他抬起头，看着赤身裸体的姑娘，感受到一种剧烈的痛苦，因为别的男人，医生，也能像他一样看到这样的她……雅罗米尔发怒了：他看到如果陌生的手触摸他的女朋友时，她的脸会有怎样的表情；他听到她用如此轻浮的语调提出抗议，他真想揍她；但此刻，他发觉自己兴奋不已，于是他扒下姑娘的短裤，进入她的身体。"

雅罗米尔之所以被激起了欲望，同时又感到痛苦和愤怒，是因为在"红发姑娘"的鼓励下，他扮演了一个贪淫好色的医生，在爱情游戏里引入第三个主角，这一主角虽是想象的，但实际上占据了他的位置。作为存在的探索者，昆德拉对本体的发现充满渴望，某种介质的必要性便是这些发现中的一部分，没有它，两个人之间的欲望就无法产生并发展。这在莎士比亚或陀思妥耶夫斯基的作品，尤其是《永恒的丈夫》(*L'Éternel Mari*)中已经显现。20世纪60年代初，这种作为欲望条件的三角结构被人类学家、哲学家勒内·基拉尔理论化，他的著作《浪漫的谎言与小说的真实》(1961)被昆德拉视为迄今为止关于小说的最优秀的评论。

"勒内·基拉尔解释道，我们所有的冲突与危机的根源，就是'三角欲望'。这种欲望(也被称作'形而上欲望')是'依据他者'的欲望，也就是说变成他者并拥有他者所拥有之物的欲望。这并非由于他拥有的这个物品本身非常珍贵或特别有意义，而是它被(或可能被)我力图与其同化的他者所拥有这一事实本身，让它变得令人向往，变得无法抵抗。因此，在一切欲望中，总有一个**主体**、一个**客体**和一个**介质**(它向主体指出他应该渴望的东西)。从这个观点来看，任何欲望都是三角的……事实上，这一关于欲望的理论假设任何欲望都是对他者欲望的模拟(摹仿)。在此，勒内·基拉尔对'浪漫的幻想'持有异议，根据该观点，某主体对某客体的欲望是独特、唯一且无法模仿的。因为，主体幻想'自己的'欲望被他欲望的客体(一个漂亮女人、一个珍稀之物)所激发；但实际上，他的欲望被一种（在场或缺席的）模型所激发，这一模型令主体赞赏并最终往往使其产生嫉妒。于是，与某种固有观念相反，我们并不知道自己想要什么，也不知道我们的欲望指向何物（哪个女人，哪种食物，哪个领域）。只是在事后，在回顾时，我们为自己的选择赋予意义，并让它被视为一种坚定的选择（我在一千个人里选择了你），其实根本不是这么回事。"[1]

这种主体、客体与介质三者的共同相处充斥于昆德拉的所有小说。在《哈威尔大夫二十年后》（《好笑的爱》里的短篇小说之一）中，一个年轻的记者垂涎一个年轻姑娘，打算追求她。在一次为采访而进行的交谈中，年轻人知道哈威尔大夫是享有声望的性爱专家，于是在与姑娘进一步发展前，他希望得到专家的"认可"。"这将是对年轻人，对他的选择、他的品味的赞许，他因此将在大师眼中从学徒行列晋升到同行之列，他也由此在自己眼中变得更加重要。最后：在年轻人眼里，年轻姑娘本人也将更有价值。"老唐璜的意见："请记住，我的朋友，真正的捕鱼人把小鱼扔回河里……外省的品味把女人的表面俊俏误认为美。再说，女人真正的性感美是存在的。不过，当然啦，第一眼就发现那种美，这完全是一种艺术。"年轻人很气恼，坚信自己被引入歧途，于是放弃了他欲望的对象。

一次广播节目中，昆德拉结识了勒内·基拉尔，他指出两人观点的一致性，并对短篇小说中的这一片段进行了评论："您说欲望总是被另一个人的欲望所激发。我写了一篇短篇小说，名叫《哈威尔大夫二十年后》，其中有个玩弄女人的好色之徒，他遇到一个对他的色情游戏钦佩不已的年轻人，年轻人非常依赖自己的榜样的判

---

1 "三角欲望（Le désir triangulaire）"，www.rene-girard.fr。

断,不停地追求一个又一个后者推荐的女人。这个典型的唐璜很残忍,总是向年轻人推荐十足的丑女人,相反,当一个年轻姑娘很漂亮时,他却说:'不,这不值得。'年轻人对他言听计从。这几乎就是以夸张讽刺的方式描绘出您所写的东西。假如我之前读过您的书,那我的写作可能就会受阻。所以,我得到了双重愉悦:读您的书,以及很迟才读到您的书。"[1]

后来,昆德拉把模拟的欲望变为一切诱惑现象的机制,甚至在《笑忘录》里说明了他所称的"生活的重大秘密":"女人们不找英俊的男人。女人们找的是有过很多漂亮女人的男人。"在《玩笑》中,对三角机制的描写已经非常明确。路德维克与埃莱娜性交的关键不在于后者,而在于她的丈夫帕维尔·泽马内克,路德维克认为自己的所有不幸都由他造成。因此,在令人吃惊的身体与灵魂的分离中,与埃莱娜拥抱在一起的路德维克体验到这样的感觉:他感到第三个人的暗中存在,那是他报复的对象,他想通过这次性交毁灭他。"我的灵魂看见了一个女人的身体……它知道,这个身体之所以对它有意义,只是因为这身体往常被一个眼下不在场的人注视并爱抚;它也试图用那不在场的第三个人的目光去看它;它也专注地想成为这第三个人的通灵者……不仅我的灵魂成为这第三个人的通灵者,而且它指挥我的身体取代他的身体……"

在《玩笑》的这个片段中,三个人物各自居于三角形的一个顶点,都被以自己的姓名指出了身份。然而,勒内·基拉尔认为,模拟过程更加具有总体性,且未被区分。为了存在,任何对客体的欲望都需要"他者"投射在这个客体上的目光,而他者不一定被感知

---

[1] 《雅趣》,法国文化电台,1989年11月11日。(« Le Bon Plaisir », France Culture, 11 novembre 1989.)

为他者。这种把目光作为存在一环的观念在昆德拉的作品里无处不在。例如，在已经提到的《好笑的爱》中那个年轻记者那里，就能看到这一点，对他而言，其他人从他和身边的女朋友身上所看到的形象便是他自己欲望之现实的证明。"因为，除了他自己要被同伴的目光注视之外，他们两人要一起呈现在其他人眼中（在世人的眼中），接受他们的评价，他很在意世人是否对他的女朋友感到满意，因为他知道，在女朋友身上，他的选择、他的品味和他的层次，也就是他本人，将受到评价。然而，恰恰因为这是其他人的评价，他不太敢相信自己的眼睛；相反，直到那时，他满足于倾听舆论的声音并依照它来行事。"

后来，昆德拉又多次谈及个体对他人目光的依赖。因此，他区分了四种目光："首先，有些人渴望被公众，也就是被许多陌生的眼睛注视。这是拥有荣誉和声望的人。其次，有些人渴望被他们所认识的、具体的人注视。这些人不停地举办鸡尾酒会和晚宴。再者，有些人无法离开他们所爱之人的目光而生活。第四类，是那些在某个不在场之人的目光下生活的人。他们是幻想者。比如，我可以生活在父亲的目光下，而他已经去世了。"[1]

在阿兰·芬基尔克劳看来，"昆德拉认为性欲是人类经验的一个主要维度。正是出于这一理由，他对性欲进行探索，因为对他而言，小说是一种发现。通过性欲，能发现人类的什么呢？这是问题所在"[2]。为了让性欲向他提供关于存在的情况，昆德拉探测它的各个方面，从兴奋这一欲望的肉体表达开始，他力图通过人物所经历

---

1 《阿波斯托夫》，同前。
2 与本书作者的谈话。

的色情处境来理解欲望的原动力。

在昆德拉提及的作为性交前奏的各种性游戏中,有一种游戏在探询强奸的幻想。在《玩笑》里,过去遭遇的一次性侵犯使露茜的精神受到创伤,当她因此而拒绝和路德维克做爱时,强奸虽然没有被明确提及,但已暗含其中。她的拒绝激起路德维克的强烈反应:"特别是因为我知道她对我的爱,她的反抗更显得反常,无法理解,也令我陷入愤怒中……我扑向她;我使尽全力,才撩起她的短裙,撕破她的胸衣,抓住她裸露的乳房……"

这个源自肉体欲望未得到满足的粗暴行为,在其他书里变得更理智,也更邪恶,因为男人的兴奋不再反常地产生于强奸本身,而是产生于强奸的未完成,这意味着女人受辱的最高点。《笑忘录》里的男性人物之一扬叙述了一次"失败的放荡聚会",就是这种情况。一位年轻姑娘与一群男人会面,打算和他们做爱。她的兴奋被同伴们的态度摧毁了,那些男人在脱去她的衣服后,把她捆在沙发上,却不碰她。"他们只是仔细地打量她。姑娘感觉自己被强奸了。"

一切的发生,就好像强奸的幻想并非建立于对女人贞洁的侵犯,而是依赖从她的屈辱中产生的乐趣。《不能承受的生命之轻》里的一段也阐明了这种情况,萨比娜穿着内衣站在她的情人面前,头上戴着一顶礼帽:"礼帽不再是一种噱头,它意味着暴力;对萨比娜的强暴,对她的女性尊严的强暴……内衣突出她的女性魅力,而男式硬毡帽却否定她,强暴她,让她变得滑稽可笑。托马斯在她身边,穿得整整齐齐,可见,他们所看到的东西本质上不是玩笑……而是侮辱。她没有抵抗这种侮辱,反而以挑逗又骄傲的姿态炫耀它,仿佛她心甘情愿地被人当众强奸,最终,她再也忍受不了,将托马斯扑倒。"

这个场景意味着，萨比娜在强奸的视角中找到了兴奋的理由。这一假设能让人联想到性别歧视的成见，即被强奸的女人可以从中获得乐趣，在《告别圆舞曲》中奥尔佳这个人物身上已经出现了这种成见："她就像一个被强奸的年轻姑娘，突然感到一种令人惊诧的快感，她越排斥它，它就越强烈。"

在《笑忘录》的另一段里，强奸的主题以对话形式再次出现，对话中，扬试图向他的女朋友爱德维奇表明"强奸属于色情"。在他看来，这个既得事实似乎永恒不变："这历史就在我们身上，我们无法逃避……女人献出自己，男人索取。女人把自己包裹起来，男人脱去她的衣服。这是我们自古以来赋予自己的形象！"年轻女人认为这些形象既过时又愚蠢。扬赞同她的说法，但认为这些古老的成见在人类性欲中绝对不可或缺："你完全有理。可是，如果我们对女人身体的欲望恰恰取决于并只取决于这些愚蠢的形象呢？当这些古老而愚蠢的形象在我们身上被摧毁时，男人还能和女人做爱吗？"

这些关于强奸的评论通过小说人物之口说出，不一定是作者观点的表达。因此，如果从中得出结论认为这种强奸幻想在他身上也存在，便会显得草率。但《笑忘录》中的一段似乎表明事实正相反。在那段里，昆德拉叙述了一个粗俗而充满性欲的场景，他是主角之一，另一个是他的女性朋友，多亏了这位朋友，他才找到占星家的工作。那是"布拉格之春"失败几个月后。两个朋友在借给他们秘密会面的公寓房里相见，假如这次见面被捷克当局知道，就可能给他们带来麻烦。处于焦虑中的年轻女人忽然感到腹痛，于是暂时离开，去了厕所。一个女人无法控制自己的器官功能，这情景令作家产生了一种强烈的性冲动。"从洗手间传来水箱里水流的嘘嘘声，我突然感到想和她做爱的疯狂欲望。更确切地说：一种强奸她的疯狂欲望。想扑到她身上，一下子抱住她，包括她那些令人无比兴奋的矛盾之处，包括她完美的服饰和体内正在反抗的肠胃，包括她的理智和恐惧，也包括她的骄傲和羞愧。"

今天，这个片段将引起"政治正确"的拥护者们的抗议声。尽管1979年书出版时没有出现这种情况，但昆德拉和他那种被认为是可耻的看待女人的方式，都被牢牢扣上了厌恶女人的名声。正因为如此，阿兰·芬基尔克劳认为法国-捷克作家永远得不到诺贝尔文学奖："这个指责是一种误解。人们对他的谴责是错误的。确实，有某种做作或女人的歇斯底里让他反感。但他竭力避免把它普遍化，并且在他的人物中，最感人、最讨人喜欢、最乐观的都是女人。《不能承受的生命之轻》里的萨比娜，《不朽》里的阿涅丝，《玩笑》里的露茜。然而，某些女权论者不原谅他对某些女人的讽刺描写，因为她们想要一种社会主义现实主义的女权论版本。在她们看来，所有女人都应该是正面人物，而在昆德拉的作品中并非如此。所以，就像菲利普·罗斯一样，他在诺贝尔奖那里永远都不合格。"[1]

这些对他厌恶女人的指责反复出现且非常尖锐，令昆德拉感到，尽管无须驳斥，但至少有必要表明自己的观点。他没有为自己辩解，也没有否认丝毫，为描述两性之间的关系，他区分了两种类型的男人。一种是大男子主义者，他"爱慕女性并想统治他所爱慕的"，另一种是厌恶女性者，正相反，由于"与父母亲分别代表的男性原型和女性原型之间和谐或不和谐的关系……他对女性特征怀有恐惧"，并"躲避那些过于有女人味的女人"。[2]

昆德拉的小说中另一个经常出现的主题是女人对不忠诚的男人

---

[1] 与本书作者的谈话。
[2] 《小说的艺术》。

的嫉妒。相反的情况——男人嫉妒不忠诚的女人——在他的作品里几乎没有出现。这样的视角让作者区分了另外两种类型的男人：浪漫之人与放纵之人。前者之所以朝三暮四并不断有艳遇，是因为他在寻找自己梦中想象的一个女人。他总是失望，于是通过诱惑其他女人来继续他的找寻，这不是为了增加被征服的人，而是因为他每次都希望找到符合自己理想的那个女人。在放纵之人那里，完全不是这样，他对不同女人的追逐与任何一种失望都没有关联。放纵之人是真正的爱慕女性者，没有预设的理想，他在一个又一个女人那里探索多种多样的女性气质。与浪漫之人相反，他并不渴望理想的女人，他如此喜欢女人，以至想占有所有的女人。《不能承受的生命之轻》里的托马斯就是这种情况："他不是为女人着迷，令他着迷的是每个女人身上不可想象的东西，换句话说，就是一个女人与其他女人之间那百万分之一的不相似。"

昆德拉看到——并为之感到遗憾？——哪怕最坚信不疑的女性女权主义者也倾向于为浪漫之人辩解，这或许因为她们相信他的理想主义中存在某种美德；相反，在她们眼中，也是普遍地在社会的眼中，放纵之人难以满足的好奇心在本质上是可耻的。此外，在《小说的艺术》中，作者指出法国读者难以理解这种分类："《不能承受的生命之轻》中谈到两种追逐女性者：抒情的追逐女性者（他们在每个女人身上寻找自己的理想）和史诗的追逐女性者（他们在女人身上寻找女性世界的无限多样性）……唉，法国人对这种抒情和史诗的观念如此陌生，我不得不同意，在法语版里，抒情的追逐女性者变成浪漫的好色之徒，史诗的追逐女性者变成放纵的好色之徒。这是最好的解决办法，但还是让我有些悲伤。"

人们毫不费力地猜到，昆德拉对抒情性的厌恶使他把自己归于放纵之人一类。诚然,他总是对自己的爱情生活保持沉默,但毫无疑问,他是个"讨女人喜欢的男人",某些与他关系亲近的人证实了这一点。阿兰·芬基尔克劳提醒道:"性欲在他的生活中占据着重要位置。他曾是诱惑女人的高手。他从来不隐瞒这一点。他有一张讨女人喜欢的俊俏脸庞。他从未对我透露过这方面情况,但我相信,人们可以非常容易地从他的作品中推断出。"[1] 至于安东宁·J. 利姆,他确认:"米兰是个有诱惑力的人。他喜欢女人,也讨她们喜欢。无论如何,这并不妨碍他与薇拉的婚姻是一种非常稳固的结合。"[2]

放纵深受昆德拉的喜爱,尤其因为在 17 和 18 世纪,这个词不仅仅指一种自由看待性关系和爱情关系的方式,同样也指一种哲学态度。为了生活,处在无神论边缘的放纵者更为信赖理性,而非对上帝的信仰。"历史性"的放纵者典型无疑是唐璜,他贯穿昆德拉的全部作品。作者对这一人物的迷恋在《好笑的爱》中就已出现。但是,小说家之所以如此频繁地提及唐璜,并非为了称赞他或把他变成一种典范,而是因为对他的消失感到遗憾。作者看到,唐璜死了,被道德解放杀死了。更糟的是,他不仅失去了其史诗性、颠覆性的一面,而且变成庸俗的消费者,消耗着一种令人悲伤的平庸:"当今唐璜的不幸在于,不可能成为唐璜。在这个一切都被允许的世界,在这个性革命的世界,唐璜这一典型的征服者变为典型的追逐女人者。然而,典型的征服者与典型的追逐者之间存在很大区别。过去的唐璜违抗习俗和规则。典型的追逐者则遵守规则和习俗,因为从此以后追逐女人属于合乎礼仪的行为。我们几乎不得不追逐女人!

---

1 与本书作者的谈话。
2 同上。

今天的唐璜们被剥夺了悲剧性；他们的放纵失去了挑战的特性；他们的艳遇变得可笑。"

的确，正如阿兰·芬基尔克劳所断言的那样，昆德拉的某些最美好的人物是女人，可他忘了提醒，这些女人几乎总是受害者（露茜、塔米娜、特蕾莎）。孟加拉小说家塔斯利玛·纳斯林指出了这个常见的情况，她没有指责昆德拉在严格意义上厌恶女人，而是谴责他对两性抱有一种简单化的，甚至是讽刺的看法。在一篇出色的批评文章中，她逐一驳斥了那个仍被她视为伟大作家的人所传递的关于女子特性的成见。"我们不会找有很多漂亮女人陪伴的男人。这不是真的。我不理解，像昆德拉这样敏锐而现代的男人怎么还会相信这个厌恶女人、性别歧视的陈旧理论。这个理论认为，女人是感性生物，男人是理性生物；男人的男性标志是力量和侵略性，而女人的女性标志是漂亮和羞怯。根据这个理论，女人都是柔弱、胆怯、喜欢诉苦、愚蠢、局促不安、依赖、迟钝的！实际上，这些品性和缺点并不涉及性别，因为女人也可能和男人一样恶毒、粗野、邪恶和无耻，她们并非本质上就是被动、温和的。她们本质上具有人的特性，仅此而已。在昆德拉那里，男人相信，如果沉醉于情感中，他们就会变得顺从，变成奴隶。在他的书里，女人是忠诚的，而男人几乎永远不忠。相反的情况基本上没有出现过。昆德拉这种对女人的夸张讽刺的描绘，令我感到深深的悲伤。可即便我感到难受，他的故事仍旧把我带入一个既熟悉又陌生的世界。而这个世界使我惊讶。"[1]

---

[1] 迪迪埃·雅各布，《所有人都为昆德拉起身》，《新观察家》2014年4月6日。(Didier Jacob, « Tout le monde se lève pour Kundera », *L'Obs*, 6 avril 2014.)

至少在这一点上,昆德拉和纳斯林似乎是一致的:人类感情与体验到它们的这个人或那个人的性别无关。不幸的是,通过他选择用来阐明这个事实的例子,小说家为那些抨击他厌恶女人的人又提供了论据。在《告别圆舞曲》中,斯克雷塔大夫提出这个问题:"你们知道,人世间谁最强烈地厌恶女人?"妇科医生挑衅地回答:"是女人。先生们,没有一个男人像女人那样,对与自己性别相同的人怀有如此的仇恨。为什么你们认为她们费尽心思引诱我们?这只是为了挑战并羞辱她们的姐妹。上帝反复向女人心里灌输对其他女人的仇恨,因为他希望人类多多繁殖。"在《小说的艺术》的小词典里,昆德拉以不那么专断却更具分析性的方式,再次谈到这个观点。在"厌恶女性的人"词条中,他引入了一个同义新词"Gynophobe",并解释说这个词既可以用于女人,也可以用于男人:"厌恶女性者与厌恶男性者(那些与男人的原型无法和谐相处的人)一样多。这些态度是人类生存状况中不同的、完全合法的可能性。女权论的善恶二分法从未提出厌恶男性的问题,而把厌恶女性转变为一种单纯的侮辱。于是,人们回避了这一概念的心理内容,而唯有心理内容才有意义。"

女权主义者认为,性控制的主要结果在于使女人"物化",把她们变成玩物,尤其当她们不得不长时间遭受那些喜欢调情之人的攻击时。昆德拉否认了这一观点,他认为在这场以女人为猎物的游戏中,女人远没有被解除武装,由于拥有锐利的目光,她们最终占据了上风。为阐明这一点,作家使用了从建筑中借来的一个隐喻:"这就好像锤子忽然长了眼睛,并注视着正用它来钉钉子的瓦匠。瓦匠看到锤子恶毒的目光,失去了自信,把锤子砸到了自己的拇指上。瓦匠是锤子的主人,可锤子胜过了瓦匠,因为工具确切地知道自己应该怎样被使用，而使用它的人只能知道个大概。"[1]

就像有厌恶女性的女人一样，"弱势性别"的另一个例外在于有放纵的女人，她们并不否认自己的女子特性，却对男人采取捕猎性的行为。《笑忘录》中的人物埃娃就属于这种情况，她参加了一次与卡雷尔及他的妻子之间的三人性交，昆德拉寥寥几行字就勾勒出她的形象，使人联想到《危险关系》中梅特伊夫人的形象："埃娃是个快乐的、追逐男人的猎手。但她不是为了婚姻而追逐他们。她追逐他们，就如同男人追逐女人一般。对她来说，爱是不存在的，只有友谊和情欲……假如有一天她结婚的话，她的丈夫将成为一位朋友，她允许这位朋友做一切事情，而且不对他有任何要求。"

当昆德拉谈及女人时，最使人难以应付的，是他可以让古老的成见与最精细、最敏锐的思考相邻，让最符合习俗的看法与最独特的观察贴近，以至"昆德拉是一个厌恶女性的作家吗？"这一问题，有时显得很不恰当。为走出这种没有结果的对抗，英国小说家乔纳森·科明智地选择了放弃"厌女"一词，而使用"男性中心主义"的概念："我避开'厌女'这个词，因为我不认为他仇恨女人或一贯对女人抱有敌意，但他确实看起来以一种绝对男性的观点看待世界，而这使他无法得到作为小说家和随笔作者本该获得的最完全的成功。"[2]

---

[1] 《笑忘录》。
[2] 乔纳森·科，《昆德拉今天有多重要？》，《卫报》2015年5月22日。（Jonathan Coe, « How important is Kundera today ? », *The Guardian*, 22 mai 2015.）

第十四章

复调

在父亲及帕维尔·哈斯、瓦茨拉夫·卡普拉等老师的培养下,米兰·昆德拉打算将来从事音乐家的职业。二十五岁前,他把大部分时间都用于作曲。他的第一首乐曲——他认为名副其实的乐曲——是钢琴、中提琴、单簧管和打击乐器的四重奏。正如他后来所叙述的那样[1],这首四重奏的结构提前预示了他未来的小说的结构:由七个部分组成的复调,多个统一的主题将乐器内容与异质风格连接在一起。

尽管有良好的开端,但年轻人没有坚持下去。就像他对安东宁·J.利姆所说的那样,这一放弃不是由于音乐本身,而是因为那些从事音乐工作的人:"您知道,我一直是音乐爱好者,但这阻止不了我从少年时起就对音乐圈反感。音乐才华没有闪耀出非凡的精神之光。思想狭隘的音乐家并不少见,我看到父亲因他身边的人而感到无比痛苦。要在这个群体里度过一生的想法曾让我起鸡皮疙瘩。"[2]

放弃音乐后,在堂兄卢德维克的影响下,米兰专心于文学。很合乎逻辑,他选择了与音乐最相近的文学体裁:诗歌。十余年时间

1　与克里斯蒂安·萨尔蒙的谈话,见《小说的艺术》。
2　《三代人》,同前。

里，他致力于诗歌创作，把音乐学习中获得的有关节奏与旋律的知识用于写作。当20世纪60年代他放弃诗歌而成为小说家和随笔作者时，他似乎割断了与音乐的联系。然而，音乐出现在他的所有作品里，不仅涉及内容，更涉及形式。他本人也承认这一点，1984年，他向贝尔纳·皮沃表示："我背叛了音乐，可当我构思我的小说时，某种音乐的东西始终在我头脑里。"[1]

《玩笑》和四重奏一样，也包括七个部分。这一结构出现在他的前六部小说里，除了《告别圆舞曲》。对数字"7"的系统运用可能显得具有迷信性质，小说家竭力澄清这一印象："还是要比这更深刻一点。数字没有魔法意义，它完全是理性的。如果把一部小说分为两部分、四部分或八部分，那么小说就倾向于被切割、被分裂为两个部分。它就不足以成为关联、融合、紧密的整体。为创造结构中真正的统一性，这种结构就必须是无法分割的。这就是质数的意义。《玩笑》和《生活在别处》都不能被分为两部分或三部分；它们的结构很紧密。这也是一个比例和数字问题。我承认，相比小说家，这种看待形式的方式更是作曲家所特有的。"[2]

昆德拉更多地以音乐家身份探讨小说结构这一问题，特别是通过他在写作前设计结构的能力。在他看来，这个过程更倾向于听觉，而不是视觉："我听见小说，听见它的结构。阿拉贡总是说，不知道他的小说如何结束……对小说家而言，这非常典型。而我呢，这可能是我的缺点，我总是知道我的小说将如何结束……我相信，一部小说就是节奏的安排。在这个意义上，我可以说我总是听见小说，

---

[1] 《阿波斯托夫》，同前。
[2] 《与诺尔芒·比龙的谈话》，同前。

我的第一个想法总是关于节奏。"[1]这种小说对音乐的感知完全没有经过事先考虑，它来源于直觉，而非理性思考的产物。如果说前几部小说——只有一部例外——都由七个部分构成，这并不是为了遵守某种预先设立的规则。他强调："一部小说的数学结构不是某种策划好的东西，而是一种无意识的命令，一种挥之不去的念头。"[2]

昆德拉的所有小说，或几乎所有小说，都符合一种共同的音乐原则——复调原则，根据《罗贝尔词典》的定义，即"多种声音、多个部分的组合，每个部分都被独立处理（横向写作），但又与其他部分共同构成一个整体"。随着小说创作的推进，小说家将把这种复调原则变得更加复杂，更加精练。自《玩笑》起，七个部分的划分就据此原则开创了一种模式，小说的结构相对简单，尽管有很多离题之语，但它始终围绕着同一个情节，围绕着相互关联的人物。每个人物分得一个或多个部分，以独白的形式呈现（路德维克三个部分，埃莱娜、雅洛斯拉夫和科斯特卡各一个部分）；最后一部分则把路德维克、埃莱娜和雅洛斯拉夫组合在一起，构成全书唯一的合唱队。作者认为，这种不对称结构有助于在不同的光线下展现人物："路德维克处在充足的光线下，从内部（通过他自己的独白）和外部（所有其他的独白都描绘出他的形象）都被照亮……每个人物都被一定强度的光线以不同的方式照亮。"[3]

由于没有明确决定采用这种七个部分的划分，昆德拉开始写第二部小说《生活在别处》时，把它分为六个部分。可是，结果没有令他信服："我觉得故事太平淡。突然我想到在小说中插入一个故事，

---

[1] 与维维亚娜·福雷斯特的电视谈话，同前。
[2] 《小说的艺术》。
[3] 同上。

它发生在主人公去世三年后。那是小说的倒数第二部分，即第六部分：'四十来岁的男人'。一下子，一切都完美了。"[1] 弗朗索瓦·里卡尔指出了这一添加的果敢："最惊人的手段之一就是，在靠近小说末尾的地方插入一个根本无法预料的片段，它似乎与雅罗米尔的故事毫无关联……中断情节，打破时间与叙述的连续性，引入一个直到那时完全陌生的人物，这个部分实际上给整个结构带来了一种意料之外的平衡与突显，仿佛一扇窗户忽然被打开，空气和光线从那里进入小说的狂热世界，并在顷刻间使小说变得轻快。"[2]

之所以这个后来添加的简短部分明显使整体变得轻盈，首先因为，在时间距离的帮助下，它为情节带来一种光亮。此外，它通过四十来岁的男人这个新人物的突然出现，加强了总体平衡，这个人是雅罗米尔的衬托。狂热的年轻诗人被意识形态变成一个卑鄙的举报者，他的抒情性与一个拒绝多愁善感的放纵者的成熟和同情形成对比。书中的这次呼吸、这种喘息为作者带来了极大的乐趣，他甚至觉得有必要把自己的愉悦分享给读者，这种当时对他而言全新的方法，后来却变为他惯常使用的手段："在我们的小说中也同样如此，这一章只是平静的休息，一个陌生男人突然点亮了善意之灯。让我们在眼前再留住它片刻吧……"

四十来岁的男人是雅罗米尔女朋友的情人，虽然他在小说的其他任何地方都没有出现，但对情节来说并非完全陌生。这与小说第二部分的人物克萨维尔的情况不同，由于他爱做梦的特性，他和故事的其余部分没有任何联系。实际上，昆德拉在这里第一次加入了梦这个在他看来对小说思考非常重要的元素，并在后来的多部小说

---

[1] 《小说的艺术》。
[2] 弗朗索瓦·里卡尔，《米兰·昆德拉作品集》序，同前。

中都运用了这一元素。我们想到《笑忘录》中塔米娜关于孩子岛的梦幻,或者《不能承受的生命之轻》里不断出现的特蕾莎的幻想。

在连续出现的复调小说中,《告别圆舞曲》代表着某种题外话或休息。昆德拉说这部书是他最乐意写的书。在"布拉格之春"后的萧条时期,这部小说仿佛是某种必要的幕间节目。他在同一时间创作《雅克和他的主人》,向狄德罗致敬,这完全不是偶然。也许,《告别圆舞曲》感觉到了这种联系。与欧洲最早的小说家一样,昆德拉把他的书构想为一种娱乐,尽管轻快,却不乏严肃性。阿兰·芬基尔克劳强调:"他始终注重把深刻与轻快结合在一起,避免让深刻变为一种沉重。"[1] 娱乐的意愿促使小说家优先考虑情节,赋予小说非典型的形式。《告别圆舞曲》由分别对应五天的五个部分组成,在昆德拉的小说中具有独特地位。"它完全是同质的,没有离题之语,由一种题材构成,以相同的节奏叙述,它非常戏剧化、风格化,建立在滑稽剧的形式上。"[2]

这些形式实验在第四部小说里得到新的发展。在《笑忘录》中,昆德拉创造了他所寻找的复调方式。这几乎是偶然找到的。他认为自己的文学生涯结束了,好几年都没有动笔写作。移居法国后不久,就像正在康复的病人,他慢慢地重新投入工作,打算沿着《好笑的爱》的思路写一部短篇小说集。"写完第二个短篇小说后,我明白了,我正着手写的是由构思的一致性关联起来的一部书,这部书中的各个部分不像在短篇小说集里那样是独立的,相反,每个部分都向前面的部分投射出新的光亮,而只有最后一部分将为全书赋予它的完整意义。越思考我的手稿,我就越肯定自己写的是一部长篇小

---

[1] 与本书作者的谈话。
[2] 《小说的艺术》。

说，就像我设想与理解的小说那样。"[1]

复调自此以后成为他的小说的结构，诚然，直觉与偶然在小说复调的运用中发挥了作用，但这种发现也意味着他对先辈们在这方面的尝试有深刻了解。昆德拉提醒道，从塞万提斯开始，所有小说家都试图打破叙述的线性结构。正是出于这一目的，他们首先发明了叙述的"嵌套"技巧，即在小说中加入与故事无关的离题的话。作为这种方法的例子，昆德拉举出了《堂吉诃德》的一段，在西班牙最偏远处的一个偏僻的小酒馆里，那些一个比一个疯癫的人物相遇，他们的故事荒谬地交织在一起。在《宿命论者雅克》里，也能找到这种对有趣而怪诞的离题的使用。

正是出于摆脱线性叙述这一同样的考虑，后来很多作家在他们的小说里叠加多种声音和多个故事，就像陀思妥耶夫斯基在《群魔》中所做的那样，这部小说由相互独立但同时发生的三个故事构成，各个故事以相同的人物联系在一起。随后，昆德拉向赫尔曼·布洛赫的重大革新致敬，20世纪30年代初，在不朽的《梦游者》三部曲中，布洛赫不仅把故事交织在一起，而且把不同的文学体裁交错呈现：长篇小说、短篇小说、报道、诗歌和随笔。尽管对布洛赫十分赞赏，并向他的作品具有的历史重要性表示敬意，但昆德拉也看出其中的局限："《梦游者》的第三部小说由五个元素、五条故意不同质的线索构成……然而，这些线索虽然被同时处理，并不断地交替出现（也就是说带有明显的'复调'意图），却没有形成一个不可分割的整体；换言之，复调意图在艺术上始

---

[1] 《好笑的爱》捷克语首版的作者注，1991年。

终没能实现。"[1]

《笑忘录》包括七个部分,只有其中的第四和第六部分出现了相同的人物:塔米娜,她在捷克是女招待,后来移居法国。其他各个部分都可以被视为独立的故事。像短篇小说那样,它们拥有自己的人物与情节:米雷克竭力想收回自己年轻时写给一个女人的情书,他如今因为她的丑陋想抛弃她(第一部分:"失落的信");卡雷尔打算组织一次与他的妻子及情妇的三人性交,却被出现在家里的母亲扰乱了(第二部分:"妈妈");等等。每个故事几乎都自给自足,使人不禁提出这个问题:"这还是一部小说吗?"就像在《小说的艺术》中克里斯蒂安·萨尔蒙所提出的那样。在昆德拉看来,这一质询合情合理,他承认:"由于缺少情节的统一性,它表面看起来不是小说。人们很难想象一部情节不统一的小说。"然而,在这个从理论上说可能造成严重障碍的缺失里,他找到了一种方法。他吐露自己的秘密,说出他看待小说复调的独特方式:"原则如下:在相同的叙事中,您讲述好几个故事,这些故事既不由人物,也不由因果关系相连,而是各自构成一种文学体裁(随笔、叙事、自传、寓言、梦)。把这些元素统一起来,这要求一种真正的炼金术,以便这些很不协调的元素最终被视为一个以完全自然的方式引导的唯一整体。"[2] 此外,他表明了自己的观点:"在《笑忘录》中,整体的协调仅仅通过几个变化的主题(和动机)的一致性而创造出。这是一部小说吗?我认为是的。"[3]

"主题"一词的使用引起了质询。昆德拉是在音乐意义——该

---

[1] 《小说的艺术》。
[2] 《与安托万·德·戈德马尔的谈话》,同前。
[3] 《小说的艺术》。

词指一部作品所依赖的展开部分的模进[1]，作曲者不时重复并更改它——还是在更普遍的文学意义上来理解它？似乎两者都有。他解释道："一个主题，就是一种对存在的探询。小说建立在几个根本性的词之上……在《笑忘录》中，就是以下词语：遗忘、笑、天使、**力脱斯特**、边界。在小说进程中，这五个主要词语被分析、探究、定义、重新定义，并因此转化为存在的范畴。"[2] 让我们再加上一点：每个主题又被细分为动机，例如《生活在别处》中的"冷"。"开始写这部小说时，我隐约知道，雅罗米尔会因为受冻而死。这不是一种象征，而是一个固执的想法，我不知道如何解释清楚。'冷'的念头伴随着整个叙事，'冷'这一动机在这部小说里被重复了好几次。这，就是音乐构思。有某个动机，然后这个动机在变奏中被重复。"[3]

因此，为了充分发挥统一的作用，主题必须在作品中心被重复，每次重复的方式有所不同。"音乐思想的原则，是重复与变奏的原则。比如，以奏鸣曲为例，有主题a、主题b和主题c，您把这些主题中的每一个加以变奏，接着您重复主题a，等等。音乐构思的原则在于，如果展开一个动机，那么在整个作曲过程中，您永远不要遗忘它。您必须再次回到这个动机，并再次把它加以变奏。音乐构思具有特别的协调性，这种协调是小说所没有的。因为它是一种多重的协调。"[4]

借鉴音乐构思原则来安排作品的结构，昆德拉将这一有意识的选择推进到极致。在这个意义上，对他而言，音乐不仅用于从主题

---

[1] 音乐术语。指将旋律的某个片段作为原型，移到不同音高上进行重复的手法。——译注
[2] 《小说的艺术》。
[3] 《自由》杂志，"米兰·昆德拉"专号，同前。
[4] 《阿波斯托夫》，同前。

的角度统一他的小说,同样也用于确定小说的内容划分与节奏。正是通过将音乐的各个构成元素搬移到文学场域里,昆德拉创造出了他的小说美学:"一个部分,就是一个乐章。每一章,就是一个小节。这些小节或长或短,或者长度非常不规则。这就将我们引向速度问题。在我的小说中,各个部分都可以标上一个音乐标记:**中速**、**急板**、**柔板**等。"[1]

前后近十五年里,昆德拉始终保持《笑忘录》所实验的这种结构模式,即把小说分为或多或少独立的七个部分。1995 年,在写《慢》时,他放弃捷克语,转而用法语进行创作,并开启了一种新的结构类型:"简洁(共 160 页),没有大的内部划分,一连串五十多个小章的安排,没有题目,也不换页。"[2] 成为法语小说家后,昆德拉继续通过借鉴音乐构思来构建他的小说,即使形式有所改变。正如他在《新观察家》中向居伊·斯卡尔佩塔所解释的那样:"捷克语小说,就仿佛一首奏鸣曲:由数个形成对照的乐章构成的伟大乐曲。在《不朽》中,我已经走到了这种形式的尽头。之后,我只有关上门或改变形式。写《慢》时,我一下子就置身于别处。从奏鸣曲艺术,我进入了赋格曲艺术。"[3]

无论采取何种方式,摆脱了对建立一种叙述的连续性的关注,摆脱了在人物之间创建逻辑关联的必然要求之后,昆德拉便可对构成小说框架的主题加以变化——例如,典型的捷克主题"力脱斯

---

1 《小说的艺术》。
2 弗朗索瓦·里卡尔,《米兰·昆德拉作品集》序,同前。
3 《看不见的边界》,同前。

特"，即"我们忽然发现自身的可悲境遇后产生的自我折磨状态"[1]。以此方式，他用通常被认为非小说的成分来丰富这些主题，首先是哲学思考。阿兰·芬基尔克劳认为："昆德拉始终想把小说与随笔结合起来。正因为如此，他最亲近的两位作者是布洛赫与穆齐尔。另一方面，他在小说中融入思想的方式是纯粹昆德拉式的。他与他们有同样挥之不去的念头，但他'以自己的方式'实现它。他的方式在于，采用短章，即某种将叙述与思考交替进行的方式。昆德拉是个思想者。他具有一种世界观。他思考世界。这不是一位哲学家，因为他没有详细阐述任何论题，这是一个认为小说与哲学有着同样抱负的人。因此，人们可以把他当作哲学家来读。"[2]

就像克里斯蒂安·萨尔蒙向昆德拉指出的那样，他的小说中的思考不是由人物，而是由作者本人表达的，这使他有时居于某种含糊不清的处境中。昆德拉不认为小说进程中这些不适时的发声有所妨碍，因为在他看来，它们不一定反映他本人的观点："即使是我在讲话，我的思考也与某个人物相关。我想思考他的态度、他看待事物的方式，我站在他的位置上，而且比他思考得更加深刻。"[3]萨尔蒙并未被完全说服，提出异议说，某些思考与任何人物都没有关联。尽管不得不承认这一点，但昆德拉仍略显不够真诚地为自己辩护："确实。我喜欢时不时地直接介入，作为作者，作为我本人。在这种情况下，一切都取决于语气。从第一个词开始，我的思考就带有一种游戏、讽刺、挑衅、实验或质询的语气。"[4]

---

1 参见《笑忘录》第五部分。
2 与本书作者的谈话。
3 《小说的艺术》。
4 同上。

诚然，在他的复调里，昆德拉加入了很多哲学评论，目的是创造一种"在思考"的小说，但从文体学观点来看，我们同样也找到了他作为诗人的那段过去的痕迹："缩略的意识、对强度的喜好、对装饰的怀疑，都归功于现代诗歌……尽管如此，我只有在怀念的冲动中才读这些诗，就像人们打开抽屉读一封旧书信。这完全是一种选取重点式的阅读。"[1] 他要求道："我希望每一章都是一个整体。就像一首诗，包括起声和精彩结尾。我希望每一章都有自身的意义，而不仅仅是叙事链上的一环。但更重要的是，这一选择符合我的小说美学。在我看来，那些各自形成整体的短章可以让读者停下来，促使他们进行思考，而不是任由叙事的激流把自己卷走。"[2] 阿兰·芬基尔克劳把这种文学意图称为福楼拜式的："就像在福楼拜那里一样，昆德拉的意图也是不让诗歌专属于诗歌。福楼拜希望将散文与诗歌相提并论，希望它一样和谐，一样有严格的要求。即使昆德拉的风格与此毫不相关，他也怀有同样的抱负。他希望为自己的散文赋予诗歌的强度。他选择写编上号码的短小章节，就证明了这一点。两三页篇幅的一个章节就构成封闭的整体，在那里，每个词都和其他词一起显露价值，产生共鸣。因此，它读起来就会像一首散文诗。"[3]

如果说在昆德拉那里，音乐是艺术，他的小说的形式结构就借自这一艺术，那么音乐对小说家而言也是不断思考的对象。如此频繁地在书中论及音乐的作家并不多。他经常采用的是音乐学家的方

---

[1] 《昆德拉更愿意读哲学家》，《文学半月刊》第 411 期，1984 年 2 月 16 日。（«Kundera lit de préférence les philosophes», *La Quinzaine littéraire*, n° 411.）
[2] 《与安托万·德·戈德马尔的谈话》，同前。
[3] 与本书作者的谈话。

式:为了便于示范讲解,他毫不犹豫地通过手写乐谱来加以说明。其他时候,他的方法则更加具有历史性。不过,他既不是音乐学家,也不是音乐史学家,因此他首先作为小说家和随笔作者探讨这一主题。在他的书中,关于音乐的段落处在小说情节内部,或者与其他通过虚构与自省的方式设想的主题一起插入。在《玩笑》的第四部分,就有这种情况,长长的五页突然被用来描述摩拉维亚音乐的特征,与情节没有丝毫关系,也看不出明显的必要性。某些外国出版者认为这种音乐学的论述非常不适宜,甚至在没有告知作者的情况下直接把它删去,例如1969年出版的第一个英译本。

为何出现这种"主题之外"的涉足?开始写《玩笑》时,由于布拉格人对外省人的排斥,昆德拉仍旧是摩拉维亚作家,并非捷克作家,同时他渴望书写自己的故乡,除此之外,摩拉维亚民间传统中令他着迷的是萦绕着故乡的神秘。而无论是针对文化实践,还是裹挟个体命运,神秘都是书中隐藏的主题之一。通过雅洛斯拉夫的声音,昆德拉穿上音乐学家的衣装,首先指出摩拉维亚民间音乐的奇怪之处。与宫廷巴洛克音乐相反,它以含有增四度音程的吕底亚调式[1]写成。这种调式与和声的独特性向西方音乐经典发起了挑战。"摩拉维亚歌曲在调性上呈现出难以想象的复杂性。它们的和声思想高深莫测。它们以小调开始,以大调结束,仿佛在不同的调式间犹豫不定……在节奏方面,它们也有同样的模糊性……在我们的记谱体系中,没有任何办法能记下这些歌曲的节奏……"

昆德拉力图澄清摩拉维亚音乐的结构之谜,提出了假设:由于摩拉维亚长期孤立,可能存在追溯至古希腊的异教渊源。数年后,

---

[1] 古希腊的一种音乐调式。——译注

在《被背叛的遗嘱》中，他重新谈到这种神秘，再次就这种极为独特的音乐的起源提出疑问："这些歌曲是如何诞生的？集体创作的吗？不，这种艺术拥有它的个体创造者，拥有它的诗人与乡村作曲家，可一旦他们的创造在世界上完成，他们就没有任何可能性去追随它，保护它免受改变、歪曲及持续的变形。"

作为欧洲最古老的艺术，音乐远远不是某种副现象，它在昆德拉的作品中是一种指南针。研究音乐在历史进程中的变化，以及它在当代社会的地位，不仅使他更好地理解其他艺术——特别是文学——而且为他提供关于世界状态的信息。

昆德拉笔下最经常出现的三位音乐家是贝多芬、莱奥什·雅纳切克和伊戈尔·斯特拉文斯基。小说家把贝多芬视作"最伟大的音乐建筑师"（奏鸣曲《作品第111号》被多次援引为展现其创作才华的典范）。如果说贝多芬的音乐是他的好几部书里反复出现的动机——尤其在《不能承受的生命之轻》中，它对特蕾莎和托马斯的相遇具有决定性作用——那么雅纳切克和斯特拉文斯基的音乐，则由于其现代性而启发了他本人的小说观。对昆德拉而言，理解现代社会中人类存在的复杂性，意味着"一种省略和压缩的技艺"。正是在这一点上，他与雅纳切克属于同一个美学派系。在他看来，他的布尔诺同胞的伟大功绩在于，反抗自浪漫主义以来常见的关于音乐作曲的成见，特别是充斥于乐曲中的配器和其他无用技巧。雅纳切克抛弃这一切包装，直接走向目标。"不要过渡，就是突然的并置，不要变奏，就是重复，并且始终要直抵事物的中心：唯有表达本质内容的音符才有权利存在。对小说来说，也几乎如此：它也被'技巧'塞满了……我的命令是'雅纳切克式的'：使小说摆脱小说技巧的机械行为，摆脱小说的连篇废话，让它变得言简意赅。"[1]

斯特拉文斯基的音乐也在昆德拉为自己形成的小说观中找到共鸣，但更多出于概念而非技巧的原因。诚然，昆德拉的小说大量阐述友谊、爱情及所有的感情关系，但除了极少的几个例外，小说中并没有任何多愁善感。一种他所厌恶的多愁善感，就像秘密藏身于西方文化中心的灾难，他在其中隐约看见媚俗的根源之一："欧洲文明被认为建立于理性之上。然而，我们同样可以说，欧洲是一种感性文明，它产生了一种类型的人，我愿意称之为多愁善感的人：Home sentimentalis。"[2]

昆德拉把整个艺术史中——特别是音乐里——的这种感情专制驱逐出去，但形式和程度都有所不同。因此，如果说让-塞巴斯蒂安·巴赫的音乐让倾听它的人产生感情，那是听者自己的感情，而非作曲家的感情。在浪漫派艺术家那里，一切都在改变，对他们而言，艺术的任务就是传达他们自己的感情。斯特拉文斯基坚决质疑这一观念："音乐无力表达任何东西：感情、态度、心理状态……音乐的存在理由不在于它表达情感的能力。"[3] 这番话给斯特拉文斯基带来"冷酷无情之人"的名声，甚至令哲学家、音乐学家特奥多尔·W. 阿多诺说他"对世界无动于衷"[4]。在《被背叛的遗嘱》中，昆德拉十分生气，希望读者反对这种专断的评价："是否有一天，人们最终能摆脱这愚蠢的情感审判，摆脱这心灵的恐怖？"他反对这种武断，宁愿将斯特拉文斯基的音乐设想视为与异教音乐重建联系的一

---

[1] 《小说的艺术》。
[2] 《不朽》。
[3] 伊戈尔·斯特拉文斯基，《我的生活纪事》(Igor Stravinsky, *Chronique de ma vie*, 1935)，昆德拉在《被背叛的遗嘱》中引用。
[4] 昆德拉在《被背叛的遗嘱》中引用。

种意愿，也就是说在基督教之前的音乐，而基督教把爱变为崇高的感情，变为至高无上的价值。因此，昆德拉非常尼采式地看待《春之祭》[1]，把它描绘为一幅"激情迷醉的阿波罗肖像"。

1989年，在写给菲利浦·索莱尔斯的一封信[2]中，昆德拉把他的两个半时的理论用于音乐史，该理论起初是为小说史服务的。正如现代小说家力图找到小说的发明者们原来的意图，现代音乐家也将重新发现第一个半时的音乐家们，巴洛克时代之前的伟大先驱。因此，当20世纪50年代人们询问斯特拉文斯基听哪些音乐家的作品时，他给出了令人吃惊的回答：这位现代音乐大师列举了中世纪的一些作曲家，如佩罗坦、迪费或纪尧姆·德·马肖。

昆德拉告诉我们，另一个例子是16世纪的作曲家克莱芒·雅内坎，音乐学家们对他不屑一顾，因为他倾向于在自己的音乐中再现日常生活的声音——"鸟儿的歌唱、女人的饶舌、街头的嘈杂"——这有趣的练习曲却被那些期待音乐中有更深刻东西的人认为过于肤浅。然而，昆德拉很恼火："何为深刻？何为不深刻？"雅内坎的艺术——就像四个世纪之后雅纳切克在研究口头语言中展现的艺术——在于凸显"在人类**心灵**[3]之外存在一个听觉世界，它不仅由自然界的声音构成，也由说话、叫喊、歌唱着的人类声音构成"[4]。于是，昆德拉开始思考艺术敏感的重要性。在他看来，倾诉衷肠，尽情宣泄自己的悲伤与欢乐，这种态度已超越感情本身所表现出的自我陶醉，因为这既徒劳又致命。与**多愁善感**之人认为的相反，

---

1 美籍俄国作曲家伊戈尔·斯特拉文斯基的成名作与代表作。——译注
2 《论欧洲音乐史》，《无限》，1989年春。(« Sur l'histoire de la musique européenne », *L'Infini*, printemps 1989.)
3 粗体由笔者所标。
4 《被背叛的遗嘱》。

人类并不是在自己身上找到摆脱痛苦的方法，而是在外部。他在《被背叛的遗嘱》中写道："仿佛心灵的哭泣只能由大自然的非敏感性加以慰藉。我说得很清楚：'大自然的非敏感性'。因为，非敏感性能令人宽慰；非敏感性的世界，是人类生活之外的世界；是永恒。"

尽管对中世纪抱有好感，但斯特拉文斯基的音乐丝毫没有厚古之处。这位俄罗斯作曲家不怀念失去的天堂。就像所有的现代艺术家——绘画、文学或音乐领域的——他只是寻找一种可能失落的色彩，对这种色彩的重新发现将丰富他的调色板。他的《第三个半时》在于重新书写音乐史，使它成为某种新的东西。一个狂妄自大的计划，贬低他的那些人认为这几乎无异于风格缺失。在昆德拉看来，这是个荒谬的指责，他向斯特拉文斯基的创造性致敬，但也在这既具综合性又有构成主义性质的动力中，感受到死亡来临前的最后一次创造力的爆发。他在《被背叛的遗嘱》里写道："一种景象纠缠着我：根据一种民间信仰，在临终那一刻，将死之人会看到他度过的一生的重现。在斯特拉文斯基的作品中，欧洲音乐回忆起它千年的生命；这是他走向没有梦境的永恒沉睡前的最后一梦。"

斯特拉文斯基1971年去世时，音乐已改变了很多。它甚至连自己的名字也失去了。它从"古典"的，到"现代"的，后来又变成"当代"的。"创造者们"难以理解的实验性音乐，瓦雷兹、施托克豪森、利盖蒂、泽纳基斯或彭代雷茨基的音乐已经远离了前台，只保留给越来越少的精英人士。不是音乐消失了。相反，它从不曾如此在场："它喊叫着，在电梯里，在大街上，在等候室里，在健身房里，在随身听的耳机里……"他接着说，音乐被强加给每个人，被越来越强大的技术手段再现并放大，它行将死亡，被嘈杂声取代，被淹没在无名又无形的喧嚣中："一段段摇滚乐、爵士乐、歌剧，滚滚声浪中混杂着一切,不知道谁是作曲者……也分辨不出开头和结尾……在这音乐的脏水里,音乐正在死去。"[1]

诚然,带着悲伤与怀念,昆德拉看到音乐即将消亡,但相反,他总是驳斥那些宣布小说已死的人,相信小说还远远没有穷尽它用以探索人类存在多样性的办法。文学评论家贝特朗·维贝尔写道:"正是在这个意义上,小说似乎是注定要继承音乐遗产的艺术……如果说音乐为小说提供了一种典范,那么小说也能弥补从此以后注定要转向它的过去的一种艺术。因为相反,即使小说描绘出现代世界的愚蠢和丑陋,它也能继续探索世界特有之美的道路。同时,它对音乐负有责任,将由各种人物体现其主题与思考。"[2]

---

[1] 《无知》。
[2] 贝特朗·维贝尔,《论一种反抒情的人道主义:米兰·昆德拉看来的"音乐的愚蠢"》,《研究与成果》第 78 期,2011 年。(Bertrand Vibert, « D'un humanisme antilyrique : "la bêtise de la musique" selon Milan Kundera », *Recherches & Travaux*, n° 78, 2011, « La Haine de la musique », Université Stendhal, Grenoble III.)

第十五章
反对"卡夫卡学家"

居伊·德波肯定地说:"要会写作,必须读书,而要会读书,就必须会生活。"[1] 如同所有伟大的作家一样,米兰·昆德拉也是一个很爱阅读的读者。无论诗人、小说家或哲学家,无论年代远或近,无论是自己的同胞,还是来自遥远的地方,他们对他来说都十分熟悉,并出现在他的大部分书里。有时,昆德拉甚至将他们以虚构人物的形式推上台,置于荒诞而不适宜的虚构境况中。

于是,在《笑忘录》的第五部分里,一个布拉格大学生来到由"文人俱乐部"组织的一次晚会,这个俱乐部的成员有伏尔泰、歌德、莱蒙托夫、叶赛宁,或者还有魏尔伦、彼特拉克和薄伽丘。昆德拉承认,在这些著名作者的姓氏下隐藏着真实的人物,他在经常出入文学世界时曾接触过那些与自己身份相同的人,后来也会心存怀念地想起他们。他刚刚离开捷克斯洛伐克,而他们却依然留在那里。"我非常喜爱他们中的每个人,我犹豫不决是否给他们取个从电话号码簿里随便找来的普通名字。如果必须将他们的面孔隐藏在某个借来的姓名之后,我希望给他们取的名字能成为一份礼物、一个

---

[1] 居伊·德波,《共产国际中真正的分裂》。(Guy Debord, *La Véritable Scission dans l'Internationale*, Champ libre, 1972.)

装饰和一种敬意。"这个意图声明有些狡诈，凑近一看便会发现，对老朋友们的敬意完全是一份有毒的礼物。因为，他们中的大部分都被描绘为一群酗酒者、爱说谎的人、爱吵架的人和斤斤计较的人，就像奥林匹斯诸神被赋予和凡夫俗子同样的卑劣情感。为何出现这些丑化的形象？除了薄伽丘，所有被他以享有盛誉之名来命名的作家都或多或少是诗人。也许，通过滑稽可笑之事让他们变得渺小，他以此和自己曾经当过的那个诗人算账。这是一种测量已走过之路的方式：他们还留在原地，为琐碎的事争吵，而他已离开，已经从青年时代的抒情诗中获得启发，变为小说家，变为存在的探索者。

在他最后一部用捷克语写的小说《不朽》中，昆德拉以略有不同的笔调想象出歌德与海明威在冥间的一次会面。这两位所处时代、风格与语言都各不相同的作家，围绕不朽进行了一场对话。通过这种迂回方式，昆德拉想象着自己的后世。海明威抱怨说，在他死后，比起阅读他的书，人们更喜欢在传记里讲述他的私生活。歌德反驳说，他为了成为不朽者已经竭尽全力，这只能怪他自己。显然，美国人的否认反映出昆德拉的立场："废话！我写了一些书，没别的……让我的书成为不朽，我丝毫不反对。我把这些书写得别人无法更改一个字。我尽可能让它们能抵抗一切恶劣环境。可作为一个人，作为欧内斯特·海明威，我对不朽根本不在乎！"歌德觉得这种行为准则过于轻率，并认定它不足以在作家死后提防那些"翻垃圾箱的人"："您在活着时本该更谨慎些。往后，就再也做不了什么了。"大约一百五十页后，两人再次谈论相同的话题。海明威最终得出了这个悲观的结论："我们的书，很可能不久以后就没有人再读……可关于您生活的任何细节，人们永远不会停止他们喋喋不休的议论。"

同一本书里，关于历史上的歌德，昆德拉大胆地对相同主题进行了变奏。他详细叙述了德国浪漫主义先驱与出生于布伦塔诺家族的贝蒂娜·冯·阿尔尼姆之间的关系。这个歌德只见过寥寥数次的年轻女人，后来不停地给他寄去充满激情的信。作家去世后，她甚至改写他们的通信，目的是让后世以为她是作家的灵感之源，并由此将他的一部分荣耀归于自己。如果相信昆德拉的话，那么这种关系之所以暧昧，特别重要的原因在于："除了长篇累牍的话语，实际上什么也没有发生，人们可能会想，为什么他们的爱情故事如此有名？而这就是回答：它如此有名，因为从一开始，涉及的便是爱情之外的其他东西。"稍后，小说家揭示了秘密："我不再延长悬念。这意味的不是爱，而是不朽。"

昆德拉的书里，无论小说还是随笔，作家们大都以作者身份出现。在文学领域，最令他着迷的是发现者。这也许因为他本人也竭力想成为其中一员。于是，他不断对那些被他视为艺术的伟大创造者的人表达感激之情：塞万提斯（"快乐的游手好闲"[1]）、拉伯雷（"永远失去的无限想象乐趣的天堂"[2]）、斯特恩与狄德罗（"作为游戏的小说形式"[3]）。令昆德拉感到惋惜的是，在这最初的欢欣之后，一种沉重的体系化文学（它穿上浪漫主义和自然主义的外衣，或反映一种政治介入）接踵而来，游戏与想象都被排除在外。

---

[1] 参见《受到诋毁的塞万提斯遗产》，《小说的艺术》。

[2] 《米兰·昆德拉，捷克文学的守护者》，《世界报》1984年4月27日，更新于2009年8月28日。(«Milan Kundera, gardien des lettres tchèques», *Le Monde*, 27 avril 1984, mis à jour le 28 août 2009.) 完整名单参见：www.lemonde.fr/le-monde-2/article_interactif/2009/08/28/milan-kundera-gardien-deslettres-tcheques_1232677_1004868_2.html。

[3] 同上。

一个多世纪漫长的黑暗时期之后，19世纪末，发现者的时代又回来了。虽然，出于情感与历史范畴的原因，昆德拉常常对俄国文学表示拒绝，陀思妥耶夫斯基的歇斯底里令他厌恶，但相反他把托尔斯泰视为那些善于创新小说艺术的作家之一。"也许，托尔斯泰是第一个理解不合理在人类行为中的作用的作家……请您读一读安娜·卡列尼娜死前的那几段。为什么她结束了自己的生命，却并非真的想那么做？她的决定是如何产生的？为找出这些原因，托尔斯泰记录下安娜的**意识流**。她在一辆马车里；她的脑海中，街景与她支离破碎而缺乏逻辑的想法混杂在一起。内心独白的真正创造者不是乔伊斯，而是写下《安娜·卡列尼娜》中这几段话的托尔斯泰。但很少有人承认这一点。"[1]

在《被背叛的遗嘱》中，昆德拉用数页篇幅来写《战争与和平》。各种各样的人物性格引起他的关注，这些人物沿着"一条曲折的路线与道路"前行，与陀思妥耶夫斯基的人物恰恰相反，后者被一种个人意识形态所驱使，这种意识形态将他们由存在的一端带向另一端。对《战争与和平》中的人物而言，生活是"一次旅行，接连出现的阶段不仅各不相同，而且常常是对以前阶段的完全否定"。最初是音乐家，接着是共产主义抒情诗人，随后成为被自己国家列为危险人物的抱怀疑态度的作家，起初是与故乡摩拉维亚关系非常密切的外省作家，后来赢得国际声誉，昆德拉本人也经历了有时相互矛盾的各个不同阶段。写作语言从捷克语向法语的转变圆满结束了这一过程。所有这些波折、这些变化，他全部自觉承受，丝毫没有放弃。于是，在《战争与和平》中人物所遭遇的变故的启示下，

---

[1] 奥尔佳·卡丽斯勒，《与米兰·昆德拉的交谈》，《纽约时报》，1985年。(«A Talk with Milan Kundera», interview avec Olga Carlisle, *The New York Times*, 1985.)

他写道:"人们可能会说,一段旅程的不同阶段彼此间处于一种反讽关系中。在反讽王国,占据统治地位的是平等;这意味着旅程的任何阶段都不在道德上高于其他阶段。"

托尔斯泰的小说的节奏由拿破仑的战争所标记,战斗的场景——从奥斯特里茨到莫斯科河——大量充斥于小说中。然而,《战争与和平》完全不像历史小说,它是一部关于历史的小说。更确切地说,它对身处历史之中的人展开一种思考。昆德拉告诉我们:"托尔斯泰在谈论历史时,并不像历史学家所做的那样对准确描写事件感兴趣……他对作为**人类存在新的维度**的历史感兴趣。"

昆德拉将从中汲取经验。在他的最初几部小说里,当他的人物面临共产主义世界时,他把描写历史背景的这种纯粹小说的、存在的方法化为己有。为谈论战争与和平,托尔斯泰本可以写一部随笔,可他更愿意写一部有人物与情节的小说。小说里因而充斥着"随笔"的段落。

托尔斯泰去世二十年后,奥地利作家罗伯特·穆齐尔的作品《没有个性的人》出版了,在这部令人肃然起敬的作品中,作者同样把思想与小说融合在一起。以前,他曾就这部伟大作品中探讨的主题写过随笔,昆德拉认为那些随笔"沉闷而令人厌烦"。在《被背叛的遗嘱》中,昆德拉进行了一种区分,并由此阐明自己的方法:"穆齐尔只有在他的小说里才是一位伟大的思想家。他的思想需要由具体人物的具体处境来滋养;简言之,这是一种**小说思想**,而非哲学思想。"

1985年,当奥尔佳·卡丽斯勒问他受到何种文学影响时,昆德拉列举了三大类作家。首先是"第一时"的作家(拉伯雷、塞万提斯、狄德罗等），然后是20世纪中欧小说家——罗伯特·穆齐尔、赫尔曼·布洛赫、维托尔德·贡布罗维奇："这些小说家对安德烈·马尔罗所称的'抒情幻想'非常怀疑。他们怀疑关于进步的幻想，怀疑对希望的媚俗。我体会到他们对于西方的衰落的悲伤。这不是情感的悲伤，而是一种反讽的悲伤。"最后一类参照是捷克现代诗歌，对他而言，那是一所想象力的学校："那里有一群令人瞩目的杰出作者。最著名的是霍朗[1]。我们可以把他与里尔克或瓦莱里相提并论，但他的想象更加疯狂，更加魔幻，也更接近生活：他的诗极为平民化，是一种郊区、工人、女佣和酒鬼的诗，被看作一种形而上的神秘的整个世界。他去世时，塞弗尔特写道：'带着蔑视，他在自己身边扔下他的诗句，仿佛把一块块生肉扔进波希米亚这个令人悲伤的大鸟笼里。'"[2]很奇怪，在20世纪的捷克诗人中，有一位昆德拉没有提到，而昆德拉与他非常亲近：维捷斯拉夫·奈兹瓦尔，昆德拉十岁时发现的摩拉维亚超现实主义诗人。正是从他那里，昆德拉产生了对捷克文学中不多见的滑稽剧的好感，在《告别圆舞曲》里尤其能看到这一点。同样，昆德拉在小说中融入多种文学体裁这一想法，也使人联想到奈兹瓦尔基于同一种原则创作的某些诗歌，例如混合了"滑稽剧、哑剧、摄影诗、押韵诗、联想诗、绘画诗、随笔"[3]的《摩托车上的鹦鹉》（*Perroquet sur le motocycle*）。

然而，在这些他愿意或不愿意接受的影响之外，昆德拉最珍爱的现代作家是弗朗茨·卡夫卡，在他眼中，卡夫卡胜过所有曾为20世纪文学带来变革的作家。卡夫卡的作品是他不断思考的一个主题。

---

1 弗拉基米尔·霍朗（Vladimír Holan，1905—1980）。
2 《昆德拉更愿意读哲学家》，同前。
3 苏珊娜·克鲁皮科娃，《游戏的召唤：捷克对米兰·昆德拉作品的影响》，同前。

卡夫卡出生于犹太家庭，是布拉格一个富商的儿子。他与犹太教之间具有复杂关系。他起初对宗教无动于衷，后来通过一个来自伦贝格（今乌克兰的利沃夫）的意第绪语剧团，发现了哈西德犹太教的故事，那些短小的象征性寓言在他的写作中还明显留有痕迹。在写给他朋友马克斯·布罗德的一封信里，他就这些寓言故事说道："这是唯一让我立刻感到毫不拘束的犹太事物。"

虽然和家人用德语交流，但卡夫卡会讲两种语言，与家里的用人讲捷克语。结束法学学业后，他在波希米亚一家处理工伤的保险公司任法务部主管。他的工作使他有自由的时间专心写作。或许对他而言，写作活动是一种摆脱烦恼的方法，他的信件和日记都表明他是个焦虑不安的年轻人——与父亲发生冲突，和女人们关系复杂。但在他的作品中，没有任何自传性的细节，没有任何心理分析。此外，他的作品的主题也难以确定，因为他的人物处于一切历史、地理或社会背景之外，令人捉摸不透。他们往往没有姓名（或者名字仅限于首字母K，就像Kafka的首字母），没有过去，没有职业，没有感情，也不会情绪激动。他们仿佛与现实断绝了联系，又似乎面临着使他们不堪重负的具体处境。

然而，人们发现在他的短篇小说和长篇小说里，某些主题反复出现，尤其是身份主题，就像他在写给第一个未婚妻菲丽丝·鲍尔的信中所证实的那样："有些人让我成为德国作家，另一些人却把我变为犹太作家。我究竟是谁？"卡夫卡的书里充斥着各种各样的生物，一半是动物一半是人（或者人变成寄生虫，就像在《变形记》里那样），它们正体现出这种与身份之间的痛苦关系。在他的短篇小说《致某科学院的报告》中，一只博学的、会说话的猴子注意到："如果我要坚持思考自己的起源，那么我的功绩本无法实现……相反,我的记忆变得越来越模糊。"——或许这是一种乔装的影射,暗示卡夫卡指责他的父亲,作为被同化的犹太人,想忘记自己的根。因循同样的思路,另一个短篇小说向我们展现了一只研究自身历史的狗。

他的作品中始终存在的怪诞与神秘,使他的作品成为理想的阐释对象。为指称这些阐释学高手,昆德拉在《被背叛的遗嘱》里创造了一个新词"卡夫卡学家",在他看来,他们各种各样的评论——政治的、社会学的、精神分析的——歪曲了卡夫卡。他自问:"如何定义卡夫卡学?以一种逻辑上的同语反复:卡夫卡学是专门用于将卡夫卡作卡夫卡学化的学说。用卡夫卡学化的卡夫卡代替卡夫卡。"他在《小说的艺术》中明确指出:"正是在竭力了解卡夫卡的过程中,卡夫卡学家们杀了卡夫卡。"昆德拉认为,第一位卡夫卡学家是他的朋友马克斯·布罗德,后者使卡夫卡被误认为是个神秘主义者,甚至是个圣人,即便他承认:卡夫卡"从未对他的哲学与他的宗教世界观进行系统解释。尽管如此,仍然可以从他的作品里推断出他的哲学,特别是他的格言,但也包括他的诗歌、信件、日记,以及他的生活方式(尤其从这方面)"[1]。

在其他受到责备的卡夫卡学家中,昆德拉提到了卡夫卡的第一位法语译者亚历山大·维亚拉特,指责他对《审判》的传记性解读。昆德拉认为,维亚拉特错误地将K的假犯罪归结于作者身上,比如卡夫卡因为取消与菲丽丝的订婚而犯下过错。这是另一种背叛与不实的陈述,一个幻想者与预言家卡夫卡,这不仅在"资本主义国家"流行,而且在20世纪60年代的捷克斯洛伐克盛行。1968年8

---

[1] 马克斯·布罗德,《爱情的迷人王国》。[Max Brod, *Le Royaume enchanté de l'amour* (1928), Viviane Hamy, 1990.]

月,仅在他的国家被苏联入侵三周前,马克思主义卡夫卡学家爱德华·戈德斯图克向法国人克洛德·鲁瓦解释捷克年轻人对《城堡》作者的迷恋时说:"作家变为冷战的一种武器。如此利用他的那些人只看到其作品的一方面,他们把他的作品解释为一种对处于极权社会中的人的描写,那种人是在社会主义世界占统治地位的无情官僚主义的肇始者。因此,卡夫卡——这本该令他非常吃惊——变形为战场的一个场景,一场精神上的凡尔登战役。这就是令成千上万的读者,尤其是年轻人,关注他的原因,如果他没有被宣布为禁书作者并成为一种象征,那么读者本不会留意他的作品。预言家卡夫卡?诚然,他从来没这么想过。但他对当今世界中生活状况进行受虐狂式的追寻,营造出一种氛围,捷克读者可能会把它当作自己生活的氛围,因为面对统治自己命运的莫名力量,他们感到自身的无力。"[1]

卡夫卡被普遍视为一个"痛苦"的作家,而马克斯·布罗德却讲述道,当他把刚刚写完的那部分念给朋友们听时,他们笑得前仰后合。为什么是这种反应?它破坏了那个忧郁而伤感的卡夫卡的形象。或许,因为小说家和他的朋友们来自同一片土地、同一个城市。尽管卡夫卡用德语写作,但他首先是一个布拉格的作者。这一事实对理解他的世界非常重要。历史学家贝尔纳·米歇尔写道:他"就是一个作家与他在其中生活并进行创作的城市之间紧密结合的典范"。他的同代人维利·哈斯[2]在《回忆录》中指出:"我无法想象,

---

[1] 《捷克作家:真理的激情》,《世界报》1968年8月3日。(« Les écrivains tchèques: la passion de la vérité », *Le Monde*, 3 août 1968.)

[2] 作家、记者、影评家与电影编剧,1891年生于布拉格,1973年去世。

如果某个人不是1880至1890年间出生在布拉格的话,他如何能理解卡夫卡……说实话,弗朗茨·卡夫卡告诉我们的事情,我们都知道,也经常在持续整夜的争辩中讨论过。他的伟大功绩在于通过绝妙的图景表达它们。"[1]

"他的朋友约翰内斯·乌尔迪齐尔在他葬礼日发表的演讲中说道:'卡夫卡就是布拉格,布拉格就是卡夫卡。而我们,他的朋友……我们知道这个布拉格在卡夫卡的作品中随处可见,在他最令人瞩目的作品中。'"[2] 昆德拉本人也看到,卡夫卡的作品深受布拉格的影响,尤其在对幻想与魔法的喜好方面,这是布拉格古老的传统:"在文艺复兴末期,鲁道夫二世国王的宫廷是欧洲秘密科学与幻想艺术的中心。正是那一时期,在布拉格工作的有占星家、天文学家开普勒及阿尔钦博托,这位16世纪的萨尔瓦多·达利,或许还有伟大的犹太人道主义者拉比[3]勒夫,根据传说,他创造了第一个人造机器人Golem。"[4]

1922年11月,卡夫卡料想自己将不久于人世,便让马克斯·布罗德做他的遗嘱执行人。为此,他写信要求布罗德烧毁自己的大部分作品,只有少数几部例外:《判决》《司炉》《变形记》《教养院》《乡村医生》和《饥饿艺术家》。布罗德相信卡夫卡的才华,后来违背了他最后的意愿。在卡夫卡去世后的三年中,布罗德出版了使卡夫卡去世后成名的三部小说:《审判》(1925)、《城堡》(1926)、《美国》(1927)。

---

[1] 贝尔纳·米歇尔引用,参见《布拉格美好时代》,同前。
[2] 同上。
[3] "拉比"(Rabbi),古代犹太教中原指精通法典、律法的学者,后为执行犹太教教规、律法并主持宗教仪式者的称呼,意为"老师"。——译注
[4] 《布拉格,正在消失的诗》,同前。

在那个特别喜欢冒险小说的年代,少年昆德拉偶然打开了这个他从未听说过的作家的一本书:"那是战争快结束时。在我父亲的书橱里,有一本捷克语版的《城堡》……我不知道作者的名字。我刚刚看完《三个火枪手》:这两本书我同样喜欢。"[1] 也许,他起初只是把这些小说看成没头没尾的幻想故事,后来才意识到那部作品的意义,它的写作方式与无比的独特性一下子就吸引了他。他认为,卡夫卡不是哲学家,也不是预言家,而首先应被理解为艺术家:"只要阅读卡夫卡,人们就必然对他的艺术着迷。在我看来,他的艺术在于他的想象。卡夫卡带来的崭新的东西,在他之前不存在的东西,是一种不同的想象。这想象仿佛是梦的想象,将您引向一个世界,那里所发生的事都不像真实的。直到卡夫卡……人们无法想象一部小说可以**不像真的**。卡夫卡一下子释放了幻想,而他的想象有某种特别美的东西。"[2]

然而,昆德拉认为,卡夫卡的贡献并非仅仅在形式上。他之所以完全属于现代特色,是因为他说明了个人在荒诞的现代世界中的存在,一个刚刚从一场世界性战争中摆脱出来的世界,一个变为陷阱的世界,无处可逃。在昆德拉看来,这种新的存在境况暗含于卡夫卡的所有书里,从《审判》开始。"K全部的内心生活都被处境所吞没,在这一处境下,他落入陷阱,任何可能超越这种处境的东西(K的回忆、他的形而上的思考、他与其他人的接近)都没有向我们揭示……卡夫卡没有自问决定一个人行为的内在动机有哪些。他提出一个彻底不同的问题:在一个外部决定力量变得如此强大,而内

---

[1] 《昆德拉更愿意读哲学家》,同前。
[2] 《阿波斯托夫》,同前。

心冲动已无足轻重的世界，留给人的可能性是什么？"[1]

卡夫卡这位布拉格作家处于三种文化的交汇处：德国文化（通过语言）、捷克文化（通过文学传统[2]）和犹太文化（通过感觉）。在奥匈帝国时期——多种国籍的拼盘——犹太人甚至不具有任何一种国籍。1848年获得解放后，他们放弃了人们称为**犹太德语**的意第绪语的地方形式，开始讲被视为权威语言的德语。然而，在卡夫卡的时代，布拉格只有少数人讲德语。在他们之中，犹太人形成了一个德国文化中的"极少数部分"。作为布拉格的用德语写作的犹太作家，卡夫卡意识到这一悖论，试图估计它会给自己带来的后果。研究者帕斯卡尔·卡萨诺瓦写道："就这个主题进行了大量阅读后，卡夫卡对捷克文学和意第绪语文学进行了比较，并在此基础上提出一种'弱小民族'的理论……用一个属于占统治地位的文学空间的作家充满悖论的措辞……卡夫卡思考从另一种见解出发，从另一种文学艺术观念出发写作有可能产生的结果，思考用处于被统治地位的语言写作的作家真正、现实的状况。作为德语作家，卡夫卡力图理解在某种相反观点中写作的那些人的处境与工作，力图衡量他们与自己之间的区别，并设身处地地领会给他们的工作带来优势的东西……卡夫卡本该是位出于本能的理论家，他寻找各种方法，在自己的写作中将小文学的'优势'特征付诸实践。"[3]

昆德拉再次为小国及其"优势特征"辩护："一个犹太人或捷克

---

[1] 《小说的艺术》。

[2] 某些评论者指出，与他的同时代人卡雷尔·恰佩克一样，卡夫卡也对乌托邦抱有好感，自扬·阿姆斯·夸美纽斯的《世界迷宫》(Jan Amos Komenský, *Le Labyrinthe du monde*) 起，这一主题经常出现在中欧文学中。该书写于17世纪，卡夫卡在中学捷克语课上学习过。

[3] 帕斯卡尔·卡萨诺瓦，《愤怒的卡夫卡》。(Pascale Casanova, *Kafka en colère*, Seuil, 2011.)

人不倾向于与历史同化，也不倾向于在历史场景中发现严肃性与意义。他们的古老经验让他们忘记敬仰这位女神，忘记歌颂她的智慧。因此，小国之欧洲受到更好的保护，免于历史的蛊惑，更清醒地看到大国之欧洲的未来，那些大国总是准备在光荣的历史使命中自我陶醉。"[1]

昆德拉意识到犹太根基在卡夫卡作品中的重要性，正如阿兰·芬基尔克劳所叙述的那样，他甚至投身于犹太教法典的学习："那时，昆德拉打算在他的一部小说里加入关于犹太教的内容。因而，他对犹太教法典的兴趣是专业的。于是，犹太教长吉勒·贝尔南给我们上了几次课，大概三四次。犹太教长来昆德拉的住处。昆德拉戴着妻子买的一顶小的无边圆帽[2]。一切都以一种非常欢快、非常有趣的语调进行。我们听贝尔南讲解犹太教法典，略带列维纳斯的方式。我们就像好学生那样，认真地记笔记。我甚至不知道我们是否提了问题。授课没有持续下去，或许因为昆德拉放弃了他的计划。"

昆德拉从不隐瞒犹太世界对自己的吸引力，他对犹太世界怀有感激，尤其因为，在他看来，它对欧洲文化，特别是中欧文化的构成发挥了重要作用："世界的任何部分都没有如此深刻地被犹太精神所影响。生长于民族争端之上的犹太人，是20世纪中欧主要的世界性与包容性元素，是它的知识纽带、思想的凝结者、精神统一的创造者。正因为如此，我爱他们，带着激情与怀念珍惜他们的遗产，仿佛那是属于我个人的遗产。"[3]

---

1 《布拉格，正在消失的诗》，同前。
2 遵守教规的犹太人戴的无边圆帽。——译注
3 《被劫持的西方或中欧的悲剧》，同前。

第十六章
不可能的回归

昆德拉喜欢在他的小说中引入哲学问题，帮助他探讨某一境况的悖论或阐明他的小说人物的行为。对哲学家作品的阅读丝毫不会给他小说的这一或那一情节安排带来某种启示，一部作品完成后，往往可以见证小说家的某些直觉是正确的："我没有感到自己'受了影响'。我可以说这些哲学家的来临，对我而言是种种确认，往往是**后验的**确认。比如，我写完《生活在别处》之后读了黑格尔，然而，这部小说已经运用了一种现象学方法。远胜于影响，应该说是一种事后发现的亲缘性。"[1] 但《不能承受的生命之轻》不是这种情况，该书建立在另一原则之上：在这部书中，哲学观点是**先验地**提出的，小说的人物行动只是其阐释。小说开头的文字——这一情况并不多见——具有纯哲学拷问的独特形式："永恒轮回是一种神秘的想法，尼采曾用它让不少哲学家陷入窘境：想想吧，有朝一日，一切都将以我们经历过的方式再现，而且这种反复还将无限重复下去！这一谵妄之说到底意味着什么？"

同一的回归这一观念，尼采借自斯多葛主义者及他们的宇宙轮

---

[1]《昆德拉更愿意读哲学家》，同前。

回观。在爱比克泰德看来，凡在发生的都已经发生，且将重新发生。昆德拉之所以也借用这一观念，是为了引入后来成为他小说题目的概念：不能承受的生命之轻。海德格尔认为，永恒回归是最沉重的负担。压倒我们生命的重负却也透出某些轻之时刻，比如在爱的关系中。这一对立也许让人觉得重是可怕的，而轻是所希望的。然而，昆德拉指出，并非如此：重是生命所必需的，因为它将人置于现实之中，而轻被推至极处，具有相反的作用："当负担完全缺失，人就会变得比空气还轻，就会飘起来，就会远离大地和地上的生命，人仅仅是一个半真的存在，其运动也会变得自由而没有意义。"[1]

除了这些哲学思考之外，回归这一主题还非常具体地出现在《不能承受的生命之轻》中，如托马斯逃出了捷克斯洛伐克，可因为爱又回去了。他要去和特蕾莎在一起，因为特蕾莎决定回到自己的国家。这一回归是纯粹地理意义上的：远远不是已有生活的重负，而是往回退，也即重新回到出走的地方，回到不管是自愿还是被迫离开的地方。这种可能性会在这一时刻或那一时刻，出现在任何一个流亡者的头脑中。

《告别圆舞曲》中雅库布移居国外，流亡的主题已经出现，昆德拉离开捷克斯洛伐克之后，这一主题在他的作品中占据越来越重要的位置。他在法国写的第一部书《笑忘录》中，塔米娜就是一个流亡的捷克女人，她时刻注意驱动自己的记忆，不要遗忘祖国，而她死去的丈夫就是祖国的化身。接受她的法国对她而言似乎没有任何实质的东西——只是她投射自己记忆的一种布景而已。因此她在法国就不可能结成新的关系，她遇到的法国人只能凭她的捷克标准

---

[1]《不能承受的生命之轻》。

而存在。这个年轻女人对自己的境况有着不幸的认识，可以想象，与昆德拉在雷恩生活那些年的感知很相近。不过，在他1979年被剥夺捷克斯洛伐克国籍和1981年获得法国国籍之间，作家昆德拉经历过他称之为"无国籍之人的陶醉"的东西，这一体验深刻地改变了他对流亡状态的认知。

《不能承受的生命之轻》反映了这一方面的某种演变。诚然，流亡者在其中看似是一个痛苦的人，因远离自己的根而变得脆弱："谁在外国生活，谁就是在一个空荡荡的空间里行走，在大地的上方，没有了自己的国家给每个人提供的保护网，那里，有自己的家、同事、朋友，用孩童时代以来掌握的语言表达，不难被人理解。"但似乎是为了反击这一观点，昆德拉通过流亡者萨比娜的声音，对归属的概念提出质疑。萨比娜自问究竟是什么原因促使她寻求与同胞在一起："说到底，为了什么她要跟捷克人来往呢？"萨比娜自问，"她跟他们有什么共同之处？是因为一片乡土吗？若要问他们'波希米亚'一词让他们联想到什么，恐怕在他们眼前浮现的，会是一个个全无联系的散乱的画面。"

这部书出版后，贝尔纳·皮沃针对有关身份的问题，询问昆德拉在法国的新生活能否与其对原来国家的忠诚相容。这是对他爱国主义的怀疑，被突然一刺，昆德拉没有理会，转而强调自己处境的悖论："我失去了我的第一个祖国，可我在法国非常非常幸福……在这里我觉得自己丝毫没有变贫乏，而是变丰富了。"[1]

当时谁也想象不出在五年后，"天鹅绒革命"竟然结束了共产党在捷克斯洛伐克四十余年的历史。不过，在最为细致的观察家中，

---

[1] 《阿波斯托夫》，同前。

已经有人看到捷克体制出现了越来越多的缝隙。那时有很多记者问昆德拉，他是否有可能回归自己的故乡。作家不愿意听他们这样谈论此事，1985年，他对奥尔佳·卡丽斯勒明确说道："我在法国是定居，所以我现在不是流亡者。我也没有离乡背井的感觉。一千年来，捷克斯洛伐克一直是西欧的一部分。今天，它是东欧帝国的一部分。因此，我在布拉格将比在法国更感到失去根。"[1] 在《读书》杂志（*Lire*），昆德拉排除了任何回归的可能，但想法有细微的不同："即使给我这个机会，我也会很犹豫。我害怕有太多的失望和伤心……再说，这个问题无论如何都不存在。我现在的真正问题，是对法国还不够了解。"[2] 次年，在美国杂志《集萃》上，他公开了拒绝回归的深刻理由："您问我是否有一天会回到捷克斯洛伐克，我的回答是不，政治形势也许永远都不会允许。但这只是真相的一半，因为即使可以回去，我也不愿意！一生中一次流亡就够了。我是从布拉格流亡到巴黎的。我再也没有力量从巴黎流亡到布拉格。"[3]

这种将回归视作第二次流亡——因而就是第二次痛苦——的观念并不意味着昆德拉割断了与祖国的一切情感联系，"祖国"这一词，他很少使用，而是更愿意用"自己的家"（Chez-soi）。如果说作家已经采用接受国的生活习惯与方式，那么他在成长年代养成的敏感并没有减退："我在法国生活很圆满。我并不感到自己是个流亡者，某个每天想着自己原来国家的思乡者。但有一个对所有作家都适用的明显道理，我认为是在人的前半生，您积累了您的重要生活经历、社会经历，以及情色和性经历。所以作为作家，您总是根植

---

[1] 奥尔佳·卡丽斯勒，《与米兰·昆德拉的交谈》，同前。
[2] 《与安托万·德·戈德马尔的谈话》，同前。
[3] 乔丹·埃尔格拉布里，《与昆德拉的交谈》，同前。

于您的前半生。"[1]

1989年11月9日,柏林墙倒塌了。一个星期之后,在布拉格,一次有一万五千名大学生参加的和平游行被警察镇压。马上出现了连锁反应,11月20日,出现了另一次游行,五十万人走上布拉格街头,但没有开一枪。28日,被米哈伊尔·戈尔巴乔夫领导的苏联放弃之后,捷克斯洛伐克共产党宣布退出政坛。12月29日,大约在古斯塔夫·胡萨克辞职三个星期后,瓦茨拉夫·哈维尔被任命为共和国总统。

在巴黎,米兰·昆德拉密切关注捷克体制的垮台,并非没有动情。然而,这些事件没有动摇他留在法国的决心:"1989年11月,对捷克斯洛伐克的侵占结束时,我被巨大的快乐所淹没——也淹没在悲伤中:对我来说,这一变化来得太迟了;太迟了,我已经不可能——也不愿意——再推翻一次我的生活,再换一个自己的家。"[2]

20世纪80年代后半期,昆德拉一次又一次地宣布,他选择永远不回捷克斯洛伐克生活。他没有违背这一选择。虽说昆德拉对此没有一丝一毫的遗憾,但他并没有因此而放弃回归的主题。在1993年的一篇随笔中,他用多页文字讨论这一主题,十年后,甚至是整整一部书。正如人们可以预料的那样,昆德拉没有将流亡的主题置于某一确切的历史背景中,而是在存在的维度上加以探讨。这一立场势必要求对时间与空间的某种关系进行研究。一个人在自己一生的第一个时期,时间或长或短,在世界的某个地方生活,构成他的

---

[1] 《属于您的书》,瑞士广播电视台,1987年2月17日。(«Livre à vous», Radio-Télévision suisse, 17 février 1987.)

[2] 《不朽》捷克语版后记。参见弗朗索瓦·里卡尔,同前。

身份认同。他了解那里的风景、居民、规范,尤其是其中最为重要的:语言。出于多方面原因,他不得不离开那里去别的地方。远走他乡,使他从已知走向未知。如果他想在接受他的国家生活下去,他必须去适应,学习一种新的语言,学会新的规范——这么多的事要去做,他慢慢疏远他的故国,而故国也渐渐地消融在他的记忆中。

时间在流逝,原来熟悉的一切渐渐消失,陷入遗忘——如果有,这便是昆德拉式的主题。一个更为直接、更为具体的新世界取代由越来越模糊的记忆构成的旧世界。这一相近的世界增强了流亡者与他的新生活地之间的联系。这一最终将导致流亡者状况彻底消失的变化是不可逆转的。但需要时间,就像《被背叛的遗嘱》中"移民生活"一词的定义所显示的:"把自己的出生国当作他唯一祖国的人被迫在外国度过的岁月。但移民生活在继续,一种新的忠诚慢慢产生,这是对接受国的忠诚。"

在法国,随着与他出生国的联系慢慢消失,昆德拉感到自己越来越依恋他的新的祖国。"当1982年完成《不能承受的生命之轻》时,我强烈地感到某种东西已经彻底封闭;我将不会再涉及捷克历史这一主题……我越来越被法兰西语言所支配:我把我的剧作《雅克和他的主人》译成了法语,现在我正在准备一部用法语写的随笔集(《小说的艺术》)。在我的笔记本中,我对法国的观察越来越多,对捷克的回忆越来越少。我母亲于1983年在布尔诺去世,这割断了我与原来国家的最后一丝联系。"[1]

昆德拉承认,移居国外是他的存在中最具决定性的事件:"这是我生活的钥匙,也是我工作的钥匙……我的成年生活的大部分时

---

1 《不朽》捷克语版后记。参见弗朗索瓦·里卡尔,同前。

间在法国度过。在这里,整整十八年,我主持我的小研讨班,有我自己的学生。我是在这里建立了新的、对我而言最珍贵的友谊,写了我最成熟的书,也是在这里,我得到了理解,比在别的地方更好的理解。"[1] 与选择法语进行写作的其他外国作家——尤奈斯库、齐奥朗、克里斯蒂娃或马金——相比,昆德拉或许更有力且更持续地不断表示他对接受他的国家的感激之情。亲法,当然是,但还更进一步。当有人贬低法兰西文化时,这位移居法国的人总是强烈地捍卫它,比法国人自己更甚:"在旅行中,我到处听到一句话,像是老调重弹:'法国文学再也不代表什么了。'蠢话,也许是。但让这蠢话变得重要的,是说蠢话时的那份开心。敌视法国症,这确实存在。这是全球性的平庸,想报复几个世纪以来的法兰西文化优势……敌视法国的那份傲慢对我的伤害,就像大国对待我离开的那个小国的傲慢一样伤害我。"[2]

昆德拉没有在1989年11月就回到捷克斯洛伐克,那时候如果回去,他或许会像一个回头的浪子一样受到欢迎,他不回去是因为他已经在法国有了自己的生活,那里从此就是他"自己的家",但恐怕也出于更为私密、更为隐蔽的原因。不管怎么说,回归的问题从来没有停止对他的困扰。1993年,在《被背叛的遗嘱》题为"移民生活的算术"一节中,昆德拉强调他自己不是个孤立的例子,很多艺术家都做了同样的选择。他还提到约瑟夫·康拉德、维托尔德·贡布罗维奇、卡奇米日·布兰迪斯和弗拉基米尔·纳博科夫四位作家及博胡斯拉夫·马尔蒂努、伊戈尔·斯特拉文斯基两位音乐

---

[1] 《不朽》捷克语版后记。参见弗朗索瓦·里卡尔,同前。
[2] 《敌视法国症,这确实存在》,《世界报》1993年9月24日。(« La francophobie, ça existe », *Le Monde*, 24 septembre 1993.)

家，以他们为例。

　　这份坚持不回归者的名单，确实让人不安，从中并不能得出普遍的规律。人们也可以举出昆德拉的反例。比如在过去，老雨果流亡十九年之后回到了法国；在昆德拉的同一时期，亚历山大·索尔仁尼琴离开苏联二十年后于1994年回到俄罗斯度过了他人生的最后岁月。"一个移居国外者的生活，是个算术问题。"昆德拉如是说，他把移居国外者在出生国度过的岁月与离去的时间长短进行权衡。他发现，流亡的艺术家的情况具有特殊性："生活的储存量对于年轻时代与成人时期而言分量是不一样的。如果说成年时期无论对于个人的生活还是对创造活动都更为重要、更为丰富的话，那么潜意识、记忆、语言等一切创造的基础则形成得很早。"在艺术家的一生中，不同时期的异质性往往是失衡与分裂之源。他还说，这一考验远非不可避免，而是有可能克服的，条件是要"调动所有的力量，调动所有的艺术才华，将生存境况的不利因素改造为他手中的一张王牌"[1]。

　　在所有这些"抗拒回归"的艺术家中，昆德拉以斯特拉文斯基为例细加考量。这位俄国作曲家的流亡时间特别长，分为两个时期：二十九年在法国和瑞士法语区，三十二年在美国，总共六十一年。斯特拉文斯基一生都在旅行之中，他四处游走，既有艺术的动因（被法国先锋派所吸引），也有历史迫使的原因（俄国革命与两次世界大战）。他的行走在哪方面对他的艺术演变产生了影响呢？昆德拉发现，在他流亡的前十年，斯特拉文斯基还一直怀着回到俄国的希望，他的音乐创作无论是主题还是形式，都有深刻的俄国风格。在20世纪20年代，这位作曲家意识到苏联政权会长期存在。

---

[1]《被背叛的遗嘱》。

他所熟悉的俄国已经不复存在。他拒绝陷入一种毫无结果的思乡之情,终于明白应该拓展自己的艺术活动疆界。因此,他的祖国不再是世界上那个沉浸于某个既定历史阶段的确切地方,而是化为他的整个音乐,一种他在全球范围内、根据自己的历史记忆而创作的总体性音乐。昆德拉对这一转折如此加以解释:"他在音乐历史中游历的开端,与他的祖国对他而言从此不再存在的时刻是差不多吻合的;他明白了任何一个别的国家都无法取代它,于是在音乐中找到自己的唯一祖国……他唯一的祖国,是音乐,他唯一的自己的家,是音乐,是所有音乐家的所有音乐,是音乐的历史,他选择在那里安身、生根、居住……"[1] 用艺术的归属取代国家的归属:这显然是昆德拉自己的做法,尽管他热爱法国,但他要求得到的唯一身份,是小说家的身份。

十年之后,昆德拉在《无知》中再次回到这一主题,但探讨的角度有所改变。不可能的回归不再从不愿意离开的接受国的角度去讨论,而是从离开多年后想回归的出生国的角度,尽管不一定是彻底的回归。这一经历不是昆德拉的经历,即使昆德拉在1989年后似乎回到过捷克共和国,虽然次数很少,时间很短,而且是隐姓埋名。昆德拉在法国居住后写的第一本书的情节全部在布拉格展开,这是因为从存在的角度看,流亡者回到年轻时代的国家是一种有启发性的安排。据弗朗索瓦·里卡尔所说,昆德拉提出的问题是这样的:"如果一个人不再生活在他可以当作自己的祖国且热爱的地方,那么存在变成了什么呢?"这是一个以假设形式提出的问题,因为这

---

[1]《被背叛的遗嘱》。

一问题假定曾经的流亡者与他故乡的情感联系必然断裂。

对这种情感消失，《无知》中的两个主要人物——定居巴黎的伊莱娜和在丹麦重新生活的约瑟夫——并没有意识，他们是"无知"的。然而，昆德拉创造了这些既非艺术家也非作家的人物，唯一目的似乎是将**任何**流亡者回归的不可能性普遍化。

伊莱娜与约瑟夫二十多年来没有回过波希米亚。他们并没有决定返回如今被称为捷克共和国的国家生活。只是种种境遇促使他们到布拉格逗留了一个星期。他们原本很高兴重回自己年轻时生活的城市，重新见到流亡时占据了他们记忆的家人和朋友，可他们忽然有一种很奇怪的感觉。他们俩谁都认不出"布拉格之春"后离开的城市。布拉格成了一座没有过去的城市。这也是那些与昆德拉相反，选择了"大回归"的人（忘记他们是不应该的）的感觉。比如安东宁·J. 利姆，他在法国和美国生活多年后又成为布拉格人。2004 年，他悲叹构成这座城市的丰富性的一切在"天鹅绒革命"后都消失了："布拉格如今不再是一座创造之城。捷克文化的特质、反讽、自我嘲讽、传统、卡夫卡、帅克，您还能见到吗？我，我看不到……米兰·昆德拉以前说过，20 世纪 60 年代的捷克文化是 20 世纪欧洲文化的丰碑。1990 年后，它被完全清除了。他们没有保护这些传统，而是说这从未存在过，说 1990 年之前存在的一切都是坏的。他们想创造完全不同的东西，没有传统，没有几百年里一直延续的血脉的搏动。捷克文化割断了它过去的辉煌，这让一切都变得艰难。"[1]

对捷克文化传统的清除，与过去彻底决裂的决心，势必对语言本身产生影响。在《无知》中，约瑟夫发现了这一点：他独自一人

---

[1] 与瓦茨拉夫·里赫特的谈话，布拉格电台，2004 年。(Interview avec Václav Richter, Radio Prague, 2004.)

在餐馆用晚餐,耳边听到周围人的对话,他发现当他不在时母语的声调悄无声息地变化了。然而,他很难确定这一变化的真正性质:"这可悲的二十年里,捷克语到底发生了什么?难道是声调变了?显然是的。以前加重的第一个音节现在变弱了;声调仿佛由此变得软弱无力。语调也显得比以前更单一而拖沓。还有音色!变得嗡嗡的,说话声音发腻,让人不舒服。"[1]

在儿时的布拉格,"她冬日里沿着忽上忽下的小巷滑雪,周围的森林在日落时分悄悄地散发着芬芳",而在这个与她毫无关联的布拉格,伊莱娜一直走到老城,如今老城已经成了游客的景观:"正是在那里,开始了明信片上的布拉格,狂热的历史为其烙下累累伤痕的布拉格……餐馆贵得让她的捷克朋友无法进门的布拉格。"[2] 这座城市成了旅行社产品的招牌,把一个生前默默无闻的布拉格的孩子变得仿佛是切·格瓦拉,照片被复制在千万件T恤衫上,上面印着题词:"Kafka was born in Prague"[3]……

伊莱娜心想,布拉格如今变得对她而言格格不入,与它和解的方法之一恐怕就是见见当时的朋友。布拉格变了,她也变了,因为流亡,也因为消失的时间。她一时希望自己二十年前很亲近的那些年轻姑娘,那些已成为成熟女人的年轻姑娘,能够帮助她与过去重建一种联系。在一家餐馆里,她组织了一次相聚的酒会。在法国,她学着爱上了红酒,为尊重她们,她带了一打上等的波尔多葡萄酒。那些女人对她的这一表示无动于衷,她们不喜欢品葡萄酒,瞧

---

[1]《无知》。
[2] 同上。
[3] 原文为英文,意为"卡夫卡生于布拉格"。——译注

不起法国红酒的微妙，而是喜欢欧洲最古老的捷克啤酒那种异教的冲劲。伊莱娜没有怪她们，突然意识到了在她和以前的朋友之间产生的鸿沟。没有关系，她要尽可能地去和她们中的每一位重建对话关系。可是，因为喝醉了，她难以让她们理解自己。空洞而嘈杂的交谈。她很想和她们说说分离后她的生活。这是她的愿望，希望她们问她这方面的情况。可压根不是这样。没有一个问题。不是因为不好意思或者出于谨慎，而是她们对此不感兴趣。这是向她暗示她已经不是她们朋友的一种方式。她终于明白了这一点，她移居国外，对她们这些留下的人来说，不是勇敢的表示，而是一种逃跑。这是她应该寻求宽恕的一种罪过："随着这神圣的仪式，我二十年的国外生活将灰飞烟灭。那些女人会高举啤酒杯，围着这团火与我一起唱歌，一起跳舞。只有付出这个代价，我才能被原谅。我才能被接受。我才能再变成她们中的一个。"[1]

昆德拉在流亡之中看到了某种两重性：一方面，是对失去的天堂——大都是幻想的天堂——的思恋；另一方面，是对故乡的恐惧，因为对流亡者而言，故乡已经成为没有了自己位置的地狱。因为被意识与无意识这一分界线所分割，两种观点永远不会重叠。一种属于白昼的生活，一种属于黑夜的生活，那是梦的生活。伊莱娜看到在她日常生活最不经意的时刻出现了她年轻时熟悉的景象；几个小时之后，她在噩梦中惊醒，噩梦里，她过去的同胞实际上一直是有威胁的敌人："她在拥挤的地铁车厢里，一条布拉格绿地中的小径会突然浮现在她眼前，转瞬即逝。整个白天，这些景象闪闪灭灭，在她脑中浮现，缓解她对失去的波希米亚的思念。同一个导演白天

---

[1] 《无知》。

给她送来故土的景色,那是一个个幸福的片段,而夜晚则给她安排了回归故土的恐怖经历。白天向她展示的是她失去的天堂,而夜晚则是她逃离的地狱。"[1]

在游记中,人们常常可以读到,说游记的益处之一,就是能让人以另一只眼睛看已经离开的地方。伊莱娜从布拉格返回,在伤心地看到这个城市不再是她的城市后,她发现自己看巴黎的方式发生了某种变化。她站在窗口,静静地看着巴黎的屋顶,过了一会儿,她更加清晰地察觉到那片烟囱景象在哪些方面是熟悉的,哪些方面又与布拉格的小花园不同。以前,她没有像现在这样感到在巴黎是多么幸福。这一幸福的感觉起了作用,推翻她至今对自己流亡者境况形成的图景,让她明白这一图景也许是被别人制造的。"她一直觉得这是明摆的,她流亡国外是一种不幸。可是,一时间她自问,这莫非是对不幸的一种幻觉,是所有人看待流亡者的方式所暗示的幻觉?她不是用别人塞到她手里的方式看自己的命吗?她告诉自己,尽管流亡国外是外部迫使的,是自己不愿意的,但或许不为她所知,这是她人生最好的出路。大写的历史难以捉摸的力量损害她的自由,却又让她变得自由。"[2]

这部小说最主要的本体论观点就在此。在昆德拉看来,内在于流亡的不幸的观念是虚假的。流亡者最终认同的这一意识形态的构建,并非建立在任何客观现实之上。更糟糕的是,这是一种**媚俗的表现**,是某个历史时刻特有的:"我们这半个世纪使得所有人对那些被自己国家禁入的人的命运无比敏感。这种带有同情的敏感给流亡

---

[1] 《无知》。
[2] 同上。

问题笼罩上一种催人泪下的道德主义,遮蔽了流亡者生活的具体特征。"[1]

昆德拉如此执着地要破除不幸的流亡者这一老生常谈,是因为他一直拒绝让自己的命运落到一个受害者的地步。这一抗拒,在他移居法国不久后就有所表示,但往往没有人理会。因此,他不得不与这一定见唱反调,宣称流亡对他来说不是一个悲剧,在创作方面反而是一种积极的经历。小说家赞成同样流亡到法国的捷克女诗人薇拉·林哈托娃[2]的反传统观点,她提出了"解放性流亡"的说法。1993年12月,林哈托娃参加由布拉格法国研究院举办的一次研讨会,在会上她做了一个题为《流亡本体论》(«Pour une ontologie de l'exil»)的报告。"我从来没读过有关这个主题的东西,"昆德拉写道,"没有比这更不循规蹈矩,也没有比这更清醒的了。"[3]女诗人反对臆断,彻底地摧毁正统派一直想把这一臆断封闭起来的伤感偏见。"我对游牧者抱有好感,我并不感到自己有个定居者的灵魂。所以我有权说,我自己的流亡满足了我一直以来最珍贵的愿望:生活在别处。"

尽管昆德拉承认流亡的观念根据历史事件变化而变化,20世纪的历史事件(首先是共产主义)尤其受到他的关注,但同时,昆德拉将流亡视为一个超越时间的主题,甚至是欧洲文明最根本的神话之一。他指出,尤利西斯,这一最有名的流亡者,远离故乡二十年:当了十年士兵围攻特洛伊城,又用十年克服阻挡他回到故乡伊萨卡

---

[1] 《解放性流亡》,《世界报》1994年5月7日。(« L'exil libérateur », *Le Monde*, 7 mai 1994.)
[2] 1938年生于布尔诺,1968年流亡到法国,在巴黎生活至今。
[3] 《解放性流亡》,同前。

的重重障碍。在昆德拉看来,尤利西斯是大写历史中"最伟大的冒险家和最伟大的思乡者"。在他的曲折历程中,他既被重重危险的计谋所左右,也在仙女卡吕普索身边得到了幸福,为留住他,卡吕普索提出让他不朽。尤利西斯婉拒了这一提议,没有偏离自己一直放在心头的计划:回到他的小岛,回到他妻子珀涅罗珀和儿子特勒马科斯身边。如果说有,这就是本体的选择,通过这一选择,尤利西斯完全承受了他的人之境况:"他舍弃对未知(冒险)的激情探索而选择对已知(回归)的赞颂。较之无限(因为冒险永远都不想结束),他宁愿要有限(因为回归是对生命有限性的一种妥协)。"[1]

大家都熟悉尤利西斯回到伊萨卡的情景。他在睡梦中被法伊阿基亚水手放在了小岛的岸边,他本以为自己会作为英雄受到欢迎,却惊恐地发现人们早已忘记了他,谁也认不出他,除了他的狗阿戈斯。为重新获得国王和丈夫的地位,他不得不经受最后的考验:向亲人们出示他身份的证据。于是《奥德赛》有了一个圆满的大结局,多少个世纪以来,人们因此而一直颂扬英雄的勇敢与坚毅,昆德拉却将这一神话与现代流亡者的境遇联系起来,更愿意强调尤利西斯的失望。如同《无知》中的人物伤心地发现他们不在时已经被自己的同胞所遗忘,尤利西斯意识到一心想再见到他的小岛的念头把他引入了歧途:"二十年里……他一心只想着回故乡。可一回到家,在惊诧中他突然明白,他的生命,他生命的精华、重心、财富并不在伊萨卡,而是存于他二十年的漂泊之中。这笔财富,他已然失去。"

从他移居法国到捷克斯洛伐克政权再次变更,这十四年里,昆德拉从未表达过回到原来国家生活的愿望。在 20 世纪 80 年代,当

---

[1] 《无知》。

他成为一个具有国际声望的作家时，他终于明白，"他的生命，他生命的精华、重心、财富并不在伊萨卡"。

"天鹅绒革命"几乎没有在昆德拉心里激起重新参加故国文化生活的愿望，尽管时不时有讲座与研讨会的机会。他恪守自己在1985年开启的"隐身策略"，想方设法不让自己有任何公共生活。他甚至反对他在国外出版、当时被捷克当局审查制度禁止的那些书在捷克发表。因此，虽然这些书是用捷克语写的，但捷克人无法接触到《生活在别处》《告别圆舞曲》《笑忘录》和《不能承受的生命之轻》。对他的剧作，昆德拉同样不让步：捷克戏剧家兹德涅克·霍辛内克有意将昆德拉在1967年写的《愚蠢》一剧搬上布拉格的舞台，可在1990年，作者禁止该剧演出。几十年间，捷克人一直无法读到他们伟大的作家的作品。直到21世纪10年代中期，布尔诺的亚特兰蒂斯出版社终于出版了昆德拉在20世纪70年代写的某些小说——《生活在别处》《笑忘录》——可这些小说还是免不了被作者做了大幅修改。

如何解释这一保留态度？昆德拉出于什么原因认为有必要只给捷克读者提供他作品的修改版？毫无疑问，他担心他那些最具政治性的小说的**完整**出版会加剧一种历史的误解，他觉得有必要等这一大段时间，让他的小说提及的事件在历史的迷雾中渐渐消退。如今，捷克青年对"布拉格之春"只有一个大致的概念；至于"持不同政见"一词，在捷克青年的眼里只有遥远和模糊的意义。在《家有访客》杂志主编、文学评论家巴拉施吉克·米洛斯拉夫看来，"米兰·昆德拉犹豫不决，迟迟不愿用捷克语出版他的书，最根本的原因是他的小说往往被捷克批评界放在小说发生的历史现实背景中加以阐释。然而，昆德拉一直认为文学是一种哲学经验，与这种解读是对立的"[1]。

捷克人读不到昆德拉用他们的语言写的书，至少可以计划通过翻译读到他的法语书。可昆德拉认为只有自己才有能力将他自己的作品翻译成捷克语（而他缺少时间，永远不可能去做），所以一直坚决地拒绝求助于译者。这一苛求在捷克共和国往往被看作任性，或者某种傲慢的表示，有损于他的形象。众人被辜负的仰慕往往会被一种强烈的怨恨所取代。除了纯粹文学的考量，昆德拉这个人本身也遭受了越来越多的敌意。对这一反面的变化，法国新闻界也常常予以呼应。2009 年的一篇文章就是突出的证明，这篇文章的题目为《为什么捷克人讨厌米兰·昆德拉》(«Pourquoi les Tchèques détestent Milan Kundera»)[2]，出生于捷克的记者、作家马丁·达内斯在文中提出了几种解释。对这位"伟人"的激烈情绪在 2008 年 10 月因德沃拉泽克事件[3]的震荡而达到了顶点，达内斯将之归结于"18 和 19 世纪'民族起义'年代锻造的捷克精神，按照这一精神，离开祖国对一个文人来说几乎等于大背叛"。他在这一流亡的观念中看到了某种捷克的特质，维克托·迪克在他的诗《大地在诉说》(«La terre parle», 1921) 中有一个诗句正是对此的阐明。祖国提醒自己的一个儿子不要有离开的念头："如果你抛弃我，我不会灭亡。如果你抛弃我，你会灭亡。"

---

1 布拉格电台，2016 年。
2 《新观察家》，2009 年 4 月 27 日。
3 见本书第十七章。

第十七章
事件

2008年10月12日，历史学家亚当·哈迪莱克和记者彼得·特舍施纳克在捷克的《尊重》周刊(Respekt)发表了一篇文章，题为《米兰·昆德拉告密》(«La dénonciation de Milan Kundera»)。作者在该文中提到一份日期为1950年3月14日的报告，报告出自类似克格勃的捷克国家安全局(STB)。该资料来自专政体制研究院的档案，这家机构是上一年创办的，可供人查阅1948至1989年间捷克当局秘密警察经手的数以万计的秘密档案和微型胶卷。

年轻的历史学家哈迪莱克当时在调查德沃拉泽克事件，偶然发现了一份警察报告，上面这样写着："米兰·昆德拉，1929年4月1日生于布尔诺，1950年3月14日16时到警察局报告，与他住在同一大学城的伊娃·米莉特卡告诉也在同一大学城居住的一个名叫德拉斯卡的男性大学生，说她这一天在布拉格遇到她的一个朋友，叫米洛斯拉夫·德沃拉泽克。德沃拉泽克好像把一个旅行箱放在了她的房间，说下午再来取……德沃拉泽克好像是个逃兵。去年春天以来，他有可能一直住在联邦德国，他是非法去那里的。"

这一消息一下就被国际媒体，尤其是欧洲媒体接力传播，最终很滑稽地得出昆德拉有罪的结论，但没有任何证据。比如，2008年

10月13日的法国《世界报》毫不迟疑地这样写道："作家米兰·昆德拉，畅销书《不能承受的生命之轻》的作者，于1950年向捷共警察告发了一位大学生，导致该学生被捕并被判处二十二年监禁。"在奥地利和德国也出现了同样的声音，如德国的《世界》日报（*Die Welt*）将昆德拉的情况与诺贝尔文学奖获得者君特·格拉斯相提并论，后者在2006年7月的《法兰克福汇报》（*Frankfurter Allgemeine Zeitung*）上承认自己曾经在第二次世界大战末期为纳粹党卫队效命。

昆德拉事件就这样开场了。《玩笑》的作者，本来一直被视作共产主义制度的猛烈攻击者，却在朝夕之间沦为一个可鄙的告密者。君特·格拉斯在隐藏了六十多年后主动承认自己年轻时犯下罪过，昆德拉与他相反，不仅愤怒地否认控告他的事实，而且否认了他们所依据的文件的真实性。

昆德拉二十年前曾定下原则，除特例外，不再接受任何媒体的采访，这一次他不得不违背这一原则，走出沉默，接受了捷克通讯社（CTK）的电话采访。"我被根本料想不到的事弄得莫名其妙，"昆德拉对采访者坦言，"昨天我还什么都不知道，那件事也不曾发生过。纯属下作的手段。我从来没见过，也没遇到过那个人。我记得的就这些。"昆德拉表示了自己的诧异之后，试图寻找控告他的某种理由。消息传开的日期给他提供了某种最初的征兆："是法兰克福书展的第一天。这或许是个巧合……但情况显然不是这样，不是吗？是谋划已久的……书展一开始，各种报刊就在报亭了，没有给我的声音留下一平方厘米的空间。他们本该给我的声音租一个很大的空间，而不是一平方厘米。因为那些引证太严重了。我受到了侮辱……"至于《尊重》杂志挖掘出的警察报告上提及他的名字，也让人觉得疑点重重:"我的名字怎么会出现在上面,这是我唯一不能解释的谜……我知道我的名字写在那里,这对我而言是个谜。可我如何能就一个我根本不认识的人提供信息呢?"采访者最后将作家逼到了墙角,问昆德拉如何看待他与秘密警察有关系的传闻。昆德拉再次对此坚决予以否认,认为这种说法纯属荒诞的无稽之谈。"他们联系过您吗?"针对这一提问,昆德拉回答道:"我经常是被调查的对象,但在20世纪60年代之前没有。在50年代初,我都没有受到过怀疑。我那时还只是系里的一个无名学生。莫非有人隐藏在我的名字之后?我毫不知晓。"

为了理解这一事件的具体细节,必须回到大约七十年前。1950年,昆德拉二十一岁,住在布拉格的科隆卡(Kolonka)大学城,他当时是个学生负责人。在他的同道与同学中,就有米洛斯拉夫·德拉斯卡和他的女友伊娃·米莉特卡。一年前,即1949年1月,捷克政权变更不到一年时,伊娃小时候的同伴米洛斯拉夫·德沃拉泽克与他当时热恋着伊娃的朋友米洛斯拉夫·尤帕,这两个捷克斯洛伐克飞行部队的飞行员决定逃跑,投奔西方。在越过西德的边境前,他们到布拉格的伊娃家里住了几天,伊娃打算以后跟随他们。

到联邦德国之后,德沃拉泽克和尤帕很快被一家美国情报站雇用,派他们到原来的国家从事间谍活动。1950年3月,德沃拉泽克秘密回到波希米亚,目的是想与在契玛波化工厂工作的化学工程师瓦克拉维克会面。德沃拉泽克没能见到工程师,却在无轨电车上碰巧遇到了儿时的朋友伊娃·米莉特卡。他向她提出请求,让他在科隆卡大学城伊娃的宿舍过一夜。就这样,他把一只旅行箱托付给她,准备晚上来取。

德沃拉泽克逃离期间，伊娃爱上年轻的共产党积极分子米洛斯拉夫·德拉斯卡并接受了他的思想，于是她放弃了逃亡的想法。儿时的朋友突然回国，她虽然不知道他从事间谍活动，但知道他是逃兵，警察一直在抓他，所以他的回国让她很不安。于是午餐时，她跟男友德拉斯卡谈到这件事，让他晚上不要来找自己。

德沃拉泽克晚上八时许来到大学宿舍，两名警察正等着他，把他抓了。后来，他从一家监狱换到另一家监狱，1952年3月被押到一家铀矿，后来一直在那里劳动，直到1963年末被有条件地释放。1968年苏联入侵后不久，他流亡国外，1975年起定居瑞典。2012年，他与亚当·哈迪莱克接触过，两个月后死于心脑血管疾病，那位历史学家还没有来得及搜集他的证词。不过，他看到《尊重》杂志发表的有关调查文章后，至少和他妻子说过，依他看，昆德拉在他被抓这件事上起到的作用不容怀疑。

警察报告一经披露，其真实性便受到质疑。研究院的历史学家鲁道夫·维沃达认为，报告的真实性毋容置疑："我们让捷克安全局的档案处做了分析，该处研究了报告的性质、分类、经办警察的身份与签名等等。他们得出结论认为报告是真实的。"[1] 米兰·昆德拉的名字出现在这份报告上，并不意味着青年昆德拉本人去过警察局，更何况后来确实证明昆德拉根本不认识德沃拉泽克。伊娃·米莉特卡后来嫁给了米洛斯拉夫·德拉斯卡，她一直怀疑是自己丈夫告的密。米洛斯拉夫·德拉斯卡始终否认告密，但后来承认他在当天下午跟他的朋友米兰说过德沃拉泽克晚上要来。莫非是他请昆德拉代他去警察局报告的？如果是，那么昆德拉是否知道德沃拉泽克的活

---

[1] 《快报》(*L'Express*)，2008年10月20日。

动?很难说不知道。假设昆德拉这一天去了警察局,他的意图不是去告发一个叛徒,而是去报告大学宿舍来了一个可疑的人。昆德拉当时是学生负责人,如果不说就会被问责。

尽管这一版本也许是可信的,但在昆德拉的同胞看来,并不足以洗白昆德拉,他们一直把他看作祖国的叛徒,对昆德拉对故国的高傲态度也总是耿耿于怀。[1] 人们指责他禁止出版自己年轻时发表的作品,试图掩盖他当过共产党作家的过去。他的一些老朋友,比如批评家米兰·荣格曼在20世纪80年代谴责他在《世界报》的一次访谈中重新编造自己的经历,以讨好西方读者:"了解20世纪50年代和60年代米兰·昆德拉的人,很难在那个讲述中认出他来。他的自我描述经过润色,致使昆德拉真实的外表消失了。在捷克历史过去的几十年里昆德拉作为一流知识分子形象的基本形成因素都消失了。"[2]

事实上,自1975年出国以来,昆德拉在分裂的捷克舆论中引发了明显的敌意。这一敌意主要来自那些没有出国的作家,在"天鹅绒革命"之后不久的1990年,美国作家菲利普·罗斯曾在布拉格逗留,其间与小说家伊凡·克里玛有过一次充满激情的对话,对话的中心就是分析造成这一敌意的原因。罗斯在20世纪70年代初就形成了每年春天去布拉格的习惯,在布拉格认识了克里玛和昆德拉。由于与他们见面,被当局认为可疑,罗斯自1976年起便被拒绝签证。直到十四年后,罗斯才在捷克首都与朋友克里玛重逢,与

---

[1] 就如批评家昂德里奇·霍拉克所发现的:"昆德拉无疑是一个超出捷克范围的人物。捷克范围内也许很难接受他,反之亦然:昆德拉似乎也很难接受他在自己国家所引起的理解困难。"见捷克《人民报》,布拉格电台转引,2017年11月(*Lidové noviny*, cité par Radio Prague, novembre 2017)。

[2] 米兰·荣格曼,《昆德拉的悖论》,同前。

他谈起后共产党时代捷克斯洛伐克的情况，尤其是作家的境况。

他们的谈话很快便涉及有关昆德拉的论争。捷克作家对昆德拉的主要指责在于他的"国际主义"。在他们看来，所谓"流亡小说"，如《笑忘录》或《不能承受的生命之轻》，或许是专为法国人或美国人写的。谴责昆德拉的人认为这是一种文化营销手段，而罗斯则看到了昆德拉力图适应新生活的愿望："就我个人而言，我还是认为，昆德拉到外国后，便现实地决定最好不要装作好像还在原来的国家一样，而是采取一种适应新境况复杂性的文学策略，不管他以前的状况如何。抛开所有的价值判断不谈，昆德拉在捷克斯洛伐克出版的书，如《玩笑》与《好笑的爱》，和他在法国写的书之间最明显的写作差异，在我看来，并不是缺乏完整性，更不是对他过去的经历的篡改，而是对必须接受的一种挑战做出坚决而具有创造性的回应。"[1]

克里玛同意这一分析，甚至指出，那些不如被谴责的作家成功的人不可避免心怀嫉妒，但与罗斯所言还是略有差别，尤其是关于捷克读者——说到底并不多，因为捷克书店里没有昆德拉在西方出版的小说——对昆德拉重现捷共制度下生活的方式表示失望的理由："专制制度使人的生活很艰难，昆德拉也承认这一点，但他们生活的艰难具有多个方面，比昆德拉让我们看到的复杂得多……他所描绘的是一幅讨好西方读者的图景，因为他证实了西方读者的期待，确证了善恶较量的仙女传说……可是，捷克的读者很清楚，现实绝非仙女传说。他们希望像昆德拉这样拥有地位的作家能对他

---

[1] 菲利普·罗斯，《在布拉格的谈话》，《纽约时报·书评周刊》1990年4月12日，见《工作谈》，同前。（Philip Roth, « A Conversation in Prague », *The New York Review of Books*, 12 avril 1990, in *Parlons travail*.）

们的生活提供更为广阔、更为多样的图景,进入他们生活的更深处。"[1]

但是,在克里玛看来,捷克的一部分知识分子反对昆德拉的主要原因是超文学因素。《玩笑》的作者拥有国际性地位之后,便干脆抛弃了他的同胞,让他们独自与专制制度斗争。"留在国内和流亡到国外的知识分子都参加了这场战斗。他们经受各种考验,牺牲了个人的自由、各自的前程、时间,放弃了自己的安逸生活……很多人都觉得昆德拉背离了这一斗争。当然,这是他的权利——能以什么名义要求所有作家都投身抵抗呢?再者,完全还可以说昆德拉通过自己的作品,为捷克的事业做出了更多努力。"[2]

昆德拉的好友克洛德·鲁瓦在昆德拉移居国外前后有机会多次拜访他,鲁瓦一直公开宣称谴责昆德拉背叛是不公正的。1987年,他说自己坚信,他的好友对自己的国家表面上无动于衷,其实背后是深深的痛苦:"不,我不认为昆德拉忘却了他的祖国,抹去了他的过去,背叛了他的根。他的态度在我看来与此完全不同。他把他的心变成一座碉堡。他的心缩紧,变硬,以回击侵犯。国家机构的复仇很卑鄙:为了'惩罚'昆德拉,把他父亲那位伟大钢琴家令人赞叹的唱片模具全部毁掉。他病重的老母亲被围攻,被孤立,被欺骗,甚至在弥留之际被投进监牢,迫使她避开远方的儿子。"[3]

据历史学家缪利埃尔·布莱维所言,不管怎样,昆德拉的"丑闻"确实处于一种敌视的语境中,即便不是对他进行清算的话。

---

[1] 菲利普·罗斯,《在布拉格的谈话》,同前。
[2] 尤其是他发表在《辩论》上的文章:《布拉格,正在消失的诗》(1980)和《被劫持的西方或中欧的悲剧》(1983)。
[3] 克洛德·鲁瓦,《时光之花(1983—1987)》,同前。

1989年，在捷克斯洛伐克国内，随着建立在公民相互监督及普遍举报之上的政治体制的塌台，一场大清查开始，目的是找出在过去某一时期与这一警察制度有勾结的人。1992年，原持不同政见者彼得·齐布尔卡发布了一份怀疑为政治警察效命过的多达十六万人的名单[1]，但对所谓勾结的性质与时间没有任何说明。这种不精确致使所有人都处于一种偏执的妄想中。人人都在细查，看名单中有没有自己的亲属或邻居"牵扯其中"，有时还可以在告密者中发现著名的反对派的名字。除此之外，还有种种关于操纵的流言：某些死心塌地的分子没有出现在名单中，可一些所谓的勾结者因为无法接触档案，不可能找到自己清白的证明。

反击这一影响恶劣、悲剧性的"野蛮"名单的最好方式，就是在新千年逐步正式公开捷克国家安全局的档案。这当然是一种进步，但并没有阻止个人的报复行为。被公开的档案往往反映警察对现实的一种看法。因此，在一份警察报告上写有大学生昆德拉的名字，在没有任何解释的情况下，自然不足以证明昆德拉深知底细，确实告发过一个逃兵加间谍。但这也可能使人相信假设的确实性。昆德拉的敌人就是利用这种不确定性来败坏昆德拉的名声。他们可以巧妙地声称，年轻的昆德拉当时仍是一个坚定的共产主义者，对他来说，向当局告发一个叛徒是他的责任。而且出于不明不白的原因，他不久前刚刚被开除出党，这促使他要表现得尽心尽责。因此这是个一石二鸟的大好机会：他们并不满足于让作家的政治经历曝光，而且将之与斯大林时代最卑鄙的勾当联系在一起，指责他的完整性

---

[1] 见《红色母牛报》（第13、14、15期），1992年，《捷克国家安全局合作者完整名单》（第1、2、3卷）。[*Ty Rudá krávo*, 2 (13, 14 et 15), 1992, « Kompletní seznam spolupracovníků StB I.díl ».]

和他的道德感。说到底,就是对他作品的合法性提出质疑。

有必要从这一视角来理解捷克的某些报刊,在《尊重》刊登的那篇谴责性文章的影响下,对昆德拉作品的"再解读"。那些巧妙的影射,曾间隔两天先后两次被《人民报》(*Lidové noviny*)所提炼:"告密在昆德拉的作品中一直发挥了很重要的作用。据文学史家米歇尔·贝茨科娃分析,昆德拉的过去中这一直到目前仍是隐秘的部分大有可能构成对他的文本进行补充阐释的一把钥匙";"看到揭露其个人经历的一些消息后,米兰·昆德拉写的那些文字到底像什么呢?作者常常在他的小说中塑造生活受到专制制度影响的人物,细心地读一读那些写告密的片段,势必别有启迪。"[1]

毫不奇怪,在捷克共和国境外,昆德拉拥有最坚定的支持者,他们纷纷谴责这一可耻的诋毁行动。在他们之中,有不少具有国际声望的作家:南非人约翰·马克斯韦尔·库切、墨西哥人卡洛斯·富恩特斯、哥伦比亚人加夫列尔·加西亚·马尔克斯、土耳其人奥尔罕·帕慕克、美国人菲利普·罗斯、生于印度的英国人萨尔曼·拉什迪等。在收留昆德拉的法国,知识分子毫无保留地对他表示支持。贝尔纳-亨利·莱维写道:"不,直率地说,让《好笑的爱》的作者背负密探的角色,哪怕在他的另一种生活中,哪怕在他以前的历史中,我也觉得很糟糕。这个事件中的一切,纯粹是卑鄙的操纵。"[2] 在《交

---

[1]《昆德拉似向共产党警察告发他的一位熟人》,《人民报》,2008年10月12日与14日。该文被缪利埃尔·布莱维引用,见《政治警察档案公开——从兹丹娜·萨里瓦洛娃到米兰·昆德拉》。(« Kundera prý udal svého známého komunistické policii », *Lidové noviny*, 12 et 14 octobre 2008. Cité par Muriel Blaive dans *L'Ouverture des archives de la police politique de Zdena Salivarova à Milan Kundera*, La Découverte, 2009.)

[2]《捍卫昆德拉的荣誉》,《观点》2008年10月23日。(« Pour l'honneur de Milan Kundera », *Le Point*, 23 octobre 2008.)

谈》杂志（*Causeur*）上，社论作者伊丽莎白·莱维看到证明昆德拉清白的新证据发布后，为诋毁昆德拉的阴谋失败而高兴。"昆德拉的谴责者毫无分量。当他们整个行动赖以支撑的天赐的警察报告的真实性被质疑时，这帮铁杆的谴责者似乎没有被兹德涅克·佩沙特的讲话所动摇。病中的历史学家，已经八十岁高龄，对整个事件的主角非常了解，讲述了差不多在六十年前，政治的决裂与爱情的争斗如何合力在一群大学生的生活中播下了悲剧的种子，最终把他们中的一位送进了劳改营这一地狱，整整待了十五年。兹德涅克应该说出了真正的告密者的名字[1]，彻底还昆德拉以清白。作家当时曾叹气道：'最终落到了一个死人头上，我松了口气。'昆德拉赐给迫害他的那帮家伙的定义是，'在旧警察的档案里搜寻的新警察'，可他们好像对此充耳不闻。"[2]

尽管有了如此结局，但是《新观察家》主编让·达尼埃尔在反思该事件激起的传媒冲动时，对昆德拉遭受的道德偏见仍深表遗憾："先前得知谴责性消息的记者如今都了解到被谴责对象的否认及其同行的愤慨，于是他们变得谨慎起来。可为何他们的谨慎再也无济于事了呢？因为根据我们这一行的新行规，一旦发表了针对某个知名人士的黑体标题文章和大幅照片，便启动了对此人的怀疑。谁也不确认信息是真的，而是介绍其是可能的，甚至很有可能。我们兜售的就是似真的东西。在似真之王国，污蔑从不丧失其活力。"[3]

小说家、剧作家雅丝米娜·雷扎对传媒持同样的批判观点，她

---

[1] 据兹德涅克·佩沙特所言，告密者应该是米洛斯拉夫·德拉斯卡。
[2] 《对昆德拉的诋毁多多》，《交谈》2008 年 11 月 6 日。(« On avait dû beaucoup calomnier Milan K. », *Causeur*, 6 novembre 2008.)
[3] 《昆德拉的流亡》，《新观察家》2008 年 10 月 31 日。(« Les exils de Kundera », *Le Nouvel Observateur*, 31 octobre 2008.)

谴责卡夫卡式阴谋对一个不愿站在镁光灯前的人的打压："人们很难原谅一个伟大且有名的人。如果他集这两种优点于一身，而且还沉默的话，那就更难得到原谅。在声音的王国，沉默是一种冒犯。谁要是不同意露脸，不同意在作品之外做出某种形式的公开贡献，那就是一个妨碍公众的家伙，一个首选的目标……发生的，就势必是传媒火药不计后果地燃放，某些标题的模棱两可，可怕的似有可能（'有可能告发了'），比真正的确认更阴险，更具谴责性，必然导致怀疑和污蔑，使一个人的一生或独一无二的作品突然蒙上阴影。说到底，这些文字的理由就在此，就是要让一个人面对如此汹涌的打击而完全无能为力。他绝对没有任何回击的可能。在根子上予以否定之后，说任何话都只能是为谴责进程火上加油。"[1]

昆德拉感到震惊，却始终保持沉默，直到一年之后，才借他的随笔集《相遇》中的一章，以并不透明的文字，拐弯抹角地对谴责者做了书面回应："在检察官当道的年代，生活，这意味着什么？意味着一系列的事件，用骗人的表面，掩盖罪过。为找出被掩饰的罪过，写作者必须有侦探的才能和密探的系统。而为了不丧失其博学的高大形象，他必须在当页的注脚列出一个个告密者的名字，因为在科学的眼中，流言就是这样变成真理的。"

"昆德拉事件"爆发时，近八十岁的小说家已经拥有他一生最根本的作品。在过去的生活中，他成功摆脱了冒昧的记者和传记作者，如今却陷进了媒体的乱局中。他的小说家身份被剥夺，一下子沦为他最痛恨的新闻中昙花一现的主角，一桩庸俗事件的"主人

---

[1]《米兰·昆德拉或沉默的冒犯》，《世界报》2008年10月18日。(« Milan Kundera ou l'offense du silence », *Le Monde*, 18 octobre 2008.)

公"。"何为事件?"他在《小说的艺术》中已经发问,"就是一则引媒体关注的重要新闻。然而,写一部小说,不是为了搞一个事件,而是为了成就某种持久的东西。"这个年近八十岁的人突然看到自己私人生活的一段——不管真或假,不太光彩或被诋毁,并不重要——被当作食料,投给只了解他作品的公众。

实际上,昆德拉始终注意在他的私人生活与作品之间画出一条无法越过的界线,他的作品不想成为他的一系列生活经历,而是探查人之存在的一个工具。只有隐身,也就是说放弃作为公众人物的存在,这一计划才能实施好。"在今天,这并不容易,无论什么事,只要有一点点重要性,都得经过被大众媒体照得令人难以忍受的舞台,媒体与福楼拜的意图相反,总是让作品消失在作家的形象之后。处于这种谁也无法真正摆脱的境况,福楼拜的看法在我看来几乎是一种提醒:小说家一旦扮演公众人物的角色,便会给其作品造成危险,它就可能被视为其行为、其言论、其立场选择的简单附录。然而,小说家不是任何人的代言人,我可以再进一步,甚至说他不是自己观念的代言人。"[1]

借助这一后撤的姿态,昆德拉援引纳博科夫的话宣称:"我厌恶把鼻子伸到伟大作家珍贵的生活中去,任何一个传记作者都不可能揭开我私生活的面纱。"[2] 他还引证福克纳,福克纳提出"作为个人存在,要有被大写的历史消除、淘汰的雄心,除了我已经印刷的书,决不留下任何痕迹、任何垃圾。"[3] 这种不让自己的传记掩盖自

---

[1] 《耶路撒冷演讲:小说与欧洲》,1985年5月10日,见《小说的艺术》。
[2] 《小说的艺术》。
[3] 威廉·福克纳致马尔科姆·考利的信,1949年2月11日。昆德拉在《小说的艺术》中补充道:"注意:'书'与'印刷的';因此不是没有完成的手稿,不是信,不是日记。"

己作品的欲望，昆德拉也继承于布拉格学派提出的文学观。这帮在布拉格避难的捷克和苏联语言学家20世纪30年代革新了语言学，其中有罗曼·雅各布森和尼古拉·特鲁别茨科伊。评注家扬·楚力克指出昆德拉与该学派之间的关系："米兰·昆德拉是一个极其谨慎的人，他把私人生活当作秘密来守护，正如他所说，这秘密'与任何人无关'。就此而言，他无疑受到了捷克结构主义观点的影响，捷克结构主义认为文学文本只能根据其专有的特质，作为自治的符号结构来理解，不受超文学的现实的干扰。"[1] 这一"符号学"途径有助于更好地把握昆德拉希望匿名、消失在其作品之后的坚定意志。1984年，他在电视上最后一次露面时如此坦言："我不缺乏雄心，但我喜欢不为人所见。以化名写作，一直是我的梦想。但做到这样神秘，实在太难。"[2]

"一个真正小说家的显著特征是：他不喜欢谈论自己。"昆德拉在《小说的艺术》中这样写道。这一要求意味着不谈私生活，不做忏悔，但也迫使他排除产出任何有可能在生前，特别是在身后违背自己意志发表的书写材料（书信、日记等）。"一个老人仍旧被承认拥有人的各种权利。相反，死人在他离世的那一刻便失去了一切权利。没有任何法律保护死人免受污蔑，其私人生活不再是私人的；恋人写给他的信，母亲留给他的纪念相册，所有这一切，都不再属于他。"[3]

"我们没有书信往来，"他的朋友阿兰·芬基尔克劳说，"这个人不写信，因为他自我保护得很厉害。我难以想象会有昆德拉的书信。

---

[1] 扬·楚力克，《米兰·昆德拉》，同前。
[2] 《阿波斯托夫》，同前。
[3] 《不朽》。

也许他和布拉格的某些朋友写过？可我还是有些不相信。他一心想的，就是不要有任何东西插在读者和他的作品之间。所以他抹去一切痕迹：我祝愿写他传记的人可以从中得到乐趣。这也是他不愿介入的原因所在，不是因为害怕。他不愿做一个知识分子，而是做一个作家，一个小说家，只靠自己的小说而存在。这是一种福楼拜式的困扰。与福楼拜唯一不同的是，他走向极端，甚至排斥书信。他也许认为书信会被发表，而他不乐意。只有他的作品算数，别无其他。他就是在这样准备自己身后的事。在他看来，作者是一个自主的人。要由作者决定哪些内容构成他的作品，哪些不构成。他知道在当今，对档案材料的关注已经取代了对作品的崇拜。他不愿他的作品被档案材料所消解。因此，他决心不留下任何材料。"[1]

昆德拉保护自己私人生活的彻底性只建立在文学基础之上。这也源自他的过往经验，对专制制度下的居民来说，保护私人生活的人**先验地**可疑，因为他一定有什么东西要隐藏。这种意识形态假设出现在《玩笑》中，年轻的党派负责人帕维尔·泽马内克在一次致辞中宣称："新人因其抹去了私人与公共之间的分离而不同于旧人。"同一时刻，后来成为他妻子的埃莱娜毫不含糊地喊叫道："我一直认为人是不可分的，只有骗人的资产者才分为公共的人与私下的人，这就是我的信条。"这一透明的乌托邦，安德烈·布勒东在《娜嘉》中梦想过（"我将继续住在我的玻璃房里，人们在任何时候都能看到谁来拜访我。"），叶夫根尼·扎米亚京在他的反乌托邦小说《我们》（1920）中做噩梦见过，小说中一个个人物在一座"玻璃城"的"透明墙"之中活动……

1　与本书作者的谈话。

昆德拉经历过纳粹统治,知道这一透明的抒情诗最终只能导向恐怖:"这梦想唯一可以达到的是:一个被警察控制的社会。"[1] 自由与真实的条件在他看来不是透明,而是人可以摆脱他人目光的可能性。"生活在真实中……唯一可能的条件,就是没有公众的生活。一旦有人看着我们的一举一动,我们就会不由自主地去适应监督着我们的人的眼睛,我们所做的一切就不再是真的。"[2]

人之真,只有在孤独或私密中才能达到,对话者由自己选定,在他们面前感觉说什么、做什么都是自由的,不像在陌生人面前。极权主义拒绝给予或不知不觉偷走的私密,最终都会变质,加害于他。落到"布拉格之春"最有名的人物之一扬·普罗哈兹卡头上的,就是这一命运,他在电话中说的话都被警察录了下来,后来在电台一集集地播放,以让他名誉扫地。对私密的侵犯让他的作家朋友意识到:"当朋友在酒桌上的谈话被电台公开播出,这只能意味着一点:世界已经变为集中营。"[3]

在资本主义世界,昆德拉也发现泄露私人生活的相同企图,形式虽然不一,但同样具有毁灭性:"在我看来,泄露私密是一种基本的罪恶。无论谁泄露他人的私生活都应该被鞭挞。我们生活在一个私人生活被毁灭的时代。在专制国家,警察毁灭它,而在民主国家,记者们威胁它,人们渐渐地也就失去了私生活的兴趣,失去了对它的感知。不能躲开别人眼睛的一种生活,那就是地狱……没有私密,没有秘密,一切就都不可能,包括爱情和友谊。"[4]

---

1 《被背叛的遗嘱》。
2 《不能承受的生命之轻》。
3 同上。
4 奥尔佳·卡丽斯勒,《与米兰·昆德拉的交谈》,同前。

昆德拉在他的作家生涯的开始阶段，在出版人的要求下，同意参加自己作品的推销活动，接受访谈，尤其是报刊的访谈，可后来发现记者们发表的文章并不忠实于他说过的话，甚至与他想的完全相反。1985年以来，他一直拒绝参加电台节目，拒绝在电视上出现，甚至不让人拍照，觉得他的形象只属于自己，没有他的允许，任何人不得使用。

为躲避摄影记者，他开始采用一些很特别的手段，《雅克和他的主人》的导演乔治·沃勒介绍说："为推出一个新剧，我们组织了一场新闻摄影会。活动那天，我看到昆德拉来了，脸上贴着橡皮膏。我一看慌了，问他究竟怎么回事。他回答我说：'别担心。没什么。我只是不愿让别人拍照。'"[1] "什么地方都有拍照的，"昆德拉后来在《不朽》里写道，"树丛后躲着一个拍照的。还有装扮成瘸腿乞丐的。到处都有一只眼睛。到处都有一个镜头。"

不在公众场合露面，或者处于隐居状态。"他讨厌拍照，"阿兰·芬基尔克劳证实，"20世纪90年代，我让他的摄影家朋友卡雷尔·科西克来巴黎。他和我一起做了多场讲座，大部分在弗纳克书店。昆德拉也参加了，但一直躲在技术室。他的厌恶和拒绝后来越来越严重。有一个合理的原因：他不喜欢记者泄露隐私，他一直努力地控制一切。总之，随着时间的推延，世事变得冷酷。他过着比在80年代更为隐秘的生活。"[2]

如何解释作家如今过的几乎与世隔绝的生活？尽管弗朗索瓦·凯雷尔是他的朋友，但已多年没有见过他，对此他并不感到特别奇怪："所有曾生活在专制制度下的人都有一个特点，那就是他们

---

[1] 与本书作者的谈话。
[2] 同上。

的神经都绷得紧紧的。他们学会了提防一切,包括他们的朋友。这是一些曾在恐惧中生活的人。米兰没有摆脱这一规律。他很隐秘,他就是这样。这是我可以理解的某种东西。但因为年纪大了,这一性格特征也许有所加剧。"[1]

---

[1] 与本书作者的谈话。

第十八章
一个反现代的现代人

1950年,赫尔曼·布洛赫在美国就kitsch(媚俗)做了一场讲座,这是他在多篇论文中曾附带论及的问题。这次讲座五年后,他出了一本小书,题为《关于kitsch的几点看法》[1]。该书的独特之处在于将此前仅涉及艺术与物的kitsch概念扩大至人,扩大至人与物的关系,乃至人与同类及自身构建的关系。kitsch一词来自德语,词源不明(有可能脱胎于动词kitschen:当街捡垃圾),最早多用作形容词,而作名词的用法较少见,出现于19世纪下半叶。据布洛赫所说,kitsch一词的兴起与资本主义和有产者的生产方式有关,服务于大多数人的大规模生产取代了限于精英的贵族艺术。然而,尽管形容词kitsch一开始只限于修饰一种庸俗的艺术形式,布洛赫却引入了"homme-kitsch"("媚俗人")的概念,此种人对待世界的老套方式直接产生于德国感伤浪漫主义。

1984年,昆德拉将kitsch一词用作《不能承受的生命之轻》的关键词之一。他不久后在《小说的艺术》中坦言:"我有些不安……事实上,该词在法国几乎不为人所知,或者说了解的只是该词很贫乏

---

[1] 赫尔曼·布洛赫,《关于kitsch的几点看法》。(Hermann Broch, *Quelques remarques à propos du kitsch*, Allia, 2012.)

的含义。在赫尔曼·布洛赫那部著名随笔集的法语版中，kitsch一词被译为'低俗艺术'。这是一种曲解，因为布洛赫正指出kitsch并非仅指一种品位差的艺术品，有一种kitsch态度，有kitsch行为。"昆德拉扩大了该词的语义范围。一开始局限于审美范围，kitsch在昆德拉的笔下成为一种存在性范畴，可借以探查人类生活的大多数领域：艺术、政治、哲学与情感等。昆德拉借此回到他偏爱的主题：存在的主题。为此，他必须上溯至《创世记》和创世的叙述。他区分了两种态度。首先是信仰者的态度，他们毫无保留地加入自我完善的行动中："因此，创世是非如此不可的，生命是美好的，所以生育也是一件美好的事情。我们把这种基本的信仰称为对生命的绝对认同。"[1] 相反，第二种态度在于注意到世界的不完善，这一不完善由人隐蔽进行的排泄行为所表明。

这种二元对立表面看似粗俗，但在昆德拉看来，有着神学的（如果人是依照上帝形象而创造的，那么上帝就必然有肠子，这一想法至少是亵渎性的）和审美的影响。他在同一本书里继续写道："对粪便的避讳是形而上学的。排便的那一刻，是创世说无法接受的特征的日常证明。两者必居其一：要么粪便是可以接受的（那就不要把自己关在卫生间里！），要么创造我们人类的方式是无法接受的……因此，对生命的绝对认同所具有的美学理想，是一个否认粪便、每个人都视粪便为不存在的世界。这一美学理想被称为kitsch。"[2]

除了这些形而上学的思考外，对世界完美性质的认同也许足以证明人自身繁殖的必要性。昆德拉投向这一问题的目光不是模棱两

---

[1] 《不能承受的生命之轻》。
[2] 同上。

可的。他小说中的人物像他一样都没有孩子。或者即使有孩子，他们与后代之间的关系要么几乎不存在，要么是冲突性的：《生活在别处》中，雅罗米尔的母亲有着控制欲，以神经质的行为阻止儿子进入成年，间接造成了他的早亡。

十年前，在《告别圆舞曲》中，主题之一就是生育，昆德拉通过与朋友伯特莱夫闲聊的雅库布之口，列举了不生育的种种理由。他宣称："生育是最后且最大的禁忌，此禁忌蕴含着最为严重的厄运。"随之便是反对生育的一系列论据，昭示了对生命绝对认同的概念，他认为："有孩子，显示出对人的绝对认同。如果我有一个孩子，就仿佛我在说：我出生了，尝到了人生的滋味，我发现人生是美好的，值得重复。"对这一不容置辩的论据，神秘主义者伯特莱夫如此回击："那您不认为人生是美好的？"这简单的一问让雅库布很尴尬，他一边坚持自己的立场，一边退让说，他说的话中更多的是疑惑，而非确信："（他）想精确表达，谨慎地说：'我只知道一件事，那就是我永远不能百分之百地确定说：人是一个美妙的生命，我想繁殖它。'"

进而在毁灭性的冲动之下，他不顾是基督教的还是共产主义的，将任何生育政策都归结于一种将人导向毁灭的宣传行为："在传宗接代这唯一的欲望的驱使下，人类最终将在自己狭小的地球上窒息而亡。"这一论说带有马尔萨斯主义的口吻，昆德拉在厌恶人类的观点中，对孩子遭遇的社会与就学境况提出疑问："显然我应该自问，我到底要将自己的孩子送往何种世界。学校将很快把我的孩子夺走，在孩子的头脑中灌满谎言……难道我非得眼睁睁看着我的儿子成为因循守旧的傻瓜？"最后，自绝生育的最终理由是女性身体被生育夺去了情色，对一个放纵之人而言，这或许是最重要的理由："一想到我心爱的女人的乳房要变成一个奶袋，我就不可能不感到厌恶。"小说中的另一个人物克里玛便有这种厌恶感。因一夜情而被他导致怀孕的露辛娜不再能激起他的欲望："露辛娜怀孕，这将她渐渐地、不知不觉地置于无性的焦虑境地。当然，他让自己一定要对她表现得温柔，要亲她，爱抚她……但这只不过是一种表示、一个空洞的符号，对身体的兴趣已全然不在。"

对昆德拉而言，生育的需要是典型的媚俗态度，媚俗之人正是借此表达他对永恒的欲望。媚俗是放弃清醒的认识，也是拒绝面对人类的境况："这是一种需求，即在美化的谎言之镜中看自己，并带着一种激动的满足感认出自己。"[1] 作为资本主义特有的民主的一种显现，媚俗有某种与愚昧、伤感相关的东西，而愚昧与伤感是谎言的两面。为了让各种观念结成同盟，除矮平化外别无他法。"那就是想方设法地取悦最大多数人。"他继续写道，"为取悦他人，就得确认大家想听什么，服务于已接受的观念。媚俗就是将已接受的观念用美与激动的言语表达。它赢得我们对自身、对我们认为且感觉到的庸俗之物感动的泪水。"[2]

因此媚俗可能是一块悲惨的遮羞布，抑或是对悲惨的一种呈现，带有令人满意的外表，让我们可以接受。昆德拉指出，正因为如此，媚俗为各派的政治人物所青睐。媚俗作为一种宣传工具，首先是极权制度的专属。"希特勒（如其先辈威廉二世）是媚俗的绝对拥趸，"赫尔曼·布洛赫写道，"这并非偶然。他以血腥的媚俗为生，也媚俗而喜欢吃塔形蛋糕。他们两位都觉得很美。尼禄也同样如此，

---

[1] 《小说的艺术》。
[2] 同上。

喜好狂热之美，他的艺术天赋也许要高于希特勒。"[1]

在《不能承受的生命之轻》中，五一节游行这一必须装出欢快的情形让萨比娜反感。她不喜欢这种假幸福的面具，几乎宁愿要真正的强制性暴力，极权制度没有遮掩的暴力。"理想世界一旦实现，在那个到处是愚蠢的笑脸的世界里，她恐怕连一句话都说不出口，过不了一周，她就会因恐慌而死。"她的那些朋友，那些反共产主义的人士，也许很难明白她在觉悟之时脱口而出的一句话："我的敌人，不是共产主义，而是媚俗。"[2]

"民主"的媚俗较之极权的媚俗，要少几分无耻，多几分狡黠，但运行机制是同样的：感动与感伤，这是在孩子脸上呈现的两种具有代表性的表情。"谁也不如政治家们那样明白。只要附近出现一台照相机，他们便跑向身边看到的第一个孩子，把孩子抱起来，亲孩子的脸蛋。媚俗是所有政治家的美学理想。"[3]无论是在极权国家被军事化到可笑的地步，还是在民主国家被媒体不动声色地广为传播，其形象是同一的：完满幸福的形象，抑或包裹着美好情感的不幸或哀怨的形象。[4]

在捷克斯洛伐克，年轻的米兰·昆德拉是个虔诚的共产主义

---

[1] 赫尔曼·布洛赫，《关于kitsch的几点看法》，同前。
[2] 《不能承受的生命之轻》。
[3] 同上。
[4] 由此可想到菲利浦·穆雷讽刺赛戈莱纳·罗亚尔的那副取代思考的空洞的强笑，他残酷地笑称这是"带着人的面孔的微笑"："这是一种守护性和象征性的微笑。一个怀抱状的微笑。是所有母亲的微笑和所有微笑的母亲……'我处处微笑'是这一微笑隐藏的口号，也是它的运转机制……这不是善的微笑，这是取消善恶之间杀人与人道的二元对立的微笑。由此而产生了我们的种种不幸、种种幸福、种种事件、种种曲折和种种创造，也即整个历史。"见菲利浦·穆雷，《带着人的面孔的微笑》。(Philippe Muray, *Le Sourire à visage humain*, Manitoba/Les Belles Lettres, 2007.)

者，一度坚信苏联制度具有解放的德行。作为艺术家及现代艺术爱好者，他却始终难以接受这一艺术形式被陈词滥调、多愁善感、使人愚昧的美学所取代。他喜爱捷克和法国的超现实主义诗歌、雅纳切克的音乐、费里尼的电影，仍然以为能让这些被罢黜的艺术与社会主义相安无事。在极权主义媚俗当道时，对个人主义、非因循守旧、讽刺、怀疑主义、同性恋、不生孩子的选择等偏离行为而言，还存在一个空间，虽然很小且时刻有消亡的威胁。在西方，昆德拉发现这一空间消失了，媚俗取得胜利，占领了所有地方。"在距今不远的时代，现代主义还意味着对固有观念、对媚俗的一种非墨守成规的反抗。而今日，现代性已经与大众传媒的巨大活力相融。成为现代人，就意味着一种疯狂的努力，竭力跟上潮流，墨守成规，比最墨守成规的人还墨守成规。现代性披上了媚俗的袍子。"[1]

昆德拉把自己定位为一个"反现代的现代人"。这一矛盾定位势必要区分现代性与现代主义，前者与艺术史的某个时期相关联，后者则反映技术发展所决定的世界状况与人类生活，是一种进步主义的意识形态。昆德拉作为艺术家和小说家，无疑处于现代派阵营，该阵营源自一次美学革命——他在这方面列举了卡夫卡和贡布罗维奇的名字——横扫了数十年的浪漫主义重负，创造出一种新的语言，以从未有过的尖锐性去理解现代世界。

昆德拉一再强调现代性与现代世界之间的二律背反。在他看来，证据便是电影艺术家费德里科·费里尼在其艺术生涯的最后时期不再受公众喜爱，小说家昆德拉在其中发现了具有揭示性的时代征兆："在其生涯的最后十年，我听到的都是讲他的坏话。在我看来，

---

[1]《耶路撒冷演讲》，《小说的艺术》。

这并不是因为他的性情和方式多变。我想我在其中隐约发现了某种更为严重的东西：宣告现代艺术的终结；对它的强烈摒弃。仿佛（在文化精英到处丢失他们的影响的某一时期）平庸的大多数人（终于！）可以说出他们的所想，对违背他们的情趣而强加给他们的一切进行报复。"[1]

从海德格尔的视角看，媚俗是《存在与时间》的作者所描述的存在之遗忘的结果，昆德拉认为，小说的任务便是要弥补这一点。如伊朗文学批评家洛加叶·哈基盖特·卡赫所言："在媚俗的世界，一切的结果都是遗忘，对自然的遗忘，对历史、对自身的遗忘。因缺失美而犯下过错的一切都被消除，因为在这个世界里是不受喜爱的。媚俗令我们遗忘生命最本质的真相，昆德拉将媚俗视作遮蔽世界真相和复杂性的屏风，一个人人都有的屏风。如今，媚俗无处不在，无时不在，是常见的。它追逐着我们，谁也不可能完全逃脱。人们可以某种方式认为自己躲到媚俗的世界，已竭尽所能地忘却生死之焦虑，可千万别忘记，在被遗忘之前，我们将变为媚俗。媚俗，是存在与遗忘之间的连接站。"[2]

《不能承受的生命之轻》的第七亦即最后一部分名为《卡列宁的微笑》。这一部分讲述了托马斯、特蕾莎夫妇的爱犬的弥留之际与死亡。作者以其惯用的冷酷，叙述直刺人心，充满怜悯。贝尔纳·皮沃因而在 1984 年的《阿波斯托夫》读书节目中敢于向小说家

---

[1] 《卡夫卡、海德格尔、费里尼》，《欧洲信使》1987 年 4 月。(« Kafka, Heidegger, Fellini », *Le Messager européen*, avril 1987.)

[2] 《生命之轻与遗忘：再论〈不能承受的生命之轻〉》，《德黑兰杂志》第 2 期，2006 年 1 月。(« La légèreté et l'oubli de l'être. Retour sur *L'Insoutenable Légèreté de l'être* de Milan Kundera », *La Revue de Téhéran*, n° 2, janvier 2006.)

发问:"拒绝感伤主义,除了对小狗卡列宁的死亡。在那里,您难道没有任由自己陷入感伤主义吗?"昆德拉予以否认:"我希望不是这样。我想我没有跌入这个陷阱。小说第六部分充满犬儒主义,很粗暴,也充满讽刺,我感觉有必要在慢板与柔板中,在田园牧歌般的氛围中结尾。可是这一田园牧歌般的氛围被卡列宁后来的死所毁坏。这一牧歌是模棱两可的。如此模棱两可,以至我不认为这是感伤主义。"回答有理有据,但也不失模棱两可。虽然昆德拉写道,"谁也无法完全摆脱媚俗。不管媚俗会引起我们怎样的鄙视,媚俗属于人类境况的组成部分",但他似乎在暗示着相反的一面。就像模棱两可,作为他攻击确信的最喜爱的武器之一,足以让他躲避感伤主义。

同样的意思在同一部小说的前几页也有表示,尽管萨比娜知道自己对媚俗持何种态度,但听到一首反复唱的歌曲时还是不由自主地感到激动:"这首歌令她感动,但她并不严肃地对待自己的感动。她很清楚这首歌只是一个谎言。当媚俗被视作一个谎言时,它便处于非媚俗的语境中。"通过这一点,昆德拉设想在谎言世界仍残存几分真。就此而言,他不如另一位现代社会的批判者、情境主义者居伊·德波那么彻底,德波早在1967年,就在《景观社会》中写道:"在真正是非颠倒的世界里,真便是一个假的时刻。"

家庭与文化环境使米兰·昆德拉成为纯粹的现代艺术之子。1947年,他十八岁,加入了共产主义青年团,现代艺术的美学革命和社会革命,对他就像对成千上万的捷克青年一样,完全是一回事。对他们来说,两者无疑是一致的,就像《生活在别处》中雅罗米尔面对他的同学严厉指出的那样,他援引了马克思的观点,在马克思看来,革命势必导致必然王国向自由王国的转变:"在艺术史上,与这一关键时期相呼应的,是安德列·布勒东和其他超现实主义者发现自动写作,且通过自动写作发现人类无意识这一珍宝的时刻。这一发现几乎与俄国的社会主义革命同时发生,是极为说明问题的,因为想象力的解放对人类就意味着废除经济剥削进入自由王国的飞跃。"

与雅罗米尔相反,年轻的昆德拉很快对无产阶级艺术感到失望,20世纪50年代苏联意识形态理论家所定义的社会主义现实主义与他内心深处的艺术兴趣截然相反。"我对先锋精神所持的怀疑主义无法改变我对现代艺术作品的喜爱。我喜爱它们,因为它们受到斯大林的迫害而更加喜爱。"[1]对雅罗米尔而言,现代艺术与革命融合于同一冲动之中,这一冲动被昆德拉形容为抒情诗般的。针对这种统一的观念,昆德拉在《小说的艺术》中提出两种现代艺术形式,而两者之间的分界或多或少与诗和小说的分界重合。雅罗米尔的艺术歌颂技术进步与歌一般的未来,而昆德拉欣赏反抒情的艺术,比如弗朗茨·卡夫卡的艺术,在卡夫卡的艺术中,昆德拉发现了他自己的世界观:"现代世界如同迷宫,人们在其中迷失。反抒情、反浪漫主义、怀疑主义的现代主义。与卡夫卡同时及在他之后有:穆齐尔、布洛赫、贡布罗维奇、贝克特、尤奈斯库、费里尼等等……随着人们不断进入未来,反现代的现代主义之遗产将不断扩增。"

昆德拉忠于他探索存在的方法,对真正的具有解放性的现代性与他的物化、异化的版本进行了区分:"现代艺术中有些作品发现了存在的一种无法摹仿的幸福,这种幸福的表现在于想象力无须负责

---

[1]《被背叛的遗嘱》。

的欢欣，在于创造的乐趣、出人意料的乐趣，甚或通过创造去冲击的乐趣。"[1]但是，创造的这种脆弱的欢欣被存在之遗忘的信奉者所摧毁。在《不朽》中，昆德拉用多页的篇幅思考兰波那句引起种种误会的名言："必须绝对现代"。他在成为现代人的欲望中发现一种通过镜子功能运作的类型："成为现代的"。他在别处写道："自我标榜和被如此接受的，就是现代的。"[2]

昆德拉在法国定居不久后，便很快意识到资本主义社会中文化遭到的种种威胁及传媒在其中所起的危害作用。"文化的声音可能会在媒体的喧嚣中消失……"他在1984年就警告道，"传媒的精神与文化的精神是相悖的，至少对现代欧洲所认可的文化是如此：文化基于个人，而传媒导向单一化；文化照亮事物的复杂性，而传媒使事物简单化；文化只是一种长久的拷问，传媒则快速回答一切；文化是记忆的守护神，传媒则是时下新闻的追逐者。"[3]简言之，由于倾向于简单化和粗略化，传媒引入世界的是混乱。这一看法与昆德拉的选择并非无关，昆德拉担心自己的言谈被篡改，拒绝任何访谈的要求。

如托克维尔[4]在1840年预言，民主社会狂热的个人主义将造成最大的墨守成规。在我们这个现代社会，每个公民都在个人自由的庇护下，可以通过文字表达自己的观点和情绪，让别人尊重自己的权利，哪怕有时到了滑稽可笑的地步，对现代社会的这一悖论，昆德拉列举了多个例证。其中之一："书写癖"。昆德拉认为这是当代

---

1 《被背叛的遗嘱》。
2 《小说的艺术》。
3 《与安托万·德·戈德马尔的谈话》，同前。
4 亚历西斯·德·托克维尔，《论美国的民主》。

的恋己癖在出版上的表现:"自我书写侵占小说,大家都想写。每一个个体的现代癖好就是讲自己,表达自己。这一书写癖好被神圣化,可依我看来,这是当今的强力意志最古怪、最可笑的表现:将自我强加给他人。"[1]在《不朽》中,他所嘲笑的是"人权主义":"世界变成了人的一种权利,一切都化作了权利:爱的欲望变成爱的权利,休息的欲望变成休息的权利,友情的欲望变成友情的权利,幸福的欲望变成幸福的权利,出版一部书的欲望变成出版一部书的权利,在夜里当街大喊的欲望变成了在夜里当街大喊的权利……"

在这个假现代的社会里,昆德拉很遗憾地看到,理论制造者被"图像制造者"所取代,他给广告商、交际顾问、设计师、商演明星和其他的时尚创造者贴上这一标签。这些体系的仆人用图像替代了口号,把媚俗竖立为普遍的美学与行为标准。1986年,在因特网出现和数字"革命"之前,昆德拉就把这些人称为"与敌合作者"。"人们意识到人的行动具有一种与敌合作的特征。凡是称颂大众传媒的喧嚣、广告的愚蠢微笑、对大自然的遗忘、被提升至美德的泄密行为的人,应该一律称之为'现代的与敌人合作者'。"[2]之后,小说家便陷入沉默,不过人们可以很容易地猜想到他有可能对当今时代,亦即对社会网络与假新闻(fake news)时代所持有的想法。

昆德拉于20世纪80年代中期开始描述的黄昏世界里,"图像制造者"极度地歪曲现实,以致通过灵活的戏法,他们成功地让人们在不知不觉中不仅忘却了何为美,而且忘却了人类境况的悲剧性质。"死亡变得不可见,"他指出,"一段时间以来,小溪、夜莺、草地中的小径已经在人的头脑中消失了……当大自然明天在地球上消

---

[1] 《与安托万·德·戈德马尔的谈话》,同前。
[2] 《小说的艺术》。

失时,谁还能觉察到……伟大的诗人今安在?他们消失了,还是他们的声音已经听不见了?不管怎么说,这是我们欧洲出现的巨大变化,昔日没有诗人的欧洲是不可想象的。然而,倘若失去对诗歌的需要,人还能觉察到诗歌的消亡吗?终结,并非世界末日式的爆炸。也许再没有比终结更安宁的了。"[1]正如阿兰·芬基尔克劳所指出的,这一悲观主义具有某种悖论性的东西:"这个将幽默置于他作品中心的人,同时是完全绝望的。人们本可以认为他满足于民主赋予的善行与自由。可他也看到盛行的现代性的另一面——诚然是更温柔的。而这一现代性在他看来是完全毁灭性的。"[2]

---

1 与克里斯蒂安·萨尔蒙的谈话,见《小说的艺术》。
2 与本书作者的谈话。

后 记

2011年4月1日,米兰·昆德拉庆祝他的八十二岁生日。一直出版他作品的伽利玛出版社借此机会将昆德拉的作品收入久负盛名的"七星文库"。该两卷本作品集根据出版先后共收录昆德拉的十五部作品:一部短篇小说集、九部长篇小说、四部随笔集和一部剧作。昆德拉由此进入了少数在生前进入"七星文库"的作家形成的极为封闭的俱乐部:纪德、马尔罗、克洛岱尔、蒙泰朗、马丁·杜·加尔、格林、圣-琼·佩斯、尤瑟纳尔、夏尔、格拉克、尤奈斯库、萨罗特、列维-斯特劳斯等。

尽管这是一种予以承认的表示,但昆德拉在同意安托万·伽利玛之前,却迟疑不决。也许他害怕过早地被"神化",害怕无可奈何地目睹自己的作品在针对这一参考性文库的独特批评路径中被切割、分析、阐释和注解。他最终还是接受了,但并非没有提出条件:作品集不包含他的所有作品,只收录他认为有收录价值的作品。正因为如此，他的作品冠以非常用的"作品集"，而非"全集"。他的作品集丝毫不应被视为详尽的，也不是其作品的简单排列，而应被看作一个整体，一个排除了一切有可能破坏内在统一性因素的整体。昆德拉剔除了应时之作或他认为没有完成的作品。其中看不到一点诗歌创作（早于其小说创作阶段）的痕迹，找不到有关万楚拉的随笔集，看不到他创作的三部剧作中的另两部：《愚蠢》和《钥匙的主人们》（该剧用法语出版，且在法国已经排演），也找不到20世纪80年代他在《辩论》杂志发表的那些文章。另一个独特之处：完全没有附录和有关资料，因为昆德拉拒绝展露书的幕后境况。他的作品集与文库的习惯性做法完全不同，不具备任何批评机制：没有注释，没有异文，没有作者介绍，唯一许可的，是魁北克学者弗朗索瓦·里卡尔撰写的涉及每一部作品的简介。

"我用了三年时间准备这个版本，"里卡尔介绍说，"这确实是作者版。不是一个力图用各种各样的评论与注解压倒文本的博学或研究性的版本，也就是说不是一个阐释性的版本。较之'七星文库'中其他的书，该作品集要轻便得多，完全被文本所占据。简而言之，这不是一个批评家的辉煌，而是一个作者的辉煌。……就昆德拉而言，解释性的注释纯属多余，因为他的文本中没有任何晦涩的东西。昆德拉的风格就是明晰本身，没有晦涩的影射。依我之见，注解往往很快就会沦为阐释。至于异文，几乎不可能，因为昆德拉总是不断地修改他的文本，自己从不留存手稿。在他看来，出版作者涂改的东西是对作者权利的侵害，就像审查作者出版的东西一样。"[1]

---

[1] 《责任》（*Le Devoir*），2011年4月23日。

这种减少到最低程度的介绍肯定不合所有人的趣味。洛桑大学的一个六人研究团队在瑞士的《时代》日报发表了一篇尖刻的文章，题为《"七星文库"版的昆德拉，没有实质内容的版本》(«Kundera en Pléiade, une édition sans substance»)，谴责一种操控的企图。在他们看来，剔除所有资料只是作者把自己的某种工作形象强加于众的手段："与其说是'纯'文本，毋宁说是'被纯化'的文本，这完全是另一回事……在'七星文库'推荐的版本中，出版商与里卡尔教授积极讨好，用去历史化的手段，不费力地将昆德拉推销为普遍性作家。作者当然可以向往一种自动确立、内在统一并摆脱任何历史境况的艺术，这是他的权利。可一个大学教授和一个以严谨著称的文库合力追捧这种见解，这反而令人担忧。"[1]

昆德拉这一并不完全，但具有回顾性的"七星文库"作品集，似乎给他近六十年的文学活动画了个句号。然而出乎大家的意料，2014年4月，作家出版了一部新的小说，这是2003年之后的第一部，就像是三年前发表遗嘱性作品集的一条尾巴。这个文本只有短短的一百二十九页，单单《庆祝无意义》这一书名本身就体现出该书的精神，这是一种不变的精神，其中有欢欣与绝望、幻想与清醒的斗争。尽管年事已高，但昆德拉的激情丝毫未减。他仿佛从来没有像此刻这样年轻。如同在他早期写的某些短篇小说中（人们尤其想到20世纪60年代初期他所写的《座谈会》），谈话胜于情节。小说写了四个朋友——拉蒙、夏尔、卡利班和阿兰，在卢森堡公园的小径上，或围坐在葡萄酒前，懒懒散散地就不同的话题闲聊。第五

---

[1] 《时代》，2011年4月4日。文章署名者为：热罗姆·梅佐治、玛尔塔·卡莱翁、瓦朗蒂娜·妮科利埃、维罗尼克·罗尔巴赫和樊尚·维塞尔。(Le Temps, 4 avril 2011. L'article est signé par Jérôme Meizoz, Marta Caraion, Valentine Nicollier, Véronique Rohrbach et Vincent Verselle.）

个伙伴叫达尔德洛,是个老唐璜,典型的昆德拉笔下的人物。昆德拉狡黠地向我们道出诱惑者的真谛:无意义。"当一个优秀的家伙试图诱惑一个女人,这个女人就有一种进入竞赛的感觉。她觉得必须也表现得优秀,不能没有抵抗就献出自己。于是,无意义解放了她。同时也让她疏于戒备……让她无所忧虑,因此也就使她更容易让人得手。"

到了爱情的得失不再重要的年龄,作家饶有兴味地观察情色风俗的演变,比如女性诱惑的中心点从胸、屁股移到了肚脐,年轻姑娘从此都毫无廉耻地裸露着肚脐。然而,在趣闻逸事的细节之下,一如既往地透出更为深刻的主题,如友情或幸福。思考的背后,虽然有着可以感觉到的忧伤,但昆德拉始终忠实于自己,力戒做出种种判断,而是用他最偏爱的反讽这一武器来谈事论物。一种超越黑暗与醒悟的坚定见解让他免于悲楚,促使他如此写道,仿佛是自己整个作品的概述:"我们早已明白不再可能推翻这个世界,重塑它,阻挡它不幸地向前奔跑。唯有一种可能的抵抗:不要对它太认真。"

年 表

1891 年

8月17日：卢德维克·昆德拉（米兰的父亲）出生于奥匈帝国摩拉维亚省的布尔诺。

1909 年—1913 年

卢德维克·昆德拉学习音乐，成为莱奥什·雅纳切克的学生。

1915 年

5月25日：加入奥匈帝国第八步兵团的卢德维克·昆德拉被"协约国"（法国、英国、俄国）的军队俘虏。他被招入"捷克斯洛伐克军团"，建立军团的管弦乐队并任指挥。俄国革命期间，捷克斯洛伐克军团被迫逃往西伯利亚。

1918 年

10 月：捷克斯洛伐克在达尔内（孚日省）宣布独立，随后捷克斯洛伐克第一共和国建立，由托马斯·马萨里克任总统。

1920 年

卢德维克·昆德拉返回布尔诺，接受布尔诺音乐学院的教职。

1921 年

卢德维克·昆德拉被任命为卢米尔合唱团团长，由此开启国际钢琴家的生涯。

1928 年

6 月 16 日：卢德维克·昆德拉与米拉达·雅诺施科娃结婚。

1929 年

4 月 1 日：卢德维克·昆德拉与米拉达·雅诺施科娃唯一的孩子米兰·昆德拉出生于布尔诺。

1934 年

米兰·昆德拉开始跟随父亲学习音乐（钢琴与作曲）。后师从帕维尔·哈斯（1944 年在奥斯维辛去世）与瓦茨拉夫·卡普拉。

1935 年

米兰·昆德拉和日后成为作家的扬·特雷夫尔卡同一天进入小学,并与他结下友谊。

爱德华·贝奈斯取代马萨里克,任捷克斯洛伐克共和国总统。

1938 年

9月30日:慕尼黑协定拉开摧毁捷克斯洛伐克的序幕。

1939 年

3月15日:希特勒的军队入侵捷克斯洛伐克。波希米亚-摩拉维亚被置于德国的保护下。

夏:米兰·昆德拉发现超现实主义诗人维捷斯拉夫·奈兹瓦尔的作品。

1943 年

米兰·昆德拉开始写诗。练习拳击。

9月8日:共产主义战士尤利乌斯·伏契克被捕,遭盖世太保拷问并被处决。十二年后,昆德拉在一首长篇史诗中向他致敬。

1945 年

5月9日:苏联人解放布拉格。

米兰·昆德拉在布尔诺市克拉洛沃区的杂志《锣》发表弗拉基

米尔·马雅可夫斯基作品的捷克语译本。

1946 年

捷克电影业国有化，布拉格电影电视学院成立。

米兰·昆德拉在堂兄卢德维克（1920—2010）的影响与鼓励下，在《青春纪事》杂志发表一首名为《纪念帕维尔·哈斯》的诗，该诗处于超现实主义与"42 小组"（成员包括布拉特尼、凯纳尔、科拉尔三位他非常喜爱的诗人）的诗歌体裁之间。

昆德拉开始与布拉格艺术界接触。

1947 年

4 月：米兰·昆德拉加入共产主义青年团。

昆德拉在布尔诺的一家剧院观看让-保罗·萨特的戏剧《禁闭》的演出。"那以后，再也没有任何一部戏剧能带给我如此的震动。"

1948 年

米兰的父亲卢德维克·昆德拉成为布尔诺雅纳切克音乐与表演艺术学院院长。任该职至 1961 年。

米兰·昆德拉完成在布尔诺雅罗斯上尉中学的学业。他开始在布拉格查理大学艺术系学习文学与美学，两个学期后离开该校，转至布拉格电影电视学院，在那里修读导演与剧本写作课程。

2 月 21 日：布拉格政变使共产党领袖克莱门特·哥特瓦尔德和鲁道夫·斯兰斯基开始执掌政权。此后，捷克斯洛伐克成为东部阵营的一部分，受苏联控制。不久之后，米兰·昆德拉与他的朋友扬·特雷夫尔卡因"反党活动"被开除出共产党。

1950 年

米兰·昆德拉居住在莱特纳区大学城。因政治原因暂时中断学业。创作宣传性诗歌（尤其歌颂摩拉维亚大型炼钢厂的荣耀）并在社会主义诗刊发表。

6月：米拉达·霍拉科娃与扎维斯·卡兰德拉被指控阴谋叛国，并被绞死（《笑忘录》中提及这一事件）。

1951 年

捷克斯洛伐克共产党（PCT）中央第一书记鲁道夫·斯兰斯基因"铁托主义"遭到指控并被捕。

1952 年

昆德拉成功通过考试，成为布拉格电影电视学院的世界文学教师。

11月：在带有反犹太主义残迹的斯大林式审判之后，包括斯兰斯基和克莱门蒂斯在内的十一名捷共高级领导人被判处死刑。

1953 年

2月：米兰·昆德拉出版第一部抒情诗集《人，这座广阔的花园》。该书力图摆脱共产主义正统观念宣扬的社会主义现实主义，但依然保留一种马克思主义的观点。

3月：斯大林与捷克斯洛伐克共和国总统克莱门特·哥特瓦尔德相继去世。安东宁·诺沃提尼任捷共领导人。

昆德拉翻译乌克兰诗人巴甫洛·狄青纳的诗集《钢与柔》。

1955年

米兰·昆德拉出版长篇宣传性史诗《最后的五月》，向尤利乌斯·伏契克致敬，后者是第二次世界大战期间反对占领捷克斯洛伐克的共产主义抵抗运动英雄。

昆德拉为某杂志撰写文章《关于我们的遗产的讨论》，在该文中为捷克与欧洲的先锋派诗歌辩护，后者被捷克当局认为是堕落的。

1956年

捷克斯洛伐克共产党内部的改革进程开始。

4月：作家代表大会标志着一种艺术的相对独立的开始。

米兰·昆德拉重新加入捷克共产党。

作家约瑟夫·史克沃莱茨基创办《世界文学》杂志，发表拥护开放的作者的作品。

《五月》杂志创办，发表"日常生活诗人"小组的作品，小组成员有米兰·昆德拉（唯一的外省诗人）、伊日·绍托拉、卡雷尔·希克坦茨、米洛斯拉夫·弗洛里安、米洛斯拉夫·切尔文卡、米洛斯拉夫·赫鲁伯。

1957 年

米兰·昆德拉第三部诗集《独白》出版,包括三十六首描写爱情关系的诗,被谴责具有"无法容忍的犬儒主义"。他最后的诗将在 1964 年的版本中出版(包括《关于漫长睡眠的独白》)。

1958 年

捷克斯洛伐克共产党的改革进程停滞了四年。这一时期,争论集中于戏剧活动。

约瑟夫·史克沃莱茨基的小说《懦夫》出版,引起公愤并被停止发行。作家在数年中被禁止出版作品。

昆德拉翻译纪尧姆·阿波利奈尔的一部诗集,维捷斯拉夫·奈兹瓦尔为该译本撰写序言。

1959 年

米兰·昆德拉写作《好笑的爱》的第一个短篇小说《我,可怜的上帝》。该短篇小说在 1970 年的法语版中被删除。

1960 年

米兰·昆德拉第一部理论性随笔:《小说的艺术:弗拉迪斯拉夫·万楚拉走向伟大史诗之旅》,内容是关于两次世界大战间的先锋派作家的。在匈牙利马克思主义理论家格奥尔格·卢卡奇的影响下,该书在捷克斯洛伐克获得多个奖项。

1962 年

昆德拉的戏剧《钥匙的主人们》在布尔诺首演,由扬·费舍导演。在布拉格,该剧在国家剧院上演,由奥托玛尔·柯莱伊察导演。

昆德拉开始写《玩笑》。

12月:捷共第十二次代表大会召开,标志着文化领域的某种解冻。解冻持续到1969年。

1963 年

1月:利贝利采会议召开,其间,哲学家卡雷尔·科西克要求为哈谢克与卡夫卡恢复名誉,昆德拉则对社会主义现实主义进行谴责。

2月:导演联盟关于科幻片的第一次会议召开。"捷克新浪潮"开始。

5月27日—28日:捷克斯洛伐克作家联盟的一次研讨会对官方不承认弗朗茨·卡夫卡提出质疑。

文学审查制度解冻。某些被禁的作家重新出现。一些批判斯大林时期的报道小说被允许出版。

《好笑的爱》第一册出版(《我,可怜的上帝》《哦,我妹妹的妹妹》《谁都笑不出来》),副标题为《三个忧郁的小故事》。

米兰·昆德拉最终放弃诗歌。

1964 年

夏:米兰·昆德拉的短篇小说《谁都笑不出来》发表于让-保罗·萨特领导的《现代》杂志。

《捷克作家辞典》出版，1948年流亡的作家的名字重新出现在其中。

米洛斯·福尔曼的第一部故事片《黑桃A》上映，该片是捷克新浪潮的代表作之一。

1965年

米兰·昆德拉出版阿波利奈尔作品的新译本，其中包括《致路的信》(*Lettres à Lou*)。他利用出版之机撰写了一篇题为《现代诗歌的伟大乌托邦》(« La grande utopie de la poésie moderne »)的序言，以此对抗社会主义现实主义的准则。

《好笑的爱》第二册出版。

12月5日：昆德拉完成《玩笑》的手稿。

昆德拉的短篇小说《谁都笑不出来》被改编为电影，由希内克·博常导演。

1966年

米兰·昆德拉接受安东宁·J.利姆的采访，访谈记录被收录于《三代人——关于捷克斯洛伐克文化现象的访谈》(1970)一书，在法国出版。

1967年

4月：《玩笑》在捷克斯洛伐克出版。该著作没有被查禁，售出十二万册。

6月27日—29日：第四次作家代表大会召开，知识分子表达了对"官僚主义势力"的不满。作为首场报告,米兰·昆德拉就捷克民族遗产问题发表了引人注意的演讲,特别指出,为了继续存在,捷克文化与文学必须在绝对自由的条件下发展。

9月:利姆、瓦楚里克和克里玛三位最受牵连的作家被开除出党。昆德拉得以幸免,仅受到纪律处分。

9月30日:米兰·昆德拉与布尔诺电视台主持人薇拉·赫拉班科娃结婚。

昆德拉为让-保罗·萨特的戏剧的捷克语译本撰写后记,该译本由安东宁·J. 利姆完成。

1968年

1月:"布拉格之春"开始。诺沃提尼被迫在捷共中央委员会辞职,改革者亚历山大·杜布切克取代他成为捷共领袖。

3月:由作家联盟发起的"批判思想俱乐部"成立。哲学家卡雷尔·科西克、诗人米洛斯拉夫·赫鲁伯与米兰·昆德拉加入该俱乐部。

春:《玩笑》获捷克斯洛伐克作家联盟奖。

6月26日:捷克斯洛伐克文学审查制度被废除。

6月27日:路德维克·瓦楚里克撰写的《两千字宣言》发表。

8月20日—21日夜:华沙条约组织的军队入侵捷克斯洛伐克。"布拉格之春"失败。

10月:《玩笑》法语译本出版,阿拉贡为该译本撰写了序言。米兰·昆德拉为推广新书在法国逗留。

12月19日:苏联入侵四个月后,昆德拉在《文学录》杂志发表文章,题为《捷克的命运》,该文中他称对"带有人性面孔"的社会主义保持希望。同一篇文章里，他谴责瓦茨拉夫·哈维尔从未接受共产主义理想，并揭露那些逃亡的人。

昆德拉写了第二部剧本《两只耳朵，两场婚礼》(*Deux oreilles, deux mariages*)，次年以原名《愚蠢》发表于《戏剧》杂志(*Divadlo*)。

阿图尔·伦敦(1952年审判期间被判入狱)的《供词》在法国出版，后被科斯塔-加夫拉斯搬上银幕。

安东宁·J. 利姆离开捷克斯洛伐克。

《好笑的爱》第三册出版。

1969年

1月：《钥匙的主人们》在法国的亚眠文化馆首次上演，由安德烈·雷巴导演。

1月16日：查理大学学习哲学的学生扬·帕拉赫在布拉格的瓦茨拉夫广场自焚，要求立即废除审查制度。

春：戏剧《愚蠢》在布拉格上演。

4月：昆德拉完成第二部小说《生活在别处》的手稿。该书法语版1973年出版，捷克语版1979年（在多伦多）出版。

4月17日："正常化"开始。古斯塔夫·胡萨克取代亚历山大·杜布切克，被任命为捷克斯洛伐克共产党中央第一书记，一年前他曾支持杜布切克的政策。他担任这一职务至1987年12月17日。

短篇小说《我，可怜的上帝》被改编为电影，由安东宁·卡奇利克导演。

《玩笑》由亚罗米尔·伊雷什改编为电影，昆德拉从头至尾撰写了电影剧本。

1970年

1月:《好笑的爱》全集出版。

米兰·昆德拉第二次被开除出共产党,同时被捷克斯洛伐克作家联盟开除。

秋:《好笑的爱》法语版出版,由弗朗索瓦·凯雷尔翻译。

12月12日:捷共发表针对"布拉格之春"的长篇控诉。该文提及昆德拉,认为他属于一个右翼作家小组。

1971年

米兰·昆德拉撰写剧本《雅克和他的主人》,向狄德罗致敬。

5月12日:卢德维克·昆德拉去世,终年七十九岁。

1972年

米兰·昆德拉完成他的第三部小说《告别圆舞曲》。昆德拉被布拉格电影电视学院开除。所有昆德拉的书都被从书店和图书馆撤除。

1973年

秋:《生活在别处》获美第奇外国作品奖,昆德拉前往巴黎领奖。

1974年

4月:《钥匙的主人们》在东巴黎剧院再次上演,由乔治·沃勒导演。

1975 年

夏：米兰·昆德拉接受雷恩第二大学聘任他为比较文学副教授的邀请，与妻子薇拉一起完全合法地离开捷克斯洛伐克。他远没有将自己看作移民，只把这次任职当成短期工作，并打算在两年的合同结束后返回自己的国家。

10 月：昆德拉第一次授课。研讨班课程的题目为："卡夫卡与中欧文化传统"。

12 月：《雅克和他的主人》在波希米亚北部小城拉贝河畔乌斯季上演，署名作者是捷克新浪潮导演、编剧和演员埃瓦尔德·朔尔姆。

1976 年

夏：在美丽岛度假期间，米兰·昆德拉大量写作。

《告别圆舞曲》法语版出版，昆德拉认为这是自己的最后一部小说。

1977 年

包括瓦茨拉夫·哈维尔在内的两百多名捷克知识分子在《七七宪章》上签名，这份请愿书要求恢复公民权，尤其是表达、思想传播、结社和示威游行的自由。

《好笑的爱》中的两篇短篇小说，其中一篇是《搭车游戏》，被改编为戏剧，由雅克·拉萨尔导演。

3 月 13 日：哲学家扬·帕托契卡被警察迫害致死。

春：米兰·昆德拉开始写《笑忘录》。

1978 年

米兰·昆德拉在西西里准备接受颁给《告别圆舞曲》的蒙德罗国际文学奖时,遭遇由诗人叶夫根尼·叶夫图申科率领的苏联代表团策划的阴谋。小说家列昂纳多·夏夏不得不介入,才使昆德拉的书获奖。

秋:昆德拉前往魁北克参加弗朗索瓦·里卡尔组织的国际作家大会,里卡尔后为"七星文库"《米兰·昆德拉作品集》撰写序言。

10月10日:《笑忘录》的第一部分在《新观察家》发表。

1979 年

春:《笑忘录》在法国出版,该书将爱情与政治主题混合在一起。书中包含着对领导人古斯塔夫·胡萨克的无情讽刺,把他描写为"遗忘之人"。

8月24日:米兰·昆德拉丧失了捷克斯洛伐克国籍。

秋:昆德拉与雷恩第二大学的合约到期,作家-教师被位于巴黎、享有盛名的法国社会科学高等研究院(EHESS)聘用,昆德拉随后搬至巴黎蒙帕纳斯区居住。

1980 年

米兰·昆德拉开始写《不能承受的生命之轻》。

昆德拉接受小说家菲利普·罗斯为《纽约时报·书评周刊》进行的采访。

昆德拉在《辩论》杂志发表文章《布拉格,正在消失的诗》,文中他第一次揭露苏联毁灭捷克文学的意图。

1981 年

7月1日：米兰·昆德拉被弗朗索瓦·密特朗授予法国国籍，他表示："法国已经成为我的书的祖国。因此，在某种意义上，我追随了我的书的道路。"

《雅克和他的主人》在马蒂兰剧院演出，由乔治·沃勒导演。

1982 年

米兰·昆德拉为菲利普·罗斯的《欲望教授》撰写序言。

1983 年

米兰·昆德拉在《辩论》杂志发表了一篇划时代的长文《被劫持的西方或中欧的悲剧》，文章中他认为欧洲文化有消失的危险。

1984 年

《不能承受的生命之轻》出版。

1月：米兰·昆德拉最后一次在电视上露面，参加贝尔纳·皮沃的节目《阿波斯托夫》。

10月：诺贝尔文学奖授予捷克诗人雅罗斯拉夫·塞弗尔特。

昆德拉的母亲米拉达·雅诺施科娃去世。

1985 年

5月8日：昆德拉在耶路撒冷接受"社会中的个人自由奖"。在当天发表的演讲中,他向犹太人在欧洲文化中发挥的作用致敬。

昆德拉重新修订他的所有小说的法语译本。将为这项工作花费两年时间。

1986 年

《小说的艺术》出版,这部用法语撰写的随笔集辑录了多篇文章,包括昆德拉与克里斯蒂安·萨尔蒙的谈话。

1988 年

《不能承受的生命之轻》被改编为电影,由菲利普·考夫曼导演。

1989 年

11月—12月:天鹅绒革命。共产主义体制在捷克斯洛伐克衰落。瓦茨拉夫·哈维尔成为共和国总统。

1990 年

1月:米兰·昆德拉最后一部用捷克语撰写的小说《不朽》出版,由埃娃·布洛克翻译。

2月1日:昆德拉加入伽利玛出版社审读委员会。

1993 年

米兰·昆德拉用法语撰写的随笔集《被背叛的遗嘱》出版。

1995 年

米兰·昆德拉首部用法语撰写的小说《慢》出版。

1998 年

小说《身份》出版。

2003 年

小说《无知》出版,这是米兰·昆德拉移居法国后所写的首部情节完全发生在布拉格的小说。

2005 年

随笔集《帷幕》出版。

2006 年

《不能承受的生命之轻》的捷克语版出版。

2008 年

10月：捷克的《尊重》杂志刊登了捷克斯洛伐克政治警察局的一份档案文件，1950年3月14日的一份讯问笔录显示，时年二十岁的米兰·昆德拉曾告发米洛斯拉夫·德沃拉泽克，后者是从捷克斯洛伐克军队逃往西方的年轻逃兵，后来被判刑二十二年。作家深受这些指控的刺激，打破沉默，断然否认此事。他得到前总统瓦茨拉夫·哈维尔和捷克历史学家兹德涅克·佩沙特的支持。在此期间，多位享有国际声誉的作家（胡安·戈伊蒂索洛、菲利普·罗斯、萨尔曼·拉什迪或卡洛斯·富恩特斯）及四位诺贝尔文学奖获得者（J. M. 库切、加夫列尔·加西亚·马尔克斯、纳丁·戈迪默和奥尔罕·帕慕克）联合起来为小说家辩护，并表达他们"面对如此一场有组织的诽谤运动的愤怒"。

戏剧《愚蠢》在布拉格的话剧社剧院上演。

2009 年

随笔集《相遇》出版。

5月27日—30日：布拉格举办关于米兰·昆德拉的研讨会。

4月1日：昆德拉八十岁生日。昆德拉的故乡布尔诺以此为契机，举办了一次研讨会。

2011 年

米兰·昆德拉作品入选"七星文库"，文库出版了两卷本的《米兰·昆德拉作品集》。其诗歌及某些剧本未出现在该作品集里，此外，书中也没有评论和有关资料。作者允许的关于他作品的唯一简介由弗朗索瓦·里卡尔撰写。

2012 年

6月11日：米兰·昆德拉获法国国家图书馆奖。

2014 年

4月：在八十五岁之际，米兰·昆德拉出人意料地出版了一部新的小说《庆祝无意义》。

2018 年

11月：捷克总理安德烈·巴比什途经法国，宣布他已建议米兰·昆德拉恢复四十年前失去的捷克国籍。

主要译名对照表
(按汉语拼音顺序排列)

A

阿波利奈尔,纪尧姆　Apollinaire, Guillaume

阿多诺,特奥多尔·W.　Adorno, Theodor W.

阿尔尼姆,贝蒂娜·冯　Arnim, Bettina von

阿尔钦博托,朱塞佩　Arcimboldo, Giuseppe

阿尔韦,阿纳·玛丽亚　Alves, Ana Maria

阿拉贡,路易　Aragon, Louis

阿朗,让-巴蒂斯特　Harang, Jean-Baptiste

埃尔格拉布里,乔丹　Elgraby, Jordan

艾吕雅,保罗　Éluard, Paul

艾莫南,马塞尔　Aymonin, Marcel

艾希曼,阿道夫　Eichmann, Adolf

爱因斯坦,阿尔伯特　Einstein, Albert

爱比克泰德　Épictète

安切尔,卡雷尔　Ančerl, Karel

奥菲尔斯,马克斯　Ophüls, Max

奥特岑纳舍科,扬　Otčenášek, Jan

奥威尔,乔治　Orwell, George

B

巴比什，安德烈　Babiš, Andrej

巴尔扎克，奥诺雷·德　Balzac, Honoré de

巴赫，让-塞巴斯蒂安　Bach, Jean-Sébastien

巴塔耶，乔治　Bataille, Georges

巴托克，贝洛　Bartók, Béla

拜伦，乔治·戈登　Byron, George Gordon

邦苏桑，阿尔贝　Bensoussan, Albert

鲍尔，菲丽丝　Bauer, Felice

贝茨科娃，米歇尔　Bečková, Michaela

贝多芬，路德维希·范　Beethoven, Ludwig van

贝尔格，阿尔班　Berg, Alban

贝尔南，吉勒　Bernheim, Gilles

贝克特，萨缪尔　Beckett, Samuel

贝奈斯，爱德华　Beneš, Edvard

本穆萨，西蒙娜　Benmussa, Simone

比布尔，康斯坦丁　Biebl, Konstantin

毕加索，巴勃罗　Picasso, Pablo

比龙，诺尔芒　Biron, Normand

比内尔，弗朗索瓦　Busnel, François

彼特拉克，弗兰齐斯科　Pétrarque, Francesco

毕希纳，格奥尔格　Büchner, Georg

波德莱尔，夏尔　Baudelaire, Charles

波伏瓦，西蒙娜·德　Beauvoir, Simone de

柏格森，亨利　Bergson, Henri

薄伽丘，乔万尼　Boccaccio, Giovanni

勃拉姆斯，约翰内斯　Brahms, Johannes

柏拉图　Plato

勃列日涅夫，列昂尼德　Brejnev, Léonid

勃洛克，亚历山大　Blok, Alexandre
博常，希内克　Bočan, Hynek
布拉德伯雷，雷　Bradbury, Ray
布拉哈，雅罗斯拉夫　Braha, Jaroslav
布拉特尼，伊万　Blatný, Ivan
布莱夫，米里埃尔　Blaive, Muriel
布莱维，缪利埃尔　Blaive, Muriel
布莱希特，贝托尔特　Brecht, Bertolt
布兰迪斯，卡奇米日　Brandys, Kazimierz
布勒东，安德烈　Breton, André
布罗德，马克斯　Brod, Max
布洛赫，赫尔曼　Broch, Hermann
布洛克，埃娃　Bloch, Eva

C
楚力克，扬　Čulik, Jan
茨威格，斯蒂芬　Zweig, Stefan

D
达利，萨尔瓦多　Dalí, Salvador
达内斯，马丁　Danes, Martin
达尼埃尔，让　Daniel, Jean
德波，居伊　Debord, Guy
德拉斯卡，米洛斯拉夫　Dlask, Miroslav
德勒兹，吉尔　Deleuze, Gilles
德农，维旺　Denon, Vivant
德沃拉泽克，米洛斯拉夫　Dvořáček, Miroslav

德沃夏克,安东宁　Dvořák, Antonín
狄德罗,德尼　Diderot, Denis
狄青纳,巴甫洛　Tytchyna, Pavlo
迪费,纪尧姆　Dufay, Guillaume
迪克,维克托　Dyk, Viktor
杜布切克,亚历山大　Dubček, Alexander
杜兰斯基,亚罗米尔　Dolanský, Jaromír

F
菲卡尔,拉迪斯拉夫　Fikar, Ladislav
斐迪南,弗朗茨　Ferdinand, Franz
费多,乔治　Feydeau, Georges
费里尼,费德里科　Fellini, Federico
费舍,扬　Fišer, Jan
芬基尔克劳,阿兰　Finkielkraut, Alain
弗兰克,卡尔·赫曼　Franck, Karl Hermann
弗里尼,罗杰　Vrigny, Roger
弗洛里安,米洛斯拉夫　Florian, Miroslav
弗洛伊德,西格蒙德　Freud, Sigmund
伏契克,尤利乌斯　Fučík, Julius
福尔曼,米洛斯　Forman, Miloš
福尔曼内克,雅罗斯拉夫　Formánek, Jaroslav
伏尔泰　Voltaire
福克纳,威廉　Faulkner, William
福雷斯特,维维亚娜　Forrester, Vivianne
福楼拜,古斯塔夫　Flaubert, Gustave
富恩特斯,卡洛斯　Fuentes, Carlos

G

盖尔纳，弗朗齐歇克　Gellner, František

戈达尔，让-吕克　Godard, Jean-Luc

戈德马尔，安托万·德　Gaudemar, Antoine de

戈德斯图克，爱德华　Goldstücker, Eduard

戈迪默，纳丁　Gordimer, Nadine

戈尔巴乔夫，米哈伊尔　Gorbatchev, Mikhaïl

戈伊蒂索洛，胡安　Goytisolo, Juan

哥特瓦尔德，克莱门特　Gottwald, Klement

歌德，约翰·沃尔夫冈·冯　Goethe, Johann Wolfgang von

格拉克，朱利安　Gracq, Julien

格拉斯，君特　Grass, Günter

格勒尼耶，罗杰　Grenier, Roger

格列奇科，安德烈　Gretchko, Andre

格林，儒利安　Green, Julien

格鲁克，克里斯托夫·维利巴尔德　Gluck, Christoph Willibald

格罗斯曼，扬　Grossman, Jan

格瓦拉，埃内斯托（切·格瓦拉）　Guevara, Ernesto

贡布罗维奇，维托尔德　Gombrowicz, Witold

贡塔尔，马克　Gontard, Marc

果戈理，尼古莱　Gogol, Nicolas

H

哈迪莱克，亚当　Hradilek, Adam

哈拉斯，弗朗齐歇克　Halas, František

哈斯，帕维尔　Haas, Pavel

哈斯，维利　Haas, Willy

哈斯，雨果　Haas, Hugo

哈维尔，瓦茨拉夫　Havel, Václav
哈谢克，雅罗斯拉夫　Hašek, Jaroslav
海德格尔，马丁　Heidegger, Martin
海德里希，莱茵哈德　Heydrich, Reinhard
海顿，约瑟夫　Haydn, Joseph
海明威，欧内斯特　Hemingway, Ernest
荷尔德林，弗里德里希　Hölderlin, Friedrich
赫拉巴尔，博胡米尔　Hrabal, Bohumil
赫拉班科娃，薇拉　Hrabankova, Vera
赫鲁宾，弗朗齐歇克　Hrubín, František
赫鲁伯，米洛斯拉夫　Holub, Miroslav
赫鲁晓夫，尼基塔　Khrouchtchev, Nikita
赫瓦吉克，克维托斯拉夫　Chvatík, Květoslav
黑格尔，格奥尔格·威廉·弗里德里希　Hegel, Georg Wilhelm Friedrich
亨德里赫，伊日　Hendrych, Jiří
胡萨克，古斯塔夫　Husák, Gustáv
胡塞尔，埃德蒙德　Husserl, Edmund
霍拉科娃，米拉达　Horáková, Milada
霍拉克，昂德里奇　Horák, Ondřej
霍兰，阿格涅丝卡　Holland, Agnieszka
霍朗，弗拉基米尔　Holan, Vladimír
霍辛内克，兹德涅克　Hořínek, Zdeněk

J
基拉尔，勒内　Girard, René
纪德，安德烈　Gide, André
吉斯苏巴洛娃，雅罗斯拉娃　Gissübelová, Jaroslava
伽利玛，安托万　Gallimard, Antoine

伽利玛，加斯东　Gallimard, Gaston
伽利玛，克洛德　Gallimard, Claude
加洛蒂，罗杰　Garaudy, Roger
加缪，阿尔贝　Camus, Albert
加西亚·马尔克斯，加夫列尔　García Márquez, Gabriel

K

卡夫卡，弗朗茨　Kafka, Franz
卡赫，洛加叶·哈基盖特　Khâh, Roghayeh Haghighat
卡莱翁，玛尔塔　Marta, Caraion
卡兰德拉，扎维斯　Kalandra, Záviš
卡里埃尔，让-克洛德　Carrière, Jean-Claude
卡丽斯勒，奥尔佳　Carlisle, Olga
卡普拉，瓦茨拉夫　Káprál, Václav
卡奇利克，安东宁　Kachlík, Antonín
卡萨诺瓦，帕斯卡尔　Casanova, Pascale
开普勒，约翰内斯　Kepler, Johannes
凯雷尔，弗朗索瓦　Kérel, François
凯纳尔，约瑟夫　Kainar, Josef
康拉德，约瑟夫　Conrad, Joseph
考夫曼，菲利普　Kaufman, Philip
考利，马尔科姆　Cowley, Malcolm
柯莱切克，米洛什　Koreček, Miloš
柯莱伊察，奥托玛尔　Krejča, Otomar
柯西金，阿列克谢　Kossyguine, Alexis
科，乔纳森　Coe, Jonathan
科恩-本迪，丹尼尔　Cohn-Bendit, Daniel
科尔托，阿尔弗雷德　Corto, Alfred

科胡特，帕维尔　Kohout, Pavel

科拉尔，伊日　Kolář, Jiří

科斯塔-加夫拉斯　Costa-Gavras

科塔萨尔，胡里奥　Cortázar, Julio

科西克，卡雷尔　Kosík, Karel

克拉托赫维拉，米洛什·瓦茨拉夫　Kratochvíl, Miloš Václav

克拉瓦尔，安德烈　Clavel, André

克莱门蒂斯，弗拉多　Clementis, Vlado

克雷比永，约里奥·德（小克雷比永）　Crébillon, Jolyot de

克里玛，伊凡　Klíma, Ivan

克里门特，亚历山大　Kliment, Alexandr

克里姆特，古斯塔夫　Klimt, Gustav

克里斯蒂娃，茱莉亚　Kristeva, Julia

克鲁皮科娃，苏珊娜　Krupickova, Zuzana

克洛岱尔，保罗　Claudel, Paul

库尔托，克洛德　Courtot, Claude

库切，约翰·马克斯韦尔　Coetzee, John Maxwell

库斯勒，亚瑟　Koestler, Arthur

库斯图里卡，埃米尔　Kusturica, Emir

夸美纽斯，扬·阿姆斯　Komenský, Jan Amos

昆德拉，卢德维克　Kundera, Ludvík

L

拉比勒夫　Löw Rabbi

拉伯雷，弗朗索瓦　Rabelais, François

拉克洛，肖德洛·德　Laclos, Choderlos de

拉齐纳，博赫丹　Lacina, Bohdan

拉萨尔，雅克　Lasalle, Jacques

拉什迪，萨尔曼　Rushdie, Salman

莱蒙托夫，米哈伊尔　Lermontov, Mikhaïl

莱维，贝尔纳-亨利　Lévy, Bernard-Henri

莱维，伊丽莎白　Lévy, Élisabeth

赖希曼，威廉　Reichmann, Vilém

兰波，阿蒂尔　Rimbaud, Arthur

朗，贾克　Lang, Jack

劳伦斯，戴维·赫伯特　Lawrence, D.H.

雷巴，安德烈　Reybaz, André

雷扎，雅丝米娜　Reza, Yasmina

里尔克，莱纳·玛利亚　Rilke, Rainer Maria

利盖蒂，捷尔吉　Ligeti, György

里赫特，瓦茨拉夫　Richter, Václav

里卡尔，弗朗索瓦　Ricard, François

利姆，安东宁·J.　Liehm, Antonín J.

里夏尔松，萨米埃尔　Richardson, Samuel

里赞特，马西莫　Rizzante, Massimo

里泽克，马丁　Rizek, Martin

列维-斯特劳斯，克洛德　Lévi-Strauss, Claude

列维纳斯，伊曼纽尔　Levinas, Emmanuel

林哈托娃，薇拉　Linhartova, Vera

龙多，达尼埃尔　Rondeau, Daniel

卢卡奇，格奥尔格　Lukács, György

卢瓦耶，埃马努埃莱　Loyer, Emmanuelle

鲁，让-保罗　Roux, Jean-Paul

鲁道夫二世　Rodolphe II

鲁瓦，克洛德　Roy, Claude

伦敦，阿图尔　London, Artur

罗尔巴赫，维罗尼克　Rohrbach, Véronique

罗曼，马丁　Roman, Martin
罗斯，菲利普　Roth, Philip
罗亚尔，赛戈莱纳　Royal, Ségolène

M
马丁·杜·加尔，罗杰　Martin du Gard, Roger
马尔蒂努，博胡斯拉夫　Martinů, Bohuslav
马尔罗，安德烈　Malraux, André
马金，安德烈　Makine, Andreï
马克思，卡尔　Marx, Karl
马勒，古斯塔夫　Mahler, Gustav
马萨里克，托马斯　Masaryk, Tomáš
马萨里克，扬　Masaryk, Jan
马斯特斯，埃德加·李　Masters, Edgar Lee
马肖，纪尧姆·德　Machaut, Guillaume de
马雅可夫斯基，弗拉基米尔　Maïakovski, Vladimir
马约尔，乔治　Maillols, Georges
麦克尤恩，伊恩　McEwan, Ian
曼，托马斯　Mann, Thomas
曼佐，伊利　Menzel, Jiří
梅尔维尔，赫尔曼　Melville, Herman
梅西安，奥利维尔　Messiaen, Olivier
梅佐治，热罗姆　Meizoz, Jérôme
蒙泰朗，亨利·德　Montherlant, Henry de
米策，安德雷亚斯·W.　Mytze, Andreas W.
米勒，亨利　Miller, Henry
米莉特卡，伊娃　Militká, Iva
米洛斯拉夫，巴拉施吉克　Miroslav, Balaštík

米歇尔，贝尔纳　Michel, Bernard
密特朗，弗朗索瓦　Mitterrand, François
缪塞，阿尔弗雷德·德　Musset, Alfred de
莫扎特，沃尔夫冈·阿马德乌斯　Mozart, Wolfgang Amadeus
姆尼亚奇科，拉迪斯拉夫　Mňačko, Ladislav
穆兰，让　Moulin, Jean
穆雷，菲利浦　Muray, Philippe
穆齐尔，罗伯特　Musil, Robert
穆夏，阿尔丰斯　Mucha, Alfons

N

纳博科夫，弗拉基米尔　Nabokov, Vladimir
纳斯林，塔斯利马　Nasreen, Taslima
奈兹瓦尔，维捷斯拉夫　Nezval, Vítězslav
尼采，弗里德里希　Nietzsche, Friedrich
尼古拉二世　Nicolas II de Russie
妮科利埃，瓦朗蒂娜　Nicollier, Valentine
尼禄　Néron
涅梅茨，扬　Němec, Jan
努里西耶，弗朗索瓦　Nourissier, François
诺沃提尼，安东宁　Novotny, Antonín

P

帕拉赫，扬　Palach, Jan
帕慕克，奥尔罕　Pamuk, Orhan
帕瑟，伊万　Passer, Ivan
帕索里尼，皮埃尔·保罗　Pasolini, Pier Paolo

帕托契卡，扬　Patočka, Jan

佩罗坦，马格努斯　Pérotin, Magnus

佩斯，圣-琼　Perse, Saint-John

佩沙特，兹德涅克　Pešat, Zdeněk

彭代雷茨基，克日什托夫　Penderecki, Krzysztof

皮什托拉，伊日　Pištora, Jiří

皮沃，贝尔纳　Pivot, Bernard

品特，哈罗德　Pinter, Harold

普鲁斯特，马塞尔　Proust, Marcel

普罗哈兹卡，扬　Procházka, Jan

普希金，亚历山大·谢尔盖耶维奇　Pushkin, Alexander Sergeyevich

Q

齐布尔卡，彼得　Cibulka, Petr

契诃夫，安东　Chekhov, Anton

齐克蒙德，瓦茨拉夫　Zykmund, Václav

齐奥朗，埃米尔（萧沆）　Cioran, Emil

恰佩克，卡雷尔　Čapek, Karel

乔伊斯，詹姆斯　Joyce, James

切尔尼，瓦茨拉夫　Černý, Václav

切尔尼克，欧德里希　Černík, Oldřich

切尔文卡，米洛斯拉夫　Červenka, Miroslav

R

热利夫斯基，扬　Želivský, Jan

日丹诺夫，安德烈　Jdanov, Andréï

荣格曼，米兰　Jungmann, Milan

S

萨波托斯基，安托宁　Zápotocký, Antonín

萨德　Sade, Donatien Alphonse François de

萨尔蒙，克里斯蒂安　Salmon, Christian

萨罗特，娜塔莉　Sarraute, Nathalie

萨洛蒙，米歇尔　Salomon, Michel

萨特，让-保罗　Sartre, Jean-Paul

塞弗尔特，雅罗斯拉夫　Seifert, Jaroslav

塞利纳，路易-费迪南　Céline, Louis-Ferdinand

塞鲁茨基，拉多斯拉夫　Selucký, Radoslav

塞万提斯，米格尔·德　Cervantès, Miguel de

桑德堡，卡尔　Sandburg, Carl

莎士比亚，威廉　Shakespeare, William

绍托拉，伊日　Šotola, Jiří

施尼茨勒，阿图尔　Schnitzler, Arthur

施特劳斯，约翰　Strauss, Johann

施托尔，拉迪斯拉夫　Štoll, Ladislav

施托克豪森，卡尔海因茨　Stockhausen, Karlheinz

施维尔玛，扬　Sverma, Jan

史克沃莱茨基，约瑟夫　Škvoreck, Josef

舒伯特，弗朗茨　Schubert, Franz

朔尔姆，埃瓦尔德　Schorm, Evald

叙费尔，乔治　Suffert, Georges

斯大林，约瑟夫　Staline, Joseph

斯卡采尔，扬　Skácel, Jan

斯卡尔佩塔，居伊　Scarpetta, Guy

斯兰斯基，鲁道夫　Slánský, Rudolf

斯姆尔科夫斯基，约瑟夫　Smrkovský, Josef

斯特恩，劳伦斯　Sterne, Laurence

斯特拉文斯基，伊戈尔　Stravinsky, Igor
斯沃博达，卢德维克　Svoboda, Ludvík
苏拉热，皮埃尔　Soulages, Pierre
苏斯洛夫，米哈伊尔　Souslov, Mikhaïl
索尔仁尼琴，亚历山大　Soljenitsyne, Alexandre
索莱尔斯，菲利浦　Sollers, Philippe
索朗，阿德里安　Solan, Adrien

T

特拉克尔，格奥尔格　Trakl, Georg
特雷夫尔卡，扬　Trefulka, Jan
特里丰诺夫，尤利　Trifonov, Iouri
特鲁别茨科伊，尼古拉　Troubetzkoï, Nikolaï
特舍施纳克，彼得　Třešňák, Petr
铁托，约瑟普　Tito, Josip
托尔斯泰，列夫　Tolstoï, Léon
托克维尔，亚历西斯·德　Tocqueville, Alexis de
陀思妥耶夫斯基，费奥多尔　Dostoïevski, Fiodor

W

瓦楚里克，路德维克　Vaculík, Ludvík
瓦莱里，保罗　Valéry, Paul
瓦雷兹，埃德加　Varèse, Edgard
万楚拉，弗拉迪斯拉夫　Vančura, Vladislav
王尔德，奥斯卡　Wilde, Oscar
韦伯恩，安东　Webern, Anton
维贝尔，贝特朗　Vibert, Bertrand

维塞尔，樊尚　Verselle, Vincent

维沃达，鲁道夫　Vévoda, Rodolph

维亚拉特，亚历山大　Vialatte, Alexandre

魏尔伦，保罗　Verlaine, Paul

沃克，伊日　Wolker, Jiří

沃勒，乔治　Werler, Georges

乌布利希，瓦尔特　Ulbricht, Walter

乌尔班内克，兹德涅克　Urbánek, Zdeněk

乌尔迪齐尔，约翰内斯　Urdizil, Johannes

X

希蒂洛娃，维拉　Chytilová, Věra

希克，奥塔　Šik, Ota

希克坦茨，卡雷尔　Šiktanc, Karel

席勒，埃贡　Schiele, Egon

希特勒，阿道夫　Hitler, Adolf

夏尔，勒内　Char, René

夏夏，列昂纳多　Sciasca, Leonardo

休斯，兰斯顿　Hughes, Langston

勋伯格，阿诺尔德　Schoenberg, Arnold

Y

雅各布，迪迪埃　Jacob, Didier

雅各布森，罗曼　Jakobson, Roman

雅库鲍夫斯基，伊万　Yakubovsky, Ivan

雅纳切克，莱奥什　Janáček, Leoš

雅内坎，克莱芒　Janequin, Clément

雅诺施科娃，米拉达　Janošíková, Milada
亚斯尼，沃伊切克　Jasny, Vojtěch
亚斯尼，沃依捷赫　Jasný, Vojtěch
扬科列维奇，弗拉基米尔　Jankélévitch, Vladimir
叶夫图申科，叶夫根尼　Evtouchenko, Evgueni
叶赛宁，谢尔盖　Essenine, Sergueï
伊雷什，亚罗米尔　Jireš, Jaromil
伊姆雷，纳吉　Nagy, Imre
伊斯特勒尔，约瑟夫　Istler, Josef
尤奈斯库，欧仁　Ionesco, Eugène
尤帕，米洛斯拉夫　Juppa, Miroslav
尤瑟纳尔，玛格丽特　Yourcenar, Marguerite
于，贝尔纳　Hue, Bernard

Z
泽纳基斯，伊阿尼斯　Xenakis, Iannis
扎恩兹，索尔　Zaentz, Saul
扎米亚京，叶夫根尼　Zamiatine, Ievgueni
卓别林，查理　Chaplin, Charlie

图书在版编目（CIP）数据

米兰·昆德拉：一种作家人生 /（法）让-多米尼克·布里埃著；
刘云虹，许钧译. —南京：南京大学出版社, 2021.1（2022.4重印）
ISBN 978-7-305-23872-7

Ⅰ.①米… Ⅱ.①让… ②刘… ③许… Ⅲ.①昆德拉
(Kundera, Milan 1929-)—传记 Ⅳ.①K835.655.6

中国版本图书馆CIP数据核字(2020)第 209067 号

Copyright © 2019 by Éditions Écriture
arranged with Andrew Nurnberg Associates International Limited
Simplified Chinese edition copyright © 2020 Shanghai EP Books Co., Ltd.
All rights reserved.

江苏省版权局著作权合同登记　图字：10-2020-446号

出版发行　南京大学出版社
社　　址　南京市汉口路 22 号　邮编 210093
出 版 人　金鑫荣

书　　名　米兰·昆德拉：一种作家人生
作　　者　[法]让-多米尼克·布里埃
译　　者　刘云虹　许钧
责任编辑　陈蕴敏
策 划 人　方雨辰
印　　刷　山东临沂新华印刷物流集团有限责任公司
开　　本　889mm×1194mm　1/32　印张 11　字数 240 千字
版　　次　2021 年 1 月第 1 版　2022 年 4 月第 2 次印刷
ISBN 978-7-305-23872-7
定　　价　68.00 元

网　　址：http://www.njupco.com
官方微博：http://weibo.com/njupco
官方微信：njupress
销售咨询：(025)83594756

* 版权所有，侵权必究

* 凡购买南大版图书，如有印装质量问题，请与所购图书销售部门联系调换